prima B2

Friederike Jin
Magdalena Michalak
Lutz Rohrmann
Ute Voß

Cornelsen

prima B2

Deutsch für junge Erwachsene

Im Auftrag des Verlages erarbeitet von
Friederike Jin, Magdalena Michalak, Lutz Rohrmann und Ute Voß

Projektleitung: Gunther Weimann
Redaktion: Lutz Rohrmann sowie Katrin Kaup

Beratende Mitwirkung: Uli Lohrbach, Grammatiki Rizou, Milena Zbranková

Illustrationen: Lukáš Fibrich, Josef Fraško, Laurent Lalo
Bildredaktion: Nicole S. Abt und Katrin Kaup

Layout und technische Umsetzung: zweiband.media, Berlin
Umschlag: werkstatt für gebrauchsgrafik, Berlin

Weitere Materialien:
Arbeitsbuch mit Audio-CD: ISBN 978-3-06-020142-6
Audio-CDs zum Schülerbuch: ISBN 978-3-06-020144-0
Handreichungen für den Unterricht: ISBN 978-3-06-020143-3
Video-DVD prima 5/6: ISBN 978-3-06-020699-5

www.cornelsen.de

Die Webseiten Dritter, deren Internetadressen in diesem Lehrwerk angegeben sind,
wurden vor Drucklegung sorgfältig geprüft. Der Verlag übernimmt keine Gewähr für
die Aktualität und den Inhalt dieser Seiten oder solcher, die mit ihnen verlinkt sind.

1. Auflage, 6. Druck 2021

Alle Drucke dieser Auflage sind inhaltlich unverändert
und können im Unterricht nebeneinander verwendet werden.

Druck und Bindung: Livonia Print, Riga

ISBN 978-3-06-020141-9

PEFC zertifiziert
Dieses Produkt stammt aus nachhaltig
bewirtschafteten Wäldern und kontrollierten
Quellen.

www.pefc.de

PEFC/12-31-006

Das ist prima

prima B2 ist ein Lehrwerk für junge Erwachsene mit fortgeschrittenen Deutschkenntnissen. Es ist Teil eines Gesamtkonzeptes, das von der Niveaustufe A1 des Gemeinsamen europäischen Referenzrahmens bis zu C1 führt, und auf die entsprechenden Prüfungen vorbereitet.

Das **Schülerbuch** enthält 22 Einheiten und 7 Trainings-Einheiten sowie einen Anhang. Die Einheiten sind jeweils vier Seiten lang. In den klar gegliederten Lernsequenzen werden anhand von aktuellen Themen und mit einem breit gefächerten Angebot an vielseitigen, authentischen Texten und Textsorten die sprachlichen Fertigkeiten kompetenzorientiert erweitert, grammatische Strukturen und Wortschatz vertieft und landeskundliches Wissen über die deutschsprachigen Länder vermittelt. Im Sinne des europäischen Sprachenportfolios wird dabei auch die Text- und Schreibkompetenz systematisch entwickelt.

Die **Trainings-Einheiten** bereiten gezielt auf die Prüfungsanforderungen vor, insbesondere auf das Deutsche Sprachdiplom der Kultusministerkonferenz (DSD 2), das Goethe-Zertifikat B2 und TestDaF. Darüber hinaus bieten die Trainings-Einheiten jeweils am Ende ausgewählte literarische Texte an, die Anlässe zum Nachdenken und Sprechen über Literatur liefern und zur Entwicklung des ästhetischen Sprachbewusstseins beitragen.

Im **Anhang** gibt es eine nach Einheiten geordnete Wortliste mit dem Lernwortschatz, eine Liste unregelmäßiger Verben, der Verben mit Präpositionen sowie eine Übersicht wichtiger Redemittel zur Strukturierung von Gesprächen, Debatten, Präsentationen und schriftlichen Arbeiten.

Die **Audio-CDs zum Schülerbuch** enthalten die Dialoge, Interviews, Radiofeatures u. v. m. und die Übungen zur Intonation.

Das **Arbeitsbuch mit integrierter Lerner-Audio-CD** unterstützt die Arbeit mit dem Schülerbuch durch umfangreiches Übungsmaterial. Um die Orientierung zwischen Schülerbuch und Arbeitsbuch zu erleichtern, gibt es zu jedem Lernabschnitt im Schülerbuch unter der gleichen Nummer im Arbeitsbuch ein passendes Übungsangebot.

Unter **www.cornelsen.de** gibt es für die Arbeit mit prima Zusatzmaterialien, Übungen und didaktische Tipps sowie interessante Links.

Wir wünschen Ihnen viel Spaß
und Erfolg beim Deutschlernen mit

Inhalt

1 Sprachenlerner und Genies

★ Über das Sprachenlernen sprechen
★ Über ein Bild sprechen
★ Texte über Sprachgenies und Spracherwerb verstehen
★ Eine Zusammenfassung schreiben

1 Sprachen lernen ist wie …

CD 2–3 **a** Hören Sie zu. Über welche Bilder sprechen Laura und Sergej?

b Wählen Sie ein Bild aus. Sammeln Sie unter dem Aspekt „Sprachenlernen" Wörter und Ausdrücke dazu.

c Sprechen Sie über Ihr Bild wie Laura oder Sergej.

> Ich habe das Bild … gewählt, weil/denn … Damit verbinde ich, dass …
> Es erinnert mich daran, dass/wie …
> Sprachen lernen fällt mir leicht/schwer, denn/weil/obwohl …
> … ist ein Symbol für Freiheit/Chaos/Ordnung/Anstrengung …
>
> Sprachen lernen ist – wie sagt man – ein langer Spaziergang, eine …
> … wie heißt das … ?

2 Lernsituationen

a Schreiben Sie zehn Fragen. Es gibt verschiedene Möglichkeiten.

Wo • Wann • Welche • Wie viele • Wie viel • Warum • Was • Was tun Sie • Wie lange • Haben Sie • In welchen Situationen • Können Sie • In welchen Bereichen • Auf welche Art und Weise • Achten Sie

Welche Wie viele Fremdsprachen haben Sie bisher gelernt?   *Achten Sie* beim Sprechen auf die Grammatik?

Welche art und weise haben Sie Deutsch gelernt?   *Wie lange* haben Sie das Gefühl, besonders viel zu lernen?

Was war gut/schlecht?   *In welchen bereichen* kommen Sie auf Deutsch gut zurecht?

Können Sie erzählen, was Sie im Deutschunterricht gemacht haben?   *Wo* haben Sie in der letzten Zeit Fortschritte gemacht?

Können Sie erzählen, was Sie zu Hause mit der Sprache machen?   *Was* fällt Ihnen schwer?

Haben Sie Kontakt zu Muttersprachlern?   *Wie viel* Zeit haben Sie pro Woche zu Hause für das

Was tun Sie um deutsche Texte besser zu verstehen?   Deutschlernen?

Warum lesen Sie Texte (genau, schnell, Wort für Wort ...)?   *Können Sie* zu Hause einen PC mit Internetanschluss nutzen?

Welchen situationen versuchen Sie sich Wörter zu merken?   *Auf welche art und weise* lernen Sie am liebsten?

Warum trainieren Sie Hörverstehen?

b Kontrollieren Sie die Fragen. Fragen Sie sich dann in Gruppen gegenseitig.

3 Lerntypen

a Lesen Sie die Beschreibungen zu vier Lerntypen und ordnen Sie die Bilder 1–4 zu.

Natürlich sind wir eine Mischung aus verschiedenen Lerntypen, aber meistens kann man bei sich selbst einen Typ als den wichtigsten erkennen.

1 Ohrenmensch

2 Augenmensch

3 Bewegungsmensch

4 Regelmensch

A Sie brauchen Aktivität und möchten am liebsten alles, was Sie lernen sollen, sofort aktiv anwenden. Sie sprechen gerne mit den Händen.

B Sie hören gerne zu und sprechen beim Lesen gerne mit. Sie lieben vermutlich Musik und spielen vielleicht sogar ein Musikinstrument.

C Ohne Strukturen werden Sie nervös. Sie müssen erst genau wissen, wie etwas funktioniert, bevor Sie weiterarbeiten können.

D Ohne Bilder können Sie nicht lernen. Sie machen gerne Notizen und vor allem Skizzen. Sie lieben Farben und Formen.

CD 4–5 **b** Hören Sie Malia und Beat. Welche Lerntypen passen zu ihnen?

c Ordnen Sie sich selbst ein. Begründen Sie Ihre Zuordnung in einem Kurzvortrag von einer Minute mit Beispielen aus Ihren Lernerfahrungen.

4 Sprachgenies

a   Wie verstehen Sie das Wort „Sprachgenie"? Kennen Sie Beispiele?

b   Lesen Sie die Artikel A und B. Welche zwei Überschriften passen?

Am Ende zählt der Wille

Wir können alle Sprachgenies sein

Sprachtalent ist angeboren

Die Struktur des Gehirns macht Sprachgenies

Die Literatur ist voller Berichte über Menschen, die scheinbar mühelos fremde Sprachen lernen und am Ende ihres Lebens zehn, zwanzig oder noch mehr Sprachen fließend beherrschen.

5
Berühmt wurden der italienische Kardinal Giuseppe Mezzofanti (1774–1849), der fließend über 70 Sprachen sprach, und das deutsche Sprachgenie Emil Krebs.
10

Unter Wissenschaftlern steht noch immer zur Diskussion, welche Faktoren beim Spracherwerb die entscheidende Rolle spielen.
Woran liegt es, dass manche Menschen Sprachen
15 leicht lernen, während andere kaum über Schulenglisch und ein bisschen Urlaubsitalienisch hinauskommen?
Die Neurowissenschaftlerin Katrin Amunts hat vor einigen Jahren Untersuchungen am Gehirn des
20 deutschen Sprachgenies Emil Krebs angestellt, der bei seinem Tod im Jahr 1930 über 60 Sprachen konnte.
Sie kam zur Einsicht, dass das sogenannte Broca-Zentrum, ein Teil
25 des Gehirns, der für die Sprachproduktion verantwortlich ist, bei Krebs anders strukturiert war als bei elf anderen Gehirnen. Die „Zellarchitektur" war anders aufgebaut
30 und hatte so die Fähigkeit, Informationen schneller durch das Sprachzentrum zu leiten, vermutet Amunts. Noch wird diese These in Zweifel gezogen, aber aufgrund
35 ihrer Beobachtungen glaubt die Forscherin, dass Sprachbegabung genetisch veranlagt ist.

Die Wissenschaft ist sich nach wie vor uneins, ob genetische Faktoren oder Umweltfaktoren einen größeren Einfluss auf den Spracherwerb durchschnittlicher Menschen haben.
40

Ulrike Jessner-Schmid, Sprachwissenschaftlerin an der Universität in Innsbruck, meint: „Jeder kann Fremdsprachen lernen, wenn er nur wirklich will."
Die Forscherin räumt zwar ein, dass natürliche
45 Voraussetzungen wie das Hörvermögen einen Einfluss haben. Die größte Wirkung auf den Erwerb von Sprachen hat jedoch der Wille zur Integration, meint die Forscherin. „Kinder am Spielplatz lernen Fremdsprachen so schnell, weil sie von ihren
50 Spielkameraden akzeptiert werden wollen. Sie wollen sich integrieren und ein Teil der Gesellschaft sein."
Diese Fähigkeit besitzen aber nicht nur Kinder, betont Jessner-Schmid. „Auch Erwachsene können
55 Fremdsprachen noch so gut wie ihre Muttersprache lernen, wenn sie sich auf Land und Leute einlassen. Beispiele dafür kennen wir genug!"
Ein entscheidender Faktor scheint die Anzahl der Sprachkontakte zu sein. Je mehr wir uns bewusst
60 in die fremdsprachige Umgebung integrieren,

desto besser werden die dazu notwendigen verbalen und nonverbalen Handlungsmuster im Gehirn gespeichert. So kommen
65 wir wieder zu dem Pädagogen Pestalozzi zurück, der schon vor über 200 Jahren feststellte, dass alles Lernen mit „Kopf, Herz und Hand" stattfindet, und anmerkte: „Der
70 Mensch vermag unendlich viel, wenn er nur will."

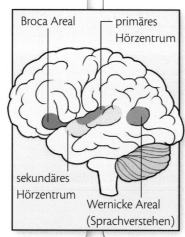

Broca Areal — primäres Hörzentrum

sekundäres Hörzentrum

Wernicke Areal (Sprachverstehen)

c Steht das in Text A oder B? Begründen Sie Ihre Meinungen mit den Textstellen.

1. Man weiß heute sicher, dass es genetisch bedingt ist, ob man leicht Sprachen lernt oder nicht.
2. Man hat am Gehirn eines Sprachgenies festgestellt, dass sein Sprachzentrum anders gebaut ist.
3. Das Gehirn des Sprachgenies hatte mehr Zellen als andere Gehirne.
4. Wenn man eine Sprache lernen will, muss man bereit sein, sich auf die Menschen einzulassen.
5. Kinder wollen zu einer Gruppe gehören, deshalb lernen sie Sprachen schnell, wenn sie sie brauchen.

d Welche Faktoren können beim Spracherwerb eine Rolle spielen? Was steht im Text und was meinen Sie?

Nomen und Verben

a Zu welchen markierten Ausdrücken in den Texten passen die Ausdrücke 1–8?
Es gibt zum Teil mehrere Möglichkeiten.

1. etwas bezweifeln / anzweifeln / nicht glauben
2. etwas erkennen/einsehen/herausfinden
3. diskutieren über
4. zu etwas fähig sein / etwas können
5. sich auswirken
6. etwas untersuchen/erforschen
7. für etwas wichtig sein / etwas beeinflussen
8. wichtig

> **Nomen-Verb-Ausdrücke so lernen:**
> in Zweifel ziehen = bezweifeln
> Die Untersuchung wird in Zweifel gezogen.
> Die Untersuchung wird bezweifelt/angezweifelt.

b Vereinfachen Sie die markierten Stellen in den Texten auf S. 8.

> *Es gibt Menschen, die zwanzig und mehr Sprachen können.*

Eine Zusammenfassung schreiben

Wählen Sie die Aufgabe zu Text A oder B. Lesen Sie die Hinweise unten und schreiben Sie einen Text.

A

Lesen Sie die Stichworte und Satzanfänge. Schreiben Sie eine Zusammenfassung von etwa 90 Wörtern.
Gründe für leichtes Sprachenlernen, Beispiel Mezzofanti, Untersuchung Amunts: Sprachgenie Krebs, genetisch veranlagt

In dem Artikel geht es um Gründe dafür, warum …
Zunächst zitiert die Autorin das Beispiel …
Anschließend berichtet sie über …
Deshalb glaubt die Forscherin, dass … Aber …

B

Notieren Sie Stichworte.
Schreiben Sie eine Zusammenfassung von etwa 60 Wörtern.

> **Hinweise für Zusammenfassungen**
>
> 1. Überlegen Sie zuerst: Was sind die wichtigsten Informationen? Was kann man weglassen?
> 2. Schreiben Sie im Präsens.
> 3. Verbinden Sie Ihre Sätze mit *aber, denn, weil, deshalb* …
> 4. Benutzen Sie unterschiedliche Wörter für die gleiche Person (Namen, Beruf, Pronomen) z.B.:
>   Katrin Amunts, die Forscherin, die Neurowissenschaftlerin, sie …

2 Menschen in Deutschland

Bundeskanzlerin Merkel traf im Kanzleramt 80 junge Leute mit Migrationshintergrund im Alter von 16 bis 28 Jahren aus ganz Deutschland. **Sie diskutierten darüber, wie junge Migranten besser integriert werden können. Im Mittelpunkt standen die Themen: Schule, Ausbildung und Freizeit.**

In Deutschland ist fast jeder fünfte Einwohner nichtdeutscher Herkunft. Das geht aus Zahlen hervor, die das Statistische Bundesamt in Wiesbaden vor kurzem veröffentlichte. Von den knapp 82 Millionen Einwohnern Deutschlands haben 15 Millionen einen Migrationshintergrund. Mehr als die Hälfte von ihnen, nämlich rund acht Millionen, besitzt die deutsche Staatsbürgerschaft. Mit 7,3 Millionen machen Ausländer insgesamt 8,9 Prozent der Bevölkerung aus. Die wichtigsten Herkunftsländer sind die Türkei, Russland, Polen und Italien. In vielen Städten prägen ausländische Mitbürger mittlerweile ganze Stadtteile, z. B. in Berlin-Kreuzberg: In den letzten Jahren betrug der Anteil der ausländischen Bevölkerung hier etwa 33 %.

★ Personen vorstellen
★ Über Migration sprechen
★ Eine Rezension schreiben

1 Ein Land – viele Gesichter

a Betrachten Sie das Foto. Sammeln Sie Wörter und Ausdrücke zum Thema „Migranten".

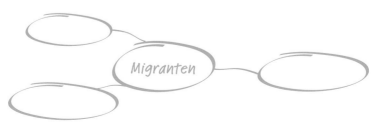

Migranten

b Lesen Sie den Text. Worauf beziehen sich folgende Zahlen?

15 Millionen • 8,9 % • 8 Millionen • 33 %

c Lesen Sie den Text noch einmal und entscheiden Sie, ob die Aussage richtig (R) oder falsch (F) ist oder ob Sie keine Information dazu bekommen (0).

1. In Deutschland wohnen fast 82 Millionen Menschen.
2. Die meisten Jugendlichen mit Migrationshintergrund interessieren sich für Politik.
3. Mehr als die Hälfte der Bundesbürger hat Migrationshintergrund.
4. In Berlin wohnen Personen mit Migrationshintergrund nur im Stadtteil Berlin-Kreuzberg.
5. Die meisten ausländischen Mitbürger stammen aus der Türkei, Russland, Polen oder Italien.
6. Die Bundeskanzlerin sprach mit den jungen Menschen über eine bessere Integration in verschiedenen Lebensbereichen.

d Wie setzt sich die Bevölkerung in Ihrem Land zusammen? Vergleichen Sie mit der Situation in Deutschland.

2 Sätze bauen

a Machen Sie eine Tabelle. Sortieren Sie die Informationen.

noch schnell • interessiert • am späten Nachmittag • im Kanzleramt • fünf Stunden • wegen des schönen Wetters • draußen • nach langer Diskussion • heute • ohne Probleme • in vielen Städten • ins Kanzleramt • zu einer Diskussion

Temporal: Wann? Wie lange?	Kausal: Warum?	Modal: Wie?	Lokal: Wo?/Wohin?
am späten Nachmittag			

TeKaMoLo		Temporal: Wann?	Kausal: Warum?	Modal: Wie?	Lokal: Wo? Wohin?	
Die Fotografen wollen ...		heute	wegen des schönen Wetters	noch schnell	draußen	... ein Foto machen.

b Erweitern Sie die Sätze 1–4 um jeweils zwei Informationen.

1. Die Bundeskanzlerin trifft ■ Jugendliche mit Migrationshintergrund.
2. 80 Schüler und Studierende wurden ■ eingeladen.
3. Angela Merkel diskutiert ■.
4. Die jungen Leute fragen ■.

Die Bundeskanzlerin trifft heute im Kanzleramt Jugendliche mit Migrationshintergrund.

c Erweitern Sie die Sätze 1–4 wie im Beispiel.

1. Ich trainiere ■.
2. Inga liest ■.
3. Wir wollen reisen ■.
4. Sebastian lernt ■.

Ich trainiere.

Ich trainiere intensiv.

Ich trainiere jeden Tag intensiv.

3

Berühmte Deutsche aus aller Welt

a Lesen Sie den Text und ergänzen Sie Informationen über Xavier Naidoo.

Soul mit deutschen Texten – das schaffte zum ersten Mal richtig erfolgreich Xavier Naidoo. Der Sänger und Komponist wurde am 2. Oktober 1971 in Mannheim geboren. Sein Vater, der aus Südafrika stammt, hatte deutsche und indische Vorfahren. Er arbeitete zunächst in England und ließ sich dann mit Xaviers Mutter in Mannheim nieder. Diese war Südafrikanerin arabischer Abstammung. Als Jugendlicher sang Xavier Naidoo in einem Chor. Der Musiker sagt, dass er in der Schule oft wegen seiner dunklen Hautfarbe gehänselt und bedroht wurde. Deshalb waren seine Kindheit und Jugend nicht immer einfach.

Um sich im Notfall besser verteidigen zu können, erlernte er damals sogar Kickboxen. Nach seinem Realschulabschluss begann Naidoo eine Lehre als Koch. Nebenbei modelte er für Bademoden und war Türsteher einer Disco, bevor er mit der Musik begann.

Heute ist Xavier Naidoo einer der bekanntesten deutschen Sänger. Neben seiner Solokarriere ist er Gründungsmitglied der Musikgruppe *Söhne Mannheims*. Naidoo ist darüber hinaus Mitinitiator der Mannheimer Popakademie, die Musiker, Produzenten und Event-Manager ausbildet, und arbeitet dort auch als Dozent. Für seine Musik bekam er mehrfach den Echo-Preis.

Alter:
Geburtsland:
Herkunft der Eltern:
Jobs:
erlernter Beruf:
gewonnene Preise:

Xavier Naidoo

CD 6–7 **b** Hören Sie zu und sammeln Sie Informationen über Fatih Akin und Lukas Podolski.

Fatih Akin, Filmregisseur

„Ich habe gelernt, dass man, wenn man sich auf beiden Seiten bewegt und beides vergleichen kann, Deutschland und die Türkei, man ein Verständnis für globale Zusammenhänge kriegt. (...) Dadurch, dass ich in zwei Welten zu Hause bin, kann ich die Verhältnisse anders einschätzen."

Zitiert nach: www.umagazine.de, 22.10.2007

Lukas Podolski, Nationalspieler

Auf die Frage, ob er auf dem Platz mit Miroslav Klose Polnisch oder Deutsch spricht, antwortete er: „Polnisch, Deutsch, mit den Händen ... Hauptsache, der Pass kommt, und der Ball ist im Tor."

Zitiert nach: Stuttgarter Zeitung, 31.05.2006

c Kommentieren Sie die Äußerungen von Akin und Podolski. Wie fühlen sich die beiden in Deutschland?

d Wen würden Sie gerne kennenlernen? Warum? Was würden Sie die Person fragen?

Eine CD-Rezension

a Lesen Sie die Rezension zu einer CD von Xavier Naidoo aus dem Internet. Wie drückt der Fan seine Meinung aus? Wie wirkt die Musik auf ihn? Notieren Sie.

http://www.kirasseite.de

„Alles kann besser werden" von Naidoo ist zurzeit meine Lieblings-CD. Ich habe die Musik in einem Konzert live miterleben dürfen. Man muss wirklich kein Naidoo-Fan sein, um sich für dieses Album zu begeistern. Seine tollen Texte und Melodien sind diesmal ganz außergewöhnlich schön. Man muss nur „Halte durch" hören und den Hintergrund kennen, dann kommt der Kloß im Hals von ganz alleine: Der Song ist der kleinen, todkranken Kiki gewidmet, die leider mittlerweile verstorben ist. Der Titel wendet sich an alle Menschen, die in sehr schwierigen Situationen Mut brauchen, um durchzuhalten. Das hat mich sehr bewegt. Und das ist es, was Xavier will: bewegen. Das hat er schon immer gut gekonnt. Mein Fazit: Ich finde diese Musik und die Stimme Naidoos einfach einzigartig. Er hat es mal wieder geschafft, mich zu verzaubern. Ich kann das Album jedem empfehlen!

b Perfektformen: *dürfen, können, müssen, wollen* – Suchen Sie im Text, ergänzen Sie.

Modalverb mit Verb	Ich habe die Musik in einem Konzert live **miterleben** ...
Nur Modalverb	Das hat er schon immer gut ...

c Üben Sie zu zweit: Fragen Sie sich gegenseitig.

1. Wollen Sie berühmter Musiker werden?
2. Können Sie Jazz singen?
3. Müssen Sie viel üben?
4. Dürfen Sie nach 24 Uhr Schlagzeug spielen?
5. Wollen Sie immer als Profimusiker arbeiten?

Ja, das habe ich schon immer gewollt.

Nein, ich habe nie vor vielen Leuten auftreten wollen.

 Eine Rezension schreiben

a Welche CD hat Ihnen in letzter Zeit besonders gut gefallen? Machen Sie Notizen.

1. Titel – Sänger/Band – Erscheinungsjahr
2. Hintergrundinformationen: Wie ist das Album entstanden? Für wen wurde es geschrieben?

b Wie ist die Musik? Wie ist der Text? Sammeln Sie Wortschatz.

Nomen: der Musiker, der Song, der Text, die Stimme ...
Adjektive: einzigartig, gefühlvoll, dynamisch ...
Verben: gefallen, Erfolg haben, genießen ...

c Schreiben Sie eine Rezension.

Einleitung	... von ... ist zurzeit meine Lieblings-CD. Das Album wurde im Jahr ... in ... aufgenommen.
eigene Meinung	Seine/Ihre ... Stimme und seine/ihre ... Musik finde ich einfach ... Für mich ist die Musik ... Die Texte gefallen mir besonders gut, denn ... ... Musik, ... Texte und ... machen das Album zu einem Hörerlebnis.
Empfehlung	Die CD kann ich jedem empfehlen. Es lohnt sich, das Album zu kaufen. Wer ... mag, für den gibt es nichts Besseres als ...

3 Gesundheit

A Gesunde Ernährung

B Soziales Wohlbefinden

D Entspannung

C Bewegung

★ Über Gesundheit sprechen
★ Einen Kurzvortrag halten
★ Ein Interview zu Medikamenten verstehen
★ Eine Debatte führen

1 Was ist Gesundheit?

a Wie würden Sie „Gesundheit" definieren?

b Lesen Sie die Definition und erklären Sie sie mit Ihren Worten.

Gesundheit wurde 1948 in der Konstitution der Weltgesundheitsorganisation (WHO) beschrieben als:

> **Gesundheit** Zustand völligen körperlichen, seelischen und sozialen Wohlbefindens und nicht nur das Freisein von Krankheit und Gebrechen.

2 Das hält gesund und fit

a Ordnen Sie die Texte den Fotos oben zu.

1. … stärkt den Körper und den Geist. Durch regelmäßige … werden Herz und Gehirn besser durchblutet und die körperliche Konstitution verbessert. Gleichzeitig können sich auch Sorgen und Ängste lösen.
2. … ist ein Ausgleich für die Hektik im Alltag. Durch verschiedene Techniken können Sie lernen, mit Stress besser umzugehen und Ihre innere Ruhe zu finden.
3. … ist die Basis für die körperliche Gesundheit. Achten Sie auf vielseitige, vollwertige Nahrungsmittel.
4. … trägt zur Gesundheit bei. Wenn man gute Beziehungen im Freundeskreis und bei der Arbeit oder in der Schule hat, fühlt man sich wohl und gesund.

b Wählen Sie ein Foto aus und bereiten Sie einen 1-Minuten-Vortrag nach dem folgenden Schema vor.

Einleitung	Ich habe das Foto … ausgewählt.
Wiedergabe	Der Text zu dem Foto sagt, dass …
Stellungnahme	Ich glaube, das ist richtig / nicht richtig. Meiner Erfahrung nach …
Beispiel	Dafür möchte ich ein Beispiel geben: …
Fazit	Deshalb meine ich, dass …

c Sie sind in der Bildredaktion einer Zeitschrift. Suchen Sie zwei Partner, die ein anderes Bild ausgewählt haben. Diskutieren Sie und entscheiden Sie gemeinsam, welches Foto Sie für die Titelseite der nächsten Ausgabe zum Thema „Gesundheit" verwenden möchten. Begründen Sie Ihre Entscheidung.

3 Das tue ich für meine Gesundheit

a Was machen Eva und Johannes für Fitness und Entspannung? Lesen Sie die Texte 1 und 2.

1 Früher habe ich viel Sport gemacht und z. B. Basketball im Verein gespielt. Aber seit diesem Jahr haben wir sehr lange Schulunterricht, deshalb habe ich leider keine Zeit mehr für Basketball. Jetzt halte ich mich fit, indem ich regelmäßig jogge.
(Eva, 17 Jahre)

2 Ich bin jetzt im dritten Semester an der Uni. Das ist ziemlich stressig. Ich entspanne mich an den Wochenenden dadurch, dass ich mit meinen Freunden etwas unternehme. Meistens laufen wir durch die Stadt und gehen auch mal in eine Kneipe.
(Johannes, 21 Jahre)

b Wie? – Modalsätze mit *dadurch, dass* und *indem*. Lesen Sie die Texte in 3a noch einmal und ergänzen Sie die Sätze im Kasten rechts.

> Eva hält sich fit, … sie regelmäßig joggt.
> Johannes entspannt sich …

4 Tipps für die Gesundheit

a Lesen Sie die Tipps und finden Sie Beispiele für jeden Tipp.

DAS IST WICHTIG

1. gesunde Ernährung
2. ausreichend Flüssigkeit
3. Bewegung
4. frische Luft und Licht
5. Entspannung
6. Schlaf
7. ein gutes soziales Netz
8. eine positive Lebenseinstellung

Gesunde Ernährung zum Frühstück Obst essen

b Wodurch/Wie kann man etwas für die Gesundheit tun? Schreiben Sie Sätze wie im Beispiel.

Man tut etwas für die Gesundheit dadurch, dass man morgens zum Frühstück Müsli mit Obst isst.
Indem man viel zu Fuß geht, kann man …

5 Gehirndoping – die Leistung optimieren

a Wie kann man besser lernen? Machen Sie eine Mindmap.

Lernen lernen

das Gehirn optimieren

b Sprachmittlung – Lesen Sie den Text und erklären Sie ihn in zwei Sätzen in Ihrer Muttersprache.

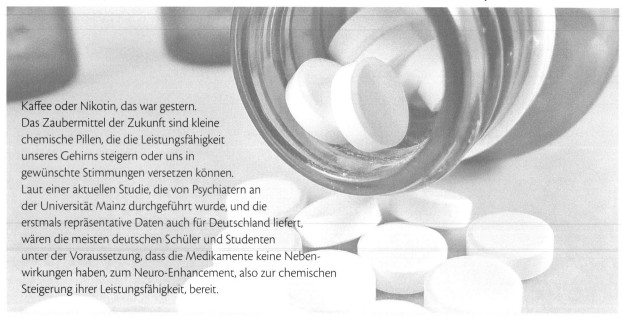

Kaffee oder Nikotin, das war gestern.
Das Zaubermittel der Zukunft sind kleine
chemische Pillen, die die Leistungsfähigkeit
unseres Gehirns steigern oder uns in
gewünschte Stimmungen versetzen können.
Laut einer aktuellen Studie, die von Psychiatern an
der Universität Mainz durchgeführt wurde, und die
erstmals repräsentative Daten auch für Deutschland liefert,
wären die meisten deutschen Schüler und Studenten
unter der Voraussetzung, dass die Medikamente keine Nebenwirkungen haben, zum Neuro-Enhancement, also zur chemischen
Steigerung ihrer Leistungsfähigkeit, bereit.

6 Ein Radiointerview

a Vorbereitung: Arbeiten Sie in Gruppen mit einem Wörterbuch. Erklären Sie die folgenden Begriffe aus ihren Bestandteilen.

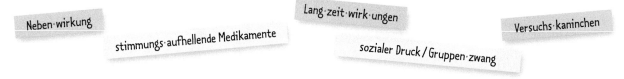

Neben·wirkung

stimmungs·aufhellende Medikamente

Lang·zeit·wirk·ungen

sozialer Druck / Gruppen·zwang

Versuchs·kaninchen

CD 8   **b** Hören Sie den ersten Teil des Interviews. Worum geht es? Welche Beispiele nennt Professor Gülich? Erklären Sie.

die Stimmung aufhellen • Wachmacher • die Konzentration erhöhen • die Persönlichkeit verändern

CD 9   **c** Hören Sie den zweiten Teil und entscheiden Sie für Satz 1–5: richtig (R), falsch (F) oder nicht im Text (0).

1. Die Medikamente sind zur Leistungssteigerung geeignet.
2. Professor Gülich empfiehlt Schülern die Medikamente zur Leistungssteigerung.
3. Die Nebenwirkungen der Medikamente sind gut erforscht.
4. Die Medikamente haben, wenn man sie längere Zeit nimmt, negative Auswirkungen auf unseren Körper.
5. Die Auswirkungen der Medikamente auf unser Gehirn sind bekannt.

CD 10   **d** Hören Sie den dritten Teil des Interviews. Beantworten Sie die Fragen und sprechen Sie darüber.

1. Kritiker sagen: Die Medikamente sind Eingriffe ins Gehirn, die unsere Persönlichkeit verändern.
   Was sagt Professor Gülich zu dieser Kritik?
2. Welche Gefahren sieht Professor Gülich in diesen Medikamenten?
3. Welches Fazit zieht Professor Gülich?

7 Die Leistung steigern

a **Wie kann man seine Leistung steigern? Sammeln Sie.**

> Durch regelmäßiges Joggen bin ich körperlich und geistig fit.

> Ich brauche meinen Schlaf. Dadurch, dass ich viel schlafe, kann ich mich besser konzentrieren.

> Viele versuchen, ihre Leistungsfähigkeit durch Kaffeetrinken zu steigern.

Teil des SBF
Die Leistung steigern
- durch regelmäßiges Wiederholen
- durch ein Computerprogramm
- durch Kaffeetrinken
- durch Radiohören

> **modale Präposition**
> durch + **Akkusativ**:
> durch Medikamente

b **Welche Methoden finden Sie besonders effektiv?**
Welche Methoden möchten Sie (nicht) verwenden? Warum?

Eigentlich würde ich gern …, aber …
Ich kann keinen Kaffee trinken, …
… ist zwar effektiv, aber …
Durch … kann ich mich besser konzentrieren.

> Doch, sein IQ-Doping hat er brav gemacht – nur die Wachmacher hat er vergessen!

8 Diskussion

Wählen Sie eine Situation aus, bereiten Sie Argumente vor und diskutieren Sie.

Situation 1
Sie sind Schüler einer Abschlussklasse. Sollten in der nächsten Prüfung solche Medikamente erlaubt sein?

Situation 2
Sie sind Politiker und müssen ein neues Gesetz formulieren: Sollen leistungssteigernde Medikamente verboten werden?

Situation 3
Sie sind Manager einer Pharmafirma. Soll die Firma jetzt Geld in die Entwicklung dieser Medikamente investieren?

> Ich bin der Meinung, dass man solche Medikamente nicht erlauben sollte.

> Lassen Sie Frau Peter bitte ausreden.

> Da bin ich ganz anderer Auffassung. Man kann doch nicht …

1 **SCHWERPUNKT:** Sprechen – Kurzvortrag

DSD   Bei diesem Prüfungsteil bekommen Sie eine Liste mit Stichworten. Zu diesen Stichworten sollen Sie einen Kurzvortrag vorbereiten. Nach Ihrem Vortrag können die Prüfer/innen Fragen stellen.

Gut leben – was heißt das?

Erläutern Sie, was der Begriff „Gut leben" bedeuten kann. Berücksichtigen Sie dabei mindestens fünf der folgenden Aspekte:

A

Bewegung	Konsum	Liebe
soziale Kontakte	**Gut leben –** **was heißt das?**	Arbeit
gesund essen	Toleranz	...

Bereiten Sie zu dem oben angegebenen Thema einen Kurzvortrag (3–5 Minuten) vor. Verwenden Sie dazu mindestens fünf Stichworte aus der obigen Vorlage. Darüber hinaus können Sie Ihren Vortrag mit eigenen Stichworten erweitern. Zur Unterstützung Ihres Vortrages können Sie Materialien (Folien, Skizzen ...) erstellen. Vorbereitungszeit: 20 Minuten.

Notizen

Hinweise für den Vortrag

1. Lesen Sie das Thema mehrfach genau, überlegen Sie, ob Sie es genau verstanden haben.
2. Wählen Sie fünf Stichworte aus. Schreiben Sie sie auf ein Blatt mit jeweils viel Platz darum herum.
3. Sammeln Sie fünf Minuten lang weitere Stichworte, die Ihnen zu den vorgegebenen Stichworten einfallen.
4. Schreiben Sie nun die Stichwort-gruppen in der Reihenfolge auf, in der Sie darüber sprechen wollen.
5. Überlegen Sie sich Einleitungssätze zu jedem Abschnitt Ihres Vortrags.
6. Überlegen Sie sich einen Einleitungs- und einen Schlusssatz.
7. Lesen Sie alles noch einmal durch.

a Sammeln Sie Themen für Kurzvorträge. Schreiben Sie in Gruppen Stichworte wie in A. Tauschen Sie die Vorgaben zwischen den Gruppen aus und bereiten Sie Notizen wie in B vor.

b Halten Sie die Kurzvorträge. Stoppen Sie die Zeit. Bewerten Sie danach ge-meinsam: Inhalt, Ablauf, Verständlichkeit (Aussprache/Intonation), Mimik/Gestik.

B

Einleitung: Thema nennen

Aspekte: Bewegung, Essen ...
        dann eigene Meinung
· Bewegung – unterschiedliche Aspekte:
        Bewegung im Alltag
        weniger Auto fahren, Treppen steigen ...
        Sport: Verein, Fitnesscenter, Freizeitsport
            mit Freunden
        Problem: Zeit
        wichtig: regelmäßig etwas tun
· Essen – wenig Fleisch, viel Obst + Gemüse
        Problem: Zeit – zu viele Fertiggerichte
· soziale Kontakte
· interessante Arbeit
· etwas kaufen können
· Freunde/Familie

Schluss: jeder muss seinen Weg finden + Toleranz

(2) **Lesen**

DSD Notieren Sie bei jeder Aufgabe (1–6): R (richtig), F (falsch) oder 0 (der Text sagt dazu nichts).

ZWEI DRITTEL HABEN ANGST UM UNSER DEUTSCH

Zu viel Englisch, zu viel Fernsehen und Internet, zu wenig Lesefreude: Laut einer Umfrage fürchten Alt und Jung, dass ihre Muttersprache immer schlechter wird. Mit der Realität hat das wenig zu tun.

„Die deutsche Sprache wird immer schlechter" – so sehen das 65 Prozent der Deutschen. Das ist das Ergebnis einer Umfrage, die das Institut für Demoskopie Allensbach durchgeführt hat. 1.820 Personen ab 16 Jahren wurden gefragt, wie sie über ihre Muttersprache und über Fremdsprachen denken.

Herausgekommen sind gefühlte Wahrnehmungen, die von Tatsachen weit entfernt seien, sagte Rudolf Hoberg, Vorsitzender der Gesellschaft für deutsche Sprache. Diese hatte zusammen mit dem Deutschen Sprachrat die Umfrage in Auftrag gegeben. „Schon seit den alten Ägyptern klagt die Generation der Erwachsenen darüber, dass alles schlechter geworden ist", kommentierte Hoberg die jüngsten Umfrageergebnisse. Vor allem Ältere sorgen sich, dass ein immer schlechteres Deutsch gesprochen und geschrieben wird, so der Projektleiter im Allensbach-Institut, Rüdiger Schulz: „Interessant dabei ist, dass auch die Jungen dasselbe Gefühl haben."

Zweifel an diesen Pauschalurteilen kommen auf, wenn man die Rechtschreibkenntnisse der Bevölkerung anschaut: Die Rechtschreibdefizite der Jüngeren sind heute nicht größer oder kleiner als vor zwanzig Jahren, und das trotz der Explosion der höheren Bildungsabschlüsse. Wörter wie „Rhythmus" oder „Satellit" schreibt damals wie heute nur jeder Zweite korrekt, wie ein kleiner Rechtschreibtest während der Umfrage beweist. Gleichzeitig gibt die Mehrheit an, von der Rechtschreibreform verunsichert zu sein.

Für die Verschlechterung der Sprachkenntnisse geben die Befragten vielfältige Ursachen an: dass heute weniger gelesen und mehr ferngesehen wird; dass der Einfluss anderer Sprachen auf die deutsche Sprache stark zunimmt und dass schon im Elternhaus, in der Schule oder in den Medien weniger Wert auf eine gute Sprache gelegt wird. Mit Blick auf Anglizismen gehen die Aussagen älterer Menschen und die der jüngeren stark auseinander. An den englischen Ausdrücken wie „Kids", „Event", „Meeting" oder „E-Mail" stören sich überwiegend die Älteren. Gleichzeitig empfehlen fast alle Befragten, Englisch als Fremdsprache an der Schule zu lernen.

Was soll die Umfrage bringen?

„Zunächst wollen wir genau wissen, was wir schon erahnt hatten", sagte der Auftraggeber der Umfrage, Hoberg. Mit den repräsentativen Ergebnissen kann man, ohne nationalistisch zu sein, darauf dringen, die deutsche Sprache in Europa zu kräftigen. Sie wird zwar von den meisten Menschen in der Europäischen Union gesprochen, spielt aber bei weitem nicht die gleiche Rolle in Brüssel wie Englisch oder Französisch.

Laut Umfrage fordert die große Mehrheit eine stärkere Verwendung der deutschen Sprache in der EU. „Auch junge Deutsche sind davon überzeugt, dass die Vielfalt der Sprachen zur kulturellen Vielfalt Europas gehört", betonte Rüdiger Schulz. „Irgendwann wollen wir so etwas werden wie eine *Académie Allemande**, sagte Hoberg. Die Deutschen sollten sich ebenso wie Franzosen darüber klar werden, dass sie etwas für ihre Sprache und überhaupt für ein vielsprachiges Europa tun müssen.

Quelle: Julia Walker, *Der gefühlte Sprachverfall*. taz, 14.06.2008

* „Deutsche Akademie": Gemeint ist eine Institution wie die „Academié Française" in Frankreich, die sich u.a. um die Entwicklung der französischen Sprache kümmert.

1. Viele Deutsche glauben, dass es Probleme mit der deutschen Sprache gibt.
2. Die jungen Leute glauben, dass sich nicht viel geändert hat.
3. In den Schulen soll in Zukunft wieder mehr auf die Rechtschreibung geachtet werden.
4. Ältere Menschen finden nicht gut, dass es so viele englische Wörter im Deutschen gibt.
5. Deutsch ist in der EU genauso wichtig wie Französisch.
6. Man muss etwas tun, damit Europa vielsprachig bleibt.

3 Hören

DSD/GI **Gesellschaft für Integration (GFI) fordert neuen Patriotismus**

Die GFI hat auf ihrer Jahrestagung einen neuen Patriotismus für Deutschland gefordert. Radio Westend sprach mit der Sprecherin des Verbandes Sandra Assamoah am Rande der Tagung.

CD 11 **Sie hören gleich das Interview. Lesen Sie jetzt die Aufgaben (1–8). Sie haben dafür zwei Minuten Zeit. Notieren Sie beim Hören bei jeder Aufgabe die richtige Lösung. Sie hören das Interview einmal.**

1. Die GFI möchte an deutschen Schulen …
   a mehr Gefühl von Gemeinsamkeit.
   b mehr Unterricht.
   c mehr Kenntnisse.

2. Die Einwanderungsländer USA und Kanada …
   a haben keine Probleme mit Migranten.
   b haben viele nationale Symbole.
   c kennen kein Gemeinschaftsgefühl.

3. Frau Assamoah meint, dass …
   a Patriotismus nicht Nationalismus bedeutet.
   b die Großeltern wichtig sind.
   c die Deutschen mehr Chancengleichheit wollen.

4. Fahnen …
   a können ein positives Symbol sein.
   b haben an Schulen nichts zu suchen.
   c sind besser als T-Shirts.

5. Laut dem Aktionsprogramm …
   a gibt es zu viele unterschiedliche Kulturen.
   b soll die Vielfalt erhalten bleiben.
   c brauchen wir eine neue Kultur.

6. Wenn man den deutschen Pass hat, dann …
   a ist man für viele trotzdem kein Deutscher.
   b kann man perfekt Deutsch sprechen.
   c fühlt man sich in Deutschland zu Hause.

7. Für eine gelungene Integration muss man …
   a auch gemeinsame Gefühle entwickeln.
   b die Gesetze gut kennen.
   c eine deutsche Fahne zu Hause haben.

8. Frau Assamoah sagt, dass …
   a Integration auch ein bisschen Zwang braucht.
   b man über das „Deutschsein" diskutieren muss.
   c Integration nicht funktioniert.

4 Schreiben

GI **Wählen Sie aus den zwei Themen eins aus. Lesen Sie dann die Aufgabe 1 oder 2.**

Thema 1

Zuwanderer machen Deutschland reicher
Ihre Aufgabe ist es, auf einen Artikel in einer Zeitung zu reagieren.
Sie sollen sich dazu äußern, inwiefern Zuwanderer Deutschland reicher machen und welche Probleme es bei der Immigration gibt.

Thema 2

Alle Europäer sollen mindestens drei Sprachen lernen
Ihre Aufgabe ist es, auf eine Meldung im Internet zu reagieren.
Sie sollen sich dazu äußern, welche Vorteile das Erlernen von Fremdsprachen hat und welche Probleme es geben kann, wenn es für alle zur Pflicht wird.

Anmerkung: In der Prüfung wählen Sie zuerst aus und bekommen dann das passende Aufgabenblatt.

Thema 1

In einer Zeitung lesen Sie folgende Meldung:

Zuwanderer machen Deutschland reicher

Cem Yannarsömmez kam mit 12 Jahren nach Deutschland. Sein Vater war schon Jahre vorher fortgegangen, um in Deutschland zu arbeiten. Dann holte er die Familie nach. Zuerst arbeitete der Vater in einer Fabrik. Nach acht Jahren verlor er seine Arbeitsstelle und machte sich selbstständig. Er gründete ein türkisch-deutsches Reisebüro und hatte Erfolg. Heute gehört er zu den vielen Zuwanderern, die einen wichtigen Beitrag zum deutschen Bruttosozialprodukt leisten. Cem und seine Geschwister haben studiert.

Cem ist Touristikkaufmann und wird das Reisebüro seines Vater weiterführen. „Ohne uns ginge es Deutschland schlechter", sagt er selbstbewusst. Natürlich weiß er, dass nicht alle Zuwanderer so erfolgreich sind wie seine Familie. Viele haben Probleme mit der Sprache und der Kultur und sind auf die Unterstützung des Staates angewiesen. Aber die Zahlen sind eindeutig: Die Zuwanderer bereichern Deutschland in jeder Beziehung.

Schreiben Sie als Reaktion auf diesen Artikel an die Zeitung. Sagen Sie,

– welche Erfahrungen Sie mit der Zuwanderung haben.
– welche konkreten Vorteile Sie in der Zuwanderung sehen.
– welche Probleme dabei auftreten können.
– wie man die Probleme eventuell lösen kann.

Thema 2

Tauberbote Online | 31.03. | 6:40

Europäer sollen viersprachig werden

Das kannten wir bisher nur aus der Schweiz, aber eine Arbeitsgruppe der Europäischen Union hat nun das Ziel formuliert, dass alle jungen Europäer bis zum Jahr 2030 viersprachig sein sollen. Neben der Muttersprache sollen wir alle noch drei Fremdsprachen lernen. Ein ehrgeiziges Ziel das große Anstrengungen im Fremdsprachenunterricht erfordert. Laut der Kommission soll in den meisten Fällen Englisch die erste Fremdsprache sein, weil Englisch heute das weltweite Kommunikationsmittel schlechthin ist. Die weiteren Fremdsprachen sollen sich dann im Allgemeinen an den jeweiligen Nachbarländern orientieren. Lehrerverbände haben gleich Widerspruch angemeldet: „Dieses Zielsetzung ist eine glatte Überforderung vieler Schüler. Besser wäre es, in einer oder zwei Fremdsprachen feste Grundlagen zu schaffen. Wer dann im Leben mehr braucht, kann damit ohne Probleme weiterlernen."

Schreiben Sie als Reaktion an die Online-Redaktion. Sagen Sie,

– ob Sie mit diesen Plänen einverstanden sind oder nicht.
– ob Sie glauben, dass Kinder so viele Sprachen in der Schule lernen können.
– welche Erfahrungen Sie selbst mit Fremdsprachen gemacht haben.
– was Sie von der Kritik der Lehrerverbände halten.

Hinweise

Vergessen Sie bitte nicht Anrede und Gruß.
Die Adresse der Zeitung brauchen Sie nicht anzugeben.
Bei der Beurteilung wird u. a. darauf geachtet,
– ob Sie alle vier angegebenen Inhaltspunkte berücksichtigt haben,
– wie korrekt Sie schreiben,
– wie gut Sätze und Abschnitte sprachlich miteinander verknüpft sind.
Schreiben Sie mindestens 180 Wörter.

Für mein Portfolio

Hören, Sprechen, Lesen, Schreiben – Was ist für Sie wichtig beim Sprachenlernen? Geben Sie Beispiele und begründen Sie Ihre Meinung.

5   **Vorlesetraining – Sinneinheiten hören und sprechen**

CD 12   **a**   **Sätze hören und vorlesen**

1. Hören und vergleichen Sie. Welche Version kann man am besten verstehen?

> Unter Wissenschaftlern steht noch immer zur Diskussion, welche Faktoren beim Spracherwerb die entscheidende Rolle spielen.

2. Schreiben Sie 1.–3. auf ein Blatt.
   Hören Sie die Sätze noch einmal und markieren Sie die Einheiten, die der Vorleser spricht.

> 1. *Unter Wissenschaftlern steht noch immer zur Diskussion, welche Faktoren beim Spracherwerb die entscheidende Rolle spielen.*
>
> 2. *Unter Wissenschaftlern steht noch immer zur Diskussion, welche Faktoren beim Spracherwerb die entscheidende Rolle spielen.*
>
> 3. *Unter Wissenschaftlern steht noch immer zur Diskussion, welche Faktoren beim Spracherwerb die entscheidende Rolle spielen.*

3. Lesen Sie die Sätze vor und sprechen Sie die markierten Sinneinheiten.

4. Lesen Sie den folgenden Satz mit unterschiedlichen Einheiten vor. Welche Version versteht man am besten? Welche Version können Sie am besten flüssig sprechen?

> Von den knapp 82 Millionen Einwohnern Deutschlands haben 15 Millionen einen Migrationshintergrund.

CD 13   **b**   **Texte hören und vorlesen**

1. Hören Sie, welche Einheiten erkennen Sie?

> Kaffee oder Nikotin, das war gestern. Das Zaubermittel der Zukunft sind kleine chemische Pillen, die die Leistungsfähigkeit unseres Gehirns steigern oder uns in gewünschte Stimmungen versetzen können. Laut einer aktuellen Studie, die von Psychiatern an der Universität Mainz durchgeführt wurde und die erstmals repräsentative Daten auch für Deutschland liefert, wären die meisten deutschen Schüler und Studenten unter der Voraussetzung, dass die Medikamente keine Nebenwirkungenhaben, zum Neuro-Enhancement, also zur chemischen Steigerung ihrer Leistungsfähigkeit, bereit.

CD 14   2. Schwierige Wörter vorher üben. Hören Sie und sprechen Sie nach.

die Leistungsfähigkeit die Leistungsfähigkeit unseres Gehirns die Leistungsfähigkeit unseres Gehirns steigern	Voraussetzung unter der Voraussetzung unter der Voraussetzung, dass …
durchgeführt an der Universität Mainz durchgeführt von Psychiatern an der Universität Mainz durchgeführt	Neuro-Enhancement zum Neuro-Enhancement bereit wären die meisten Studenten zum Neuro-Enhancement bereit

3. Lesen Sie jetzt den folgenden Text mit deutlich gesprochenen Sinneinheiten vor.

> **Sinneinheiten an das eigene Sprechtempo anpassen**
>
> Versuchen Sie, weniger Wort für Wort und mehr in Sinneinheiten zu sprechen. Probieren Sie aus, wie groß die Einheiten sind, die Sie gut sprechen können. Wichtig ist dabei, verständliche Einheiten zu sprechen. Je mehr Sie trainieren, desto mehr Überblick bekommen Sie über Sätze und desto leichter können Sie längere Einheiten sprechen.

6 **Literatur und Poesie**

ICH BRAUCHE DICH

Ich lass deinen Namen auf meinen
Rücken schreiben. Er soll bleiben.
Mit jedem Rücken brauch ich nicht
an Angst und Schrecken leiden.
Ich lass deinen Namen auf meinen
Rücken schreiben. Er soll bleiben.
Mit jedem Rücken brauch ich nicht
an Angst und Schrecken leiden.

Ich brauche dich. Und ich tausche nicht.
Ich liebe dich. Mehr sag ich nicht.
Ich werde dich lieben, ehren.
Jeden Morgen verdank ich dir.
Und diese Liebe soll sich vermehren.
Meine Hoffnung lastet ganz auf dir.

Du hast mir beigebracht zu lieben und nicht zu hassen.
Seit ich deine Liebe kenne, kann ich mein Herz
nicht von dir lassen.
Du hast mir beigebracht zu lieben und nicht zu hassen.
Seit ich deine Liebe kenne, kann ich mein Herz
nicht von dir lassen.

Ich brauche dich. Und ich tausche nicht.
Ich liebe dich. Mehr sag ich nicht.
Ich werde dich lieben, ehren.
Jeden Morgen verdank ich dir.
Und diese Liebe soll sich vermehren.
Meine Hoffnung lastet ganz auf dir.

Ich brauche dich.
Und ich tausche nicht.
Ich liebe dich.
Mehr sag ich nicht.

Xavier Naidoo

B In einer Wohnung mit einem Partner/ einer Partnerin zusammen

A In einer WG (Wohngemeinschaft)

E In einer eigenen Wohnung

D Bei den Eltern

C Im Studentenwohnheim

★ Aussagen zu Wohnwünschen verstehen
★ Eine Grafik verstehen und interpretieren
★ Über „soziale Netzwerke" diskutieren
★ Einen argumentativen Text schreiben

1 So wohnen wir, so möchten wir gerne wohnen

a Wie wohnen die jungen Leute? Beschreiben Sie die Fotos.

> Die Leute in Bild A wohnen mit anderen jungen Leuten zusammen. Das sind vielleicht ...

> Sie sitzen zusammen am Tisch und ...

CD 15–17 **b** Hören Sie die Interviews mit Abiturienten und Studienanfängern. Wie wohnen Jana, Vanessa und Timo? Warum wohnen sie so? Machen Sie Notizen.

c Welche Vor- und Nachteile haben die verschiedenen Wohnformen? Diskutieren Sie.

2 Zahlen zur Wohnsituation von Studenten in Deutschland

a Lesen Sie den Text. Welches Tortendiagramm (1, 2 oder 3) passt zum Text?

Wie möchte ich während des Studiums wohnen?

Vor dieser Frage stehen junge Studienanfänger in Deutschland. Eine Studie im Auftrag des Deutschen Studentenwerks zeigt die vielfältigen Möglichkeiten, die sich auch preislich deutlich unterscheiden. 2010 hat sich fast ein Drittel der Studenten bis 25 Jahre (27,6 %) dafür entschieden, bei den Eltern zu wohnen. Ungefähr genauso viele, nämlich 28 %, sind in eine Wohngemeinschaft gezogen. Eine eigene Wohnung wollten und konnten sich 15,3 % der Studenten leisten. Etwa gleich viele wohnen in einem Studentenwohnheim (14,6 %) oder mit einem/einer Partner/in (13,3 %). Zur Untermiete zu wohnen ist bei den deutschen Studenten nicht sehr beliebt. Nur 1,6 % leben in dieser Wohnform.

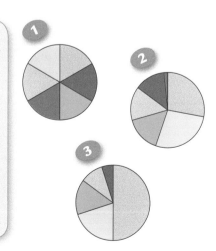

b **Sprechen Sie über die Grafik und den Text. Vergleichen Sie mit Ihrem Heimatland.**

Die Grafik zeigt …	Mich wundert/erstaunt, dass …
… Prozent der jungen Studenten …	Ich finde interessant, dass …
(fast) ein Drittel der …	Bei uns in … ist die Situation gleich/ähnlich/anders.
(gut) ein Viertel der …	Ich weiß es nicht genau, aber ich glaube/vermute, dass …

3 **Aussagen begründen**

a **Ordnen Sie 1–3 und a–c zu: *wegen* oder *trotz*?**

1. **Trotz** der hohen Mietkosten
2. **Wegen** des guten Studienangebots
3. **Trotz** der möglichen Probleme mit den Mitbewohnern

a) wollte A in einer Wohngemeinschaft leben.
b) möchte B eine eigene Wohnung suchen.
c) ist C an die Uni in Heidelberg gegangen.

b **Vier Studenten/Studentinnen (S1–S4): *sonst* oder *dann*? Ordnen Sie zu a–d zu.**

S1 möchte zu Hause wohnen, **sonst**
S2 möchte zu Hause wohnen, **dann**
S3 muss schnell ein Zimmer finden, **sonst**
S4 muss schnell ein Zimmer finden, **dann**

a) hat sie zu Semesterbeginn keine Unterkunft.
b) muss er selbst einkaufen und seine Wäsche waschen.
c) muss sie nicht selbst einkaufen und kochen.
d) kann er sich schon von Anfang an auf das Studium konzentrieren.

c **Ordnen Sie S1–S5 und a–e zu.**

S1 möchte nicht bei den Eltern wohnen, **obwohl**
S2 sagt, sie möchte nicht alleine leben, **sonst**
S3 möchte gerne in einer WG wohnen, **aber**
S4 ist **trotz** der teuren Miete
S5 wollte alleine leben, **deshalb**

a) nach München gezogen.
b) würde sie sich einsam fühlen.
c) hat sie eine eigene Wohnung gemietet.
d) das natürlich sehr bequem ist.
e) er kennt niemanden, mit dem er zusammenwohnen möchte.

d **Machen Sie eine Übersicht wie in der Tabelle.**
Ergänzen Sie *deshalb, obwohl, wegen, aber*.

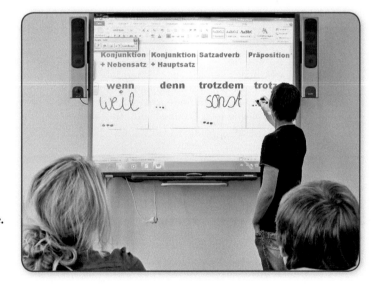

4 **Wünsche**

a **Wie wohnen Sie? Was würden Sie (nicht) gerne ändern? Warum? Ergänzen Sie die Sätze für sich selbst.**

Ich möchte (nicht) alleine leben.
Ich fühle mich wohl so, wie ich wohne,

trotzdem/sonst …
deshalb/weil/obwohl …

b **Machen Sie Partnerinterviews und berichten Sie.**

> Kira möchte zuerst bei ihren Eltern wohnen bleiben. Das ist billiger und einfacher sagt sie. Aber später würde sie dann schon gern …

5 Gemeinsam leben im Internet?

a Lesen Sie den Text aus einem Internetforum. Sagen Sie in einem Satz, worum es geht.

Das war's! Es gibt mich nicht mehr im Netz. Vor einer Woche habe ich mich aus allen sozialen Netzwerken gelöscht. Das war viel Arbeit. Aber jetzt bin ich frei und habe viel mehr Zeit für die wirklich wichtigen Dinge im Leben!

Ich hatte keine Probleme, bin nicht gemobbt worden, hatte keine peinlichen Fotos im Netz. Nein, das ist nicht der Grund. Ich fand es einfach uninteressant, immer wieder dieselben langweiligen Nachrichten zu bekommen von Tausenden von „Freunden", die ich eigentlich gar nicht kannte und auch nicht kennenlernen wollte.

Ich kann es nur empfehlen. Macht euch frei! Es gibt mehr als das im Leben!

b Lesen Sie die Sätze 1–5 und dann die Forumstexte. Ordnen Sie zu.

1 Ich denke, dass junge Leute anders über soziale Netzwerke im Internet denken als ältere Menschen.

2. Man muss mit den Problemen, die auftauchen können, vernünftig umgehen.

3. Meine Privatsphäre ist mir wichtig.

4. Wenn man seine Daten in soziale Netzwerke stellt, muss man damit rechnen, dass die Daten von anderen Menschen verwendet werden können.

5. Es gibt im Internet interessante Gruppen, in denen man mit anderen Leuten gut diskutieren kann.

NAMROR

Soziale Netzwerke im Internet finde ich toll. Ich habe vor wenigen Wochen meinen Gastbruder wiedergefunden, den ich vor etlichen Jahren in einem deutsch-amerikanischen Schüleraustauschprogramm kennengelernt hatte. So kamen wir wieder in Kontakt. Wer weiß, vielleicht besuche ich ihn eines Tages wieder. Dennoch finde ich auch, dass es viele nervige Meldungen gibt, die man dauernd bekommt, wie „X und Y sind jetzt Freunde" etc. Das interessiert mich eigentlich nie. Deshalb gibt es aber auch die Funktion „Verbergen". Dadurch kann man alles ausfiltern, was man nicht haben möchte.

MIKING

Ich hab diesen ganzen Web-2.0-Quatsch nie ganz verstanden und bin auch in keinem der Netzwerke dabei. Mein Skype-Profil enthält nur die absolut nötigen Daten und nicht meinen realen Namen. Was bringt es, sein Privatleben in jedem Detail online preiszugeben? Warum sollte ich mehrmals am Tag irgendwelchen Unbekannten erzählen, was ich gerade mache, wo ich gerade bin und wie meine Stimmung ist? Für mich findet das Leben immer noch hauptsächlich in der realen Welt statt, mit realen Menschen – und ich sehe keinen Grund, das zu ändern.

Wolle

Vielleicht ist es einfach eine Generationenfrage. Ja, Internet-Freunde sind nicht dasselbe wie echte Freunde. Ja, es gibt vieles, was bei den sozialen Netzwerken im Internet nervt. Aber: Ich konnte dadurch viele alte Schulfreunde wiederfinden. Und wenn ich in der Welt rumreise, kommt es immer wieder vor, dass andere Leute, die ich kenne, sich auch an meinem Zielort aufhalten und mir helfen, die Zeit im Ausland angenehmer zu verbringen.

Speedy

Also, was mir persönlich dabei gefällt, ist, dass ich mit den Leuten, die ich nicht so oft treffen kann, weil sie weit weg sind, durch die Fotos irgendwie einen greifbareren Kontakt habe (das klingt vielleicht unlogisch, aber mir kommt es so vor). Ich finde auch die Gruppen gar nicht schlecht (also nicht die von der Sorte: „Man kann auch ohne Hund leben, aber es lohnt sich nicht"), sondern die richtigen, wo man sich über ein bestimmtes Thema austauschen kann, zu dem man Informationen bzw. andere Meinungen sucht.

Baku

Zu der aktuellen Privatsphäre-Debatte kann ich nur sagen: Gebt nur so viel von euch preis, wie ihr auch wirklich bereit seid, der Öffentlichkeit zugänglich zu machen. Wenn man diese Netzwerke im Internet unreflektiert benutzt, dann kann das schädlich sein. Du kannst nicht wissen, wer was mit deinen Daten macht!

c Sammeln Sie die Pro- und Kontra-Argumente aus den Forumstexten.

d Ergänzen Sie die Tabelle mit eigenen Argumenten.

6 Einen argumentativen Text schreiben

a Formulieren Sie aus den Stichworten an der Tafel Pro-Argumente

Ein großer Vorteil ... liegt darin, dass ...
Wenn es die sozialen Netzwerke nicht gäbe, ...
Ohne ... könnte ich nicht ...
Mir ist besonders wichtig, dass ...

> Wenn es keine Netzwerke im Internet **gäbe** (= geben würde) ...
> Ich **fände** (= würde ... finden) es wichtig, dass ...

b Formulieren Sie aus den Stichworten an der Tafel Kontra-Argumente.

Andererseits ist es aber auch ein Nachteil, dass ...
Als großen Nachteil empfinde ich ...
Man muss aber auch berücksichtigen, dass ...
Ich fände es wichtig, dass ...

c Ergänzen Sie die Satzanfänge, so dass ein Text über die Vor- und Nachteile von sozialen Netzwerken entsteht.

Einleitung:	Soziale Netzwerke im Internet sind ...
pro:	Ein großer Vorteil der Netzwerke liegt darin, dass ...
kontra:	Andererseits muss man aber auch berücksichtigen, dass ...
eigene Meinung:	Ich fände es wichtig, dass ...
Fazit:	Deshalb ...

Projekt: Soziale Netzwerke auf Deutsch

a Sammeln Sie Internetwörter und recherchieren Sie die deutschen Übersetzungen und erklären Sie die Begriffe einem Internet-Neuling auf Deutsch.

das Profil

> Im „Profil" beschreibst du dich in Stichworten selbst.
> Du machst z. B. eine Liste von Tätigkeiten, Hobbys und
> Interessen. Dein Profil soll möglichst interessant sein,
> damit andere Lust haben, mit dir Kontakt aufzunehmen.

b Welche deutschsprachigen sozialen Netzwerke gibt es? Was sind die Unterschiede?

5 Kreativität

★ Über Kreativität sprechen
★ Ideen finden und bewerten
★ Einen Text über Kreativität in der Schule schreiben
★ Einen Text über kreative Verfahren verstehen

 Brainstorming

a Lesen Sie den Text und ergänzen Sie die fehlenden Wörter.

Brainstorming • Fantasie • Methoden • Kreativität • Kreativität • kreativ • kreativ

Vielen Menschen sagen: „Ich bin nicht ... . Ich habe keine ... .“ Aber Wissenschaftler sind zu der Überzeugung gelangt, dass das falsch ist. Jeder Mensch kann ... sein und – noch besser – ... kann man, zumindest zum Teil, lernen. Es gibt viele ..., um die ... zu wecken. Die bekannteste davon kennen Sie vermutlich schon, das „...“.

b Vier Regeln zum Brainstorming: Ordnen Sie 1–4 und a–d zu.

1. Man versucht, in kurzer Zeit (5–30 Minuten)
2. Freies Assoziieren
3. Man kann Ideen von anderen
4. Kommentare, Korrekturen

a) und Fantasieren sind erlaubt.
b) aufgreifen und kombinieren.
c) und Kritik sind verboten.
d) viele Ideen zu produzieren.

c Sie arbeiten bei einer Werbeagentur und wollen Ideen für die Werbekampagne einer Fitness-Firma finden. Betrachten Sie das Bild oben. Machen Sie dann ein Brainstorming (5 Minuten).

d Konnten Sie kreativ sein? Was hat Ihnen geholfen? Gab es Probleme?

Ich fand gut, dass ...

Es hat mich überrascht, ...

Ein Problem war, dass ...

2 Brainwriting

a Beim Brainwriting gelten die gleichen Regeln wie beim Brainstorming. Lesen Sie die Anweisungen und machen Sie ein Brainwriting zu einer der Aufgaben unten.

So wird es gemacht
1. Jede Gruppe hat 4–6 Teilnehmer.
2. Jede/r nimmt ein Blatt, teilt es in drei Spalten (s. Beispiel) und notiert innerhalb von zwei Minuten in jeder Vorschlagsspalte je eine Idee zum Thema.
3. Dann wandert das Blatt im Uhrzeigersinn weiter, die oder der Nächste ergänzt die Vorschläge und/oder fügt neue, eigene Ideen hinzu.
4. Die Ideenfindungsphase ist beendet, wenn alle Bogen eine komplette Runde durchlaufen haben.

Beispiel: Brainwriting zum Thema „Schönere Cafeteria"

– Plakate und Bilder	– mehr Pflanzen	– große Kissen
– schöne Tische und Stühle	– jeder bringt Pflanzen mit	– mehr Farben
– blau und gelb	– Sofas	– ruhig
– Zimmerpalmen, Farne	– Spiele zum Ausleihen	– hell und sehr bunt

Aufgabe 1: Eine Schule/Universität/… will einen Freizeitbereich bauen und sucht dafür Ideen.
Aufgabe 2: Unsere Stadt soll angenehmer für Fahrradfahrer und Fußgänger werden.

b Nehmen Sie je eine Idee aus Ihrer Liste und formulieren Sie eine Aussage nach den Mustern im Kasten. Ändern Sie die kursiven Nomen und Verben.

Präposition + Nomen	**Präpositionalpronomen + Satz**
Ich bin begeistert **von** *Sofas*.	Ich bin begeistert **davon**, *Sofas* zu *kaufen*.
	Ich bin begeistert **davon**, dass wir *Sofas kaufen*.
Ich halte nichts **von** *Pflanzen*.	Ich halte nichts **davon**, *Pflanzen* zu *kaufen*.
	Ich halte nichts **davon**, wenn wir *Pflanzen kaufen*.
Wir müssen **an** die *Farben* denken.	Wir müssen **daran** denken, *Farbe* zu *kaufen*.
	Wir müssen **daran** denken, welche *Farben* wir *kaufen wollen*.

froh sein **über** · überzeugt sein **von** · zweifeln **an** · diskutieren **über**

> Ich bin begeistert von Plakaten.

> Wir müssen daran denken, Geld zu sammeln.

c Sprechen Sie über Ihre Ideen und wählen Sie die besten fünf aus.

Die Idee, … zu machen, finde ich toll.	Um das zu machen, muss man / müssen wir …
Ich bin mir nicht sicher, ob …	Das Wichtigste/Beste/… ist …, danach kommt für mich …
Das ist nicht/bestimmt realisierbar.	Das … ist auch gut, aber wichtiger finde ich …
Die Idee ist schön, aber …	… gefällt mir nicht so gut, aber vielleicht könnten wir …

1 Kreativität ist die Fähigkeit, etwas Neues zu erschaffen, das in irgendeiner Art und Weise Nutzen oder Sinn hat.
Es gibt wahrscheinlich keinen Menschen, der niemals
5 kreativ war. Als Kinder sprühen wir vor Kreativität. Warum lässt das bei vielen erwachsenen Menschen nach? Sehr vereinfacht kann man sagen: In unserer Gesellschaft und in unseren Schulen werden vor allem das logische Denken und der systematische Umgang mit Sprache und
10 Zahlen gefördert. So kommt es, dass wir viel zu selten kreativ sein müssen. In der Schule ist es in den meisten Fächern vor allem wichtig, die Aufgaben „richtig" zu lösen. Weil wir unsere Kreativität zu wenig trainieren, glauben wir irgendwann, dass wir nicht kreativ sind. So beginnt
15 ein Teufelskreis, denn weil wir uns nicht für kreativ halten, versuchen wir es erst gar nicht, und weil wir es nicht versuchen …
Die meisten Menschen verbinden mit Kreativität
20 Malerei, Musik oder Literatur, aber das ist nicht richtig. Kreativität wird überall gebraucht, wo man neue Wege, neue Lösungen
25 oder neue Ideen finden will, bei der Produktentwick- lung, der Führung von Unternehmen, der Planung unseres Urlaubs, der Einrichtung unserer Wohnung, der Liebe …

2 Kreative Prozesse
Den Ablauf der Ideenentwicklung unterteilen 30
die meisten Modelle in vier Phasen.

1. Vorbereitungsphase
Man muss als Erstes die Aufgabe genau definieren.
Oft ist es hilfreich, das schriftlich zu tun. Es ist eine Illusion,
dass uns kreative Ideen aus dem Nichts zufliegen. Beim 35
kreativen Arbeiten ist immer eine gute Vorbereitung
notwendig. Beginnen Sie also damit, sich die nötigen
Fertigkeiten für ihre Aufgabe anzueignen oder fehlende
Informationen zu besorgen.

2. Inkubationszeit 40
Diese Phase ist nicht der Beginn einer Krankheit. Im
Gegenteil, sie ist sehr wichtig und schön, denn sie besteht
daraus, nichts zu tun! Vergessen Sie möglichst Ihre
Aufgabe. Natürlich tut Ihr Gehirn trotzdem etwas, aber
diese Kopfarbeit ist Ihnen nicht bewusst. In dieser Zeit 45
versucht Ihr Unterbewusstsein, die verschiedenen
Informationen und Ihre Aufgabenstellung in Verbindung
zu bringen und neue Ideen zu finden. Das kann lange
dauern und oft haben wir das Gefühl, dass wir nicht
weiterkommen und geben auf. Jetzt heißt es durchhalten 50
und der eigenen Kreativität vertrauen.

3 **Kreativität im Alltag**

a Sehen Sie sich das Bild an. Was sagt es über die unterschiedlichen Funktionen unserer rechten und linken Gehirnhälfte?

b Wo und wie erleben Sie Kreativität im Alltag?

4 **Kooperativ arbeiten**

a Lesen Sie den Text schnell. Welche Überschrift (A, B, C) von oben passt am besten?

b Bilden Sie drei Gruppen. Lesen Sie einen Abschnitt genau und fassen Sie ihn in eigenen Worten zusammen.

c Lesen Sie 1–6 und dann noch einmal den Text. Notieren Sie: R (richtig), F (falsch) oder 0 (der Text sagt dazu nichts).

1. Kreative Ideen sind spontane Einfälle.
2. Die meisten Menschen glauben, dass sie kreativ sind.
3. Kreative Prozesse kann man planen.
4. Man muss sich in allen Phasen intensiv auf die Aufgabe konzentrieren.
5. Für kreative Ideen braucht man auch viel Geduld.
6. Die Schule müsste mehr kreatives Lernen anbieten.

3. Gedankenblitze

Was im Verborgenen wächst, kommt irgendwann zum
55 Vorschein: Die neuen Ideen werden Sie vielleicht beim Aufwachen oder auf einem Spaziergang finden. Meist bekommen wir Gedanken-
60 blitze dann, wenn wir sehr entspannt sind und uns nicht mit der Aufgabe beschäftigen. Schreiben Sie die Ideen sofort auf, auch wenn sie absurd erscheinen. Sie sollten offen sein für alles, was Ihnen Ihr Unterbewusstsein mitteilt. Für Kritik ist
65 später noch Zeit.

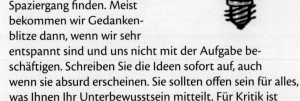

4. Ideen prüfen

Kann Ihre Lösungsidee für die Aufgabe tatsächlich funktionieren? Jetzt ist die
70 Phase der Kritik. Aber geben Sie der neuen Idee eine Chance. Viele Erfin-

dungen und Entdeckungen der Menschheit hielt man am Beginn für Unsinn.

3 Ziele setzen und Selbstvertrauen haben 75
Wenn Sie kein Ziel haben, dann können Sie auch nicht wissen, wonach Sie suchen sollen. Deshalb ist der erste Schritt immer, sich ein motivierendes Ziel zu setzen, um sich einen Grund zu geben, kreativ zu sein. Eine wichtige Voraussetzung ist, dass man sich selbst 80 Kreativität zutraut. Setzen Sie Ihre Ansprüche nicht zu hoch an. Wenn Sie bei Kreativität nur an Mozart oder Einstein denken, haben Sie zu Recht das Gefühl, dass Sie nicht mithalten können.
Wer kreativ sein will, muss vor allem lernen, Phasen 85 auszuhalten, in denen er oder sie nicht weiterkommt, ohne gleich aufzugeben. Erfolgreiche kreative Menschen machen oft viele Versuche, bis sie eine funktionierende Idee finden. Thomas Edison, der Erfinder der Glühbirne, die das Symbol für den Geistesblitz geworden ist, hat es so formuliert: 90 Genie ist 1 % Inspiration (= *Idee*) und 99 % Transpiration (= *Schwitzen durch harte Arbeit*).

---

5 **Adjektive im Genitiv**

a Wiederholung: Adjektivendungen – Ergänzen Sie die Sätze.

1. Man braucht ein (sinnvoll) Ziel. • 2. Du darfst nicht mit zu (hoch) Anspruch anfangen. • 3. Das ist ein (wichtig) Punkt. • 4. Alle sind von der (neu) Idee begeistert. • 5. (erwachsen) Menschen haben oft Probleme, kreativ zu sein. • 6. Mit der (rechts) Gehirnhälfte können wir kreativ sein. • 7. Die (links) Gehirnhälfte steht für (logisch) Denken.

b Adjektive im Genitiv – Lesen Sie die Beispiele und schreiben Sie dann die Sätze 1–5.

m	Die Entwicklung **des/eines** neuen Computers …
n	Bei Entwicklung **des/eines** neuen Produkts …
f	Die Entwicklung **der/einer** neuen Maschine …
Plural	Die Entwicklung **der** neuen Computer/Produkte braucht kreative Ideen. Die Entwicklung — neuer Computer/Produkte ist sehr teuer.

1. das Lesen / der neue Roman • 2. das Training / die menschliche Kreativität • 3. der Kauf / ein großer Computer • 4. die Entwicklung / ein umweltfreundliches Auto • 5. der Schutz / gefährdete Tierarten

Das Lesen des neuen Romans hat mir Spaß gemacht.

6 Schule und Kreativität

a Wie könnte man in der Schule die Kreativität besser fördern?
Sammeln Sie Ideen (*Brainstorming/Brainwriting*) und diskutieren Sie danach die Vorschläge.

b Schreiben Sie einen Text zum Thema „Schule und Kreativität", in dem Sie auf die Diskussion in 6a eingehen.

Projekt: Kreative Techniken

Finden Sie andere kreative Techniken – „Flipflop", „Sechs denkende Hüte" … Berichten Sie darüber.

★ Über berufliche Tätigkeiten im Hotel sprechen
★ Sich beschweren und Beschwerden entgegennehmen
★ Eine Radioreportage verstehen
★ Etwas beschreiben/definieren

1 Das Stadthaushotel in Hamburg

a   Sprechen Sie über die Fotos. Welche Erfahrungen haben Sie mit Urlaub oder Arbeit im Hotel?

b   Lesen Sie die Texte. Welche Fotos passen zu den Texten? Warum?

1

An der Rezeption arbeitet der Rezeptionist oder die Rezeptionistin. Die Rezeption ist der erste Kontakt zwischen den Gästen und dem Hotel. Hier werden die Gäste eingecheckt und ausgecheckt, und wenn sie während ihres Aufenthaltes Fragen haben, können sie sich an die Rezeption wenden. Das Stadthaushotel ist relativ klein, deshalb werden hier auch die Reservierungen entgegengenommen und bearbeitet.

2

Ein weiterer wichtiger Bereich ist das Housekeeping, also die Haushaltsführung. Im Hotelbereich benutzt man normalerweise das englische Wort. Dazu gehören vor allem die Reinigung und Pflege von Zimmern, Bädern, Fluren, Aufenthaltsräumen und Frühstücksraum sowie das Bettenmachen. Nur wenn die Housekeeper, also das Reinigungspersonal, ihre Aufgabe sorgfältig und mit Liebe erfüllen, fühlen sich die Gäste im Hotel wohl. Das Reinigungspersonal muss möglichst schnell und unauffällig arbeiten, damit die Gäste bei ihrem Aufenthalt nicht gestört werden.
Im Stadthaushotel gibt es im Bereich Housekeeping auch eine eigene Wäscherei, in der die gesamte Bettwäsche gewaschen und gebügelt wird.

3

Die Verwaltung und das Marketing sind nicht im Gebäude des Stadthaushotels, sondern in einem anderen Haus untergebracht. Die Verwaltung wird von einem Direktor geleitet, der für die Leitung des gesamten Hotelbetriebs verantwortlich ist. Er kümmert sich z. B. um das Personal und den Einkauf. Alle wichtigen Entscheidungen laufen über seinen Schreibtisch. Zur Verwaltung gehört natürlich auch die Buchhaltung. Im Marketing werden alle Werbemaßnahmen geplant. Hier werden auch Werbematerialien entwickelt, der Internetauftritt gestaltet und die Homepage gepflegt.

4

Housekeeping, Verwaltung und Marketing sind Bereiche, mit denen die Gäste meistens kaum in Kontakt kommen. Das Servicepersonal im Frühstücksdienst dagegen hat viel Kontakt mit den Gästen. In der Küche werden die Speisen vorbereitet. Das Servicepersonal kümmert sich darum, dass das Frühstücksbuffet ansprechend aufgebaut wird. Es versorgt die Gäste mit Getränken, nimmt besondere Wünsche der Gäste entgegen und räumt die Tische ab. Das Servicepersonal muss sehr kommunikationsfreudig und dienstleistungsbereit sein.

c **Lesen Sie noch einmal.**
Welche Aufgaben haben die Hotelmitarbeiter?

d *Der Raum, in dem ...* – **Schreiben Sie Definitionen, die anderen raten.**

Wie heißt der Raum, in dem das Essen zubereitet wird?
Wie heißt die Person, zu der alle Beschwerden kommen?
Wie heißt die Person, die für ... zuständig ist?

Wie heißt die Person, die ... ?
Wie heißt der Bereich, in dem ...?
Wie heißt die Mahlzeit, die ...?

 Situationen im Hotel

CD 18–20 a **Hören Sie. Wer spricht mit wem?**

b **Hören Sie noch einmal. Worum geht es? Erklären Sie die Situation.**

einchecken • nach einer Information fragen • sich beschweren • telefonisch reservieren • einen speziellen Wunsch haben

c **Beschwerden – Sammeln Sie Situationen. Schreiben und spielen Sie Dialoge.**

Gast

Im Internet stand, dass das Hotel über einen kostenlosen Internetanschluss verfügt. Jetzt sollen Sie zehn Euro pro Tag für die Internetnutzung zahlen.

Hotelmitarbeiter

Die Information im Internet ist falsch.

sich beschweren	eine Beschwerde entgegennehmen / höflich antworten
Ich möchte mich über ... beschweren.	Das tut mir leid. Ich kann Ihren Ärger verstehen.
Ich möchte mich darüber beschweren, dass ...	Ich kann mir gut vorstellen, dass Sie verärgert sind.
In Ihrem Prospekt schreiben Sie, dass ...	Selbstverständlich, ich werde mich sofort darum kümmern, dass ...
Wir sind davon ausgegangen, dass ...	Wir bedauern den Fehler, den wir gemacht haben.
Wir sind sehr enttäuscht von ...	Wir können Ihnen anbieten, dass ...
Wir möchten mit dem Manager sprechen.	Ich werde mit ... sprechen und ...
Wir hoffen, dass ...	

3 Eine Radioreportage

a Sprachmittlung – Lesen Sie den Einführungstext und erklären Sie in Ihrer Muttersprache, was das Besondere am Hamburger Stadthaushotel ist.

Integration gelebt: Mit und ohne Handicap im Hotel

Das Zusammenleben von Menschen mit und ohne Behinderung ist im Alltag immer noch alles andere als selbstverständlich. Im Dienstleistungsbereich – wie beispielsweise in der Hotelbranche – trifft man kaum auf Mitarbeiter mit Handicap. Anders ist das im Stadthaushotel Hamburg, wo behinderte und nicht behinderte Menschen zusammen arbeiten. Wie einfach das Miteinander sein kann und wie wunderbar das klappt, beweist das Haus bereits seit 1993. Das 3-Sterne-Hotel kommt so gut an, dass die engagierten Betreiber nun expandieren wollen. In der Hamburger HafenCity planen sie Europas größtes Integrationsprojekt.
Ralf Gödde war für die Deutsche Welle dort.

b Klären Sie die folgenden Begriffe, bevor Sie die Reportage hören.

integratives Hotel · Down-Syndrom · rollstuhlgerecht · Notrufanlage · Solidarität · Barrierefreiheit · Bedürfnisse der Gäste · Blindenschrift

CD 21–22 **c** In der Reportage gibt es Originalton-Passagen. Lesen Sie die Sätze. Wer sagt wahrscheinlich diese Sätze? Hören und kontrollieren Sie.

ein Gast · Herr Gerlach (Auszubildender mit Down-Syndrom) · Herr Wiese (Vorsitzender des Trägervereins)

> Am meisten Spaß habe ich im Frühdienst, weil ich da mit Gästen zu tun habe.

1　**2**

> Die Qualität einer starken solidarischen Gemeinschaft ist für jeden toll. Das ist nämlich eine Qualität, in der ich auch gerne lebe, weil sie alle Menschen mitnimmt, weil sie alle Menschen integriert.

> Das ist, glaube ich, gar nicht so einfach, wenn man mit einer Gruppe von behinderten Menschen unterwegs ist, dass man da wirklich auch akzeptiert und anerkannt wird.

4　**3**

> Das ist ja ein – bisschen besonderes, schönes Hotel.

CD 21 **d** Lesen Sie die Sätze und hören Sie noch einmal Teil 1 der Reportage. Entscheiden Sie für Satz 1–4: richtig (R), falsch (F) oder nicht im Text (0).

1. Das Thema der Sendung sind Reiseangebote für Menschen mit Handicap.
2. Im Dienstleistungsbereich können auch Menschen mit Handicap sehr gut arbeiten.
3. Menschen mit Handicap bekommen eine andere Bezahlung als Menschen ohne Handicap.
4. Das Stadthaushotel ist ein spezielles Hotel nur für Gäste mit Handicap.

CD 22   **e   Lesen Sie die Aufgaben, hören Sie dann Teil 2 der Reportage noch einmal und wählen Sie die richtige Lösung: a, b oder c.**

1. Wer hat das Stadthaushotel gegründet?
a) Die Stadt Hamburg.
b) Die Eltern behinderter Kinder.
c) Menschen mit und ohne Handicap.

2. Das Hotel ist heute …
a) ein professioneller Betrieb.
b) ein soziales Projekt.
c) eine Betreuungseinrichtung für Behinderte.

3. In der HafenCity soll ein weiteres integratives Hotel gebaut werden. Die Mitarbeiter werden …
a) mehrheitlich mit Behinderung sein.
b) mehrheitlich ohne Behinderung sein.
c) zum Teil behindert sein und zum Teil nicht.

4. Der Verein …
a) braucht für das neue Hotel noch Sponsoren.
b) bekommt staatliche Hilfe.
c) ist wirtschaftlich unabhängig und braucht keine Sponsoren.

4   Dinge genauer beschreiben – Relativpronomen im Genitiv

a   Lesen Sie die Beispiele.

> **Relativpronomen im Genitiv**
> **m** dessen   **n** dessen   **f** deren   **Plural** deren
>
> Das ist das Stadthotel. Die Gründer des Hotels waren Eltern von behinderten Kindern.
> Das ist das Stadthotel, **dessen** Gründer Eltern von behinderten Kindern waren.

b   Beschreiben Sie das Hotel.

Das Stadthaushotel ist ein besonderes Hotel, …

dessen Mitarbeiter/Gäste …
das von … gegründet wurde / das in … liegt.
in das … kommen.
in dem … / wo …
für das sich … engagieren.

5   Zusammenleben und -arbeiten von Behinderten und Nicht-Behinderten

a   Arbeiten Sie mit dem Wörterbuch und erklären Sie die Wörter.

gehörlos/taub • stumm • taubstumm • blind/sehbehindert • geistig behindert • körperbehindert • gelähmt

b   Wo könnte es Probleme geben, wenn Menschen mit Handicap als Angestellte in einem Hotel arbeiten? Wie könnte man die Probleme lösen?

c   Geben Sie das Zitat von Kai Wiese mit eigenen Worten wieder und nehmen Sie dazu Stellung.

Die Qualität einer starken solidarischen Gemeinschaft ist für jeden toll. Das ist nämlich eine Qualität, in der ich auch gerne lebe, weil sie alle Menschen mitnimmt, weil sie alle Menschen integriert.

Projekt: Hotels in Ihrer Region
Stellen Sie ein besonderes Hotel in Ihrer Region vor.

1 Sprechen

GI **Kandidat/-in 1 und 2**

Für einen Beitrag in einer Tageszeitung über die „Deutschen zuhause" sollen Sie eines der drei Fotos auswählen.
- Machen Sie einen Vorschlag und begründen Sie ihn.
- Widersprechen Sie Ihrem Gesprächspartner / Ihrer Gesprächspartnerin.
- Kommen Sie am Ende zu einer Entscheidung.

Hier ein paar Formulierungshilfen:

Auf dem Foto sieht man, …
Es wirkt auf mich …
Verglichen mit dem Foto oben ist das Foto in der Mitte …
Wenn man an die Zielgruppe denkt, …
Was halten Sie davon?
Sollen wir uns nicht auf … einigen?
Sie haben recht, erst dachte ich, … , aber Sie haben mich überzeugt, …

Anmerkung: In der Prüfung bekommen Sie keine Hilfen.

(2) **Lesen**

GI **Lesen Sie den Text. Stellen Sie fest, wie der Autor des Textes folgende Fragen beurteilt:**

a positiv
b negativ bzw. skeptisch

Beispiel

0 Wie beurteilt der Autor die Möglichkeiten der sozialen Netzwerke, Menschen in Kontakt zu bringen?
Beispiel: Lösung: a

Wie beurteilt der Autor des Textes ...

1. die These, dass die sozialen Netzwerke mehr Menschen miteinander verbinden?
2. die Tatsache, dass die Menschen immer weniger persönliche Kontakte haben?
3. die Tatsache, dass Menschen in sozialen Netzwerken verschieden leben?
4. die Möglichkeiten mit Hilfe von Informationen aus sozialen Netzwerken Geschäfte zu machen?
5. die Möglichkeit, Vorhersagen zu diesen Entwicklungen zu machen?

Soziale Netzwerke bringen auf einfache Art und Weise Menschen miteinander in Kontakt, die sich ohne die elektronischen Möglichkeiten unserer Zeit niemals kennenlernen würden. Das ist das Erfolgs-
5 rezept, das inzwischen über eine Milliarde Menschen auf diesem kleinen Raumschiff Erde motiviert hat, sich sozialen Netzwerken anzuschließen.

Es ist die Teilnahme am Leben der anderen, die uns begeistert. Wir möchten zu den Menschen gehören,
10 die dabei sind, die zuhören dürfen und denen man zuhört. Wir leben in einer Welt, in der Zeit immer wertvoller wird, weil wir glauben, dass wir immer weniger davon haben. Und das, obwohl die Menschen in der Gegenwart sehr viel mehr Freizeit haben,
15 als die Menschen vor 100 Jahren. Es wird immer schwerer, mit anderen Menschen persönlich in Kontakt zu kommen. Das Internet ist eine virtuelle Welt, die uns dieses Defizit weniger spüren lässt.

Die Menschen kommen sich in den sozialen Netz-
20 werken näher. Sie werden offener und gehen lockerer miteinander um. Das ist gut so. Zugleich ist es aber auch eine Tatsache, dass viele Menschen heute zwei Leben führen. In der realen Welt fühlen sie sich einsam und isoliert, mit ihren Gefühlen und Ängsten
25 allein gelassen. Aber im Internet spüren sie davon

nichts. Denn der große Vorteil des Internets ist es, dass man sich anderen Menschen so präsentieren kann, wie man gerne gesehen werden möchte. Im Alltag ist man Frau X oder Herr Y, die mit ihrer Arbeit oder in der Schule Probleme haben, die 30 vielleicht unzufrieden mit ihren Beziehungen sind, aber wenn man dann das soziale Netzwerk betritt, wird man sofort eine andere Person.

Das zweite Leben im Netzwerk kann so weit gehen, dass Menschen außer dem Kontakt über das Internet 35 kaum alltägliche Kontakte im echten Leben unterhalten. Die Anzahl von Menschen, die aufgrund der Nutzung des Internets weltweit immer einsamer werden, steigt seit Jahren. Dies sollte uns zum Nachdenken bringen. Millionen Menschen verbringen 40 fast ihre gesamte Freizeit Zeit mit der Nutzung von Online-Portalen.

Immer mehr Menschen geben auch private Informationen öffentlich preis, die sehr vielfältig nutzbar sind. Kunden-, Verhaltens- oder Charakterprofile 45 können erstellt und gewinnbringend an interessierte Kunden verkauft werden. Die ökonomischen Möglichkeiten von sozialen Netzwerken sind enorm groß. Von solchen Möglichkeiten konnte die Wirtschaft noch vor einem Jahrzehnt nur träumen. 50

Die Kunden stellen die Informationen zur Verfügung, die man braucht, um ihnen auf extrem effiziente Art und Weise Produkte zu verkaufen. Und, das ist das Beste daran, sie tun es freiwillig.

Man kann diese Entwicklung kritisieren und das 55 Ende des Individuums, der Freiheit des Einzelnen befürchten. So einfach sollte man es sich jedoch nicht machen. Die Weltgesellschaft wird gerade in einer enormen Geschwindigkeit umgebaut. Was daran die positiven und die negativen Aspekte sind, 60 wird man erst in vielen Jahren wirklich wissen.

3

Hören – kurze Aussagen

DSD
CD 23–26

a **Sie hören gleich Aussagen von vier Personen zum Thema „Ferien".**
Entscheiden Sie beim Hören, welche Aussage (A, B oder C)
zu welcher Person (Aufgaben 1–4) passt.
Lesen Sie nun zunächst die Aussagen A, B und C.
Sie haben dazu 30 Sekunden Zeit.

Welche Art von Ferien bevorzugen die Personen?
Aussage A: Aktivurlaub mit viel Sport
Aussage B: Ausruhen zu Hause
Aussage C: Städtereisen mit kulturellem Programm

1. Schüler 1   [A]   [B]   [C]
2. Schüler 2   [A]   [B]   [C]
3. Schüler 3   [A]   [B]   [C]
4. Schüler 4   [A]   [B]   [C]

b **Sie hören die vier Personen gleich ein zweites Mal. Entscheiden Sie beim Hören, welche der Aussagen A–F zu**
welcher Person passt. Zwei Aussagen bleiben übrig. Lesen Sie zunächst die Aussagen A–F. Sie haben dazu eine
Minute Zeit.

[A] Wenn ich an der frischen Luft in der Sonne sitze, dann bin ich zufrieden.
[B] Bei mir muss immer etwas los sein.
[C] Ich brauche Kultur. Ohne Theater und Kunst kann ich nicht leben.
[D] Ich hatte mich sehr auf einen Urlaub am Meer gefreut.
[E] Einmal im Leben möchte ich eine Zeitlang am Meer leben.
[F] In diesem Jahr habe ich die Kultur für mich entdeckt.

TIPPS

Teil A und B
– Lesen Sie den Einleitungstext, der vor der Aufgabe steht, genau.
– Was ist das Thema der Aussagen?
– Wer spricht?
– Was kann man inhaltlich erwarten?

Teil A
– Lesen Sie jede Aussage zweimal genau.
– Markieren Sie beim Hören alle Lösungen, die Sie sofort wissen. Markieren Sie die anderen mit „?".

Teil B
– Lesen Sie jede Aussage zweimal genau.
– Markieren Sie beim Hören alle Lösungen, die Sie sofort wissen. Markieren Sie die anderen mit „?".
– Denken Sie nun über die Lösungen mit „?" nach.
– Lösen Sie am Ende in der Prüfung unbedingt alle Aufgaben, auch wenn Sie unsicher sind.

4 DSD

SCHWERPUNKT: Schreiben

Das Wichtigste im Leben

Familie, Beruf, Hobbys oder Freunde:
Was steht an erster Stelle?

Familie
76 %

Freundeskreis
12

Beruf
8

Hobbys
5

unentschieden, k. A.
4

Bevölkerung ab 16 Jahre,
Mehrfachnennungen
Quelle: Vorwerk Familienstudie 2010

© Globus 3784

Die große Mehrheit der Deutschen sieht nach wie vor die Familie als Mittelpunkt ihres Lebens an. Aber das Bild wandelt sich. Für eine wachsende Minderheit sind die Beziehungen zu Freunden genauso wichtig oder sogar wichtiger als die familiären Beziehungen. Das erklärt sich aus den sich verändernden Lebensmilieus. Die modernen Arbeitsverhältnisse verlangen große Flexibilität und Mobilität. Immer mehr Menschen verbringen ihr Leben weit weg vom Wohnort ihrer Familienangehörigen. Dadurch lockern sich die Familienbeziehungen jenseits der Kleinfamilie und der jeweilige Freundeskreis an dem Ort, wo man gerade lebt und arbeitet, gewinnt an Bedeutung.

Aufgabe

Freunde und Familie

Schreiben Sie einen zusammenhängenden Text zum Thema „Freunde und Familie".
Bearbeiten Sie in Ihrem Text die folgenden drei Punkte:
– Arbeiten Sie wichtige Aussagen aus dem Text und der Grafik heraus.
– Was spricht für die Bevorzugung des Freundeskreises vor der Familie? Was spricht dagegen?
– Wie ist Ihr Standpunkt zu diesem Thema? Begründen Sie Ihre Meinung.

In der Prüfung haben Sie für diese Aufgabe insgesamt 120 Minuten Zeit.

Tipps zum Schreiben

Textentwicklung
1. Stoffsammlung (Gegensatz-Tabelle)

Pro Freundeskreis	Pro Familie
Menschen, mit denen ich Interessen teile. …	immer da, wenn es ein Problem gibt. …

2. Argumente formulieren: Behauptung, Begründung, Beispiele
3. Gliederung entwickeln: Reihenfolge der Argumente festlegen
4. Kontrolle vor dem Schreiben: Sind alle Argumente aufgeführt? Ist die Reihenfolge logisch/sinnvoll …
5. Schreiben der Erörterung

Kontrolle

Phase 1   Inhalt: Habe ich alles gesagt, was ich sagen wollte?

Phase 2   Form: Überlegen Sie, was Ihre häufigsten Fehler sind, und machen Sie Ihre persönliche Checkliste.

5 **Sprechtraining: Vorlesetraining – weiterweisende (→) und fallende (↘) Satzmelodie**

a Beschreiben Sie den Redner in den beiden Zeichnungen. Welche Wirkung erzielt er? Warum?

CD 27 **b Hören Sie den Satz zweimal und achten Sie auf die Sprachmelodie.**
Welche Version passt zur dieser Markierung hier?

> Kreativität ist die <u>Fäh</u>igkeit, → etwas <u>Neu</u>es zu erschaffen, →
>
> das in irgendeiner Art und Weise <u>Nut</u>zen oder <u>Sinn</u> hat. ↘

CD 28 **c Hören Sie den Text und sprechen Sie nach.**

> Es gibt wahrscheinlich <u>keinen</u> Menschen, der <u>niemals</u> kreativ war.
>
> Als Kinder <u>sprühen</u> wir vor Kreativität.
>
> <u>Warum</u> lässt das bei vielen erwachsenen Menschen <u>nach</u>?
>
> Sehr <u>vereinfacht</u> kann man sagen: <u>Kreativität</u> entsteht vor allem in der <u>rechten</u> <u>Gehirnhälfte</u>.
>
> Die ist für das <u>große Ganze</u>, die <u>Gefühle</u>, das Spiel mit der <u>Wirklichkeit</u> verantwortlich.
>
> In <u>unserer</u> Gesellschaft werden aber vor <u>allem</u> die Fähigkeiten der <u>linken</u> Gehirnhälfte gefördert,
> die für logisches <u>Denken</u>, <u>Zahlen</u> und die <u>Sprache</u> zuständig ist.
>
> <u>So</u> kommt es, dass wir viel zu <u>selten</u> kreativ sein müssen.

d Lesen Sie den Text und überlegen Sie eine sinnvolle Satzmelodie. Lesen Sie dann den Text vor.

> **Integration gelebt: Mit und ohne Handicap im Hotel**
> Das Zusammenleben von Menschen mit und ohne Behinderung ist im Alltag immer noch alles andere als selbst-
> verständlich. Im Dienstleistungsbereich – wie beispielsweise in der Hotelbranche – trifft man kaum auf Mitarbeiter
> mit Handicap. Anders ist das im Stadthaushotel Hamburg, wo behinderte und nicht behinderte Menschen zusammen
> arbeiten. Wie einfach das Miteinander sein kann und wie wunderbar das klappt, beweist das Haus bereits seit 1993.
> Das 3-Sterne-Hotel kommt so gut an, dass die engagierten Betreiber nun expandieren wollen. In der Hamburger
> Hafencity planen sie Europas größtes Integrationsprojekt.

Franz Kafka:
Gemeinschaft

Wir sind fünf Freunde, wir sind einmal hintereinander aus einem Haus gekommen, zuerst kam der eine und stellte sich neben das Tor, dann kam oder vielmehr glitt so leicht wie ein Quecksilberkügelchen gleitet der
5 zweite aus dem Tor und stellt sich unweit vom ersten auf, dann der dritte, dann der vierte, dann der fünfte. Schließlich standen wir alle in einer Reihe. Die Leute wurden auf uns aufmerksam, zeigten auf uns und sagten: Die fünf sind jetzt aus diesem Haus gekommen.
10 Seitdem leben wir zusammen, es wäre ein friedliches Leben wenn sich nicht immerfort ein sechster ein- mischen würde. Er tut uns nichts, aber es ist uns lästig, das ist genug getan; warum drängt er sich ein, wo man ihn nicht haben will. Wir kennen ihn nicht und wollen
15 ihn nicht bei uns aufnehmen. Wir fünf haben zwar früher einander auch nicht gekannt und wenn man will, kennen wir einander auch jetzt nicht, aber was bei uns fünf möglich ist und geduldet wird ist bei jenem sechsten nicht möglich und wird nicht geduldet.
20 Außerdem sind wir fünf und wir wollen nicht sechs sein. Und was soll überhaupt dieses fortwährende Beisammensein für einen Sinn haben, auch bei uns fünf hat es keinen Sinn, aber nun sind wir schon beisammen und bleiben es, aber eine neue Vereinigung
25 wollen wir nicht, eben auf Grund unserer Erfahrungen. Wie soll man aber das alles dem sechsten beibringen, lange Erklärungen würden schon fast eine Aufnahme in unsern Kreis bedeuten, wir erklären lieber nichts und nehmen ihn nicht auf. Mag er noch so sehr die Lippen aufwerfen, wir stoßen ihn mit dem Ellbogen 30 weg, aber mögen wir ihn noch so sehr wegstoßen, er kommt wieder.

Franz Kafka war ein deutschsprachiger Schriftsteller aus Prag (Tschechien), das bis 1918 zu Österreich-Ungarn gehörte. Er hat drei Romane bzw. Romanfragmente und zahlreiche Erzählungen geschrieben. Seine Werke wurden zum größeren Teil erst nach seinem Tod und gegen seinen erklärten Willen veröffentlicht. Sie zählen bis heute zu den wichtigen Werken der Weltliteratur und haben viele Schriftsteller beeinflusst.

★ Über Glück sprechen
★ Zitate über Glück verstehen
★ Vermutungen ausdrücken
★ Geschichten erzählen

1 Zwei Arten von Glück

a Lesen Sie die zwei Definitionen. Welche Bilder passen zu 1 und welche zu 2?

1 Glück als günstiger Zufall
(Gegenteil = das Pech/das Unglück)

2 das Gefühl von Glück
(Gegenteil = die Unzufriedenheit)

b Was bedeuten die Wörter? Zu welchem Bild passen sie? Erklären Sie die Situation.

der Glückwunsch • das Glücksspiel • das Eheglück • das Mutterglück • glücklicherweise • der Glücksbringer • zum Glück

c Glücksgefühle – Kombinieren Sie und schreiben Sie Sätze. Es gibt mehrere Möglichkeiten.

1. verliebt sein
2. im Lotto gewinnen
3. Erfolg haben
4. ein schönes Kompliment hören

a) begeistert sein
b) stolz sein
c) aufgeregt sein
d) wie auf Wolken gehen

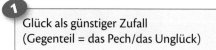

Ich bin stolz, weil ich Erfolg hatte.
Wenn man im Lotto gewonnen hat, ...

2 Zitate

a Lesen Sie die Zitate über Glück. Welche Wörter passen in die Lücken 1–6?

a) wäre
b) Vergleichen
c) noch glücklicher

d) verschläft
e) teilen
f) Gegenwart

Wenn man glücklich ist, soll man nicht [1] sein wollen.

Theodor Fontane
(Schriftsteller, 1819–1898)

Wenn jeder Mensch auf der Welt nur einen einzigen anderen Menschen glücklich machte, [2] die ganze Welt glücklich.

Johannes Mario Simmel
(Schriftsteller, 1924–2009)

Das [3] ist das Ende des Glücks und der Anfang der Unzufriedenheit.

Søren Kierkegaard
(Philosoph und Schriftsteller, 1813–1856)

Wer vom Glück nur träumt, darf sich nicht wundern, wenn er es [4].

Ernst Deutsch
(Schauspieler, 1890–1969)

Man muss sein Glück [5], um es zu multiplizieren.

Marie von Ebner-Eschenbach
(Schriftstellerin, 1830–1916)

Nur wer nicht in der Zeit, sondern in der [6] lebt, ist glücklich.

Ludwig Wittgenstein
(Philosoph, 1889–1951)

b Welche beiden Zitate haben eine ähnliche Aussage? Erklären Sie Ihre Antwort.

c Kennen Sie ein ähnliches Zitat in Ihrer Muttersprache?

d Was ist Ihre Definition von Glück? Schreiben Sie einen Satz.

3 Was würde Sie glücklich machen?

CD 29–33

a Hören Sie die Aussagen von fünf Personen. Was spielt für welche Person eine große Rolle?

A Genuss   B Kleidung   C Familie

b Hören Sie noch einmal. Welche Aussage (A–F) passt zu welcher Person? Zwei Aussagen bleiben übrig.

A Glück ist, wenn Träume wahr werden.
B Geld hilft zum Glücklichsein.
C Gutes Wetter macht glücklich.

D Gesundheit ist am wichtigsten.
E Glücklicher als jetzt kann ich nicht sein.
F Berühmt zu sein, ist das große Glück.

c Sprechen Sie zu zweit: Was würde Sie sehr glücklich machen? Was könnte Sie noch glücklicher machen, als Sie jetzt sind?

4 Glück in der Statistik

a Lesen Sie die Statistik. Wie viel Prozent der Deutschen haben sich wohl wofür entschieden? Vermuten Sie und ordnen Sie die Zahlen zu.

Was sorgt für Glück und Zufriedenheit?
Mehrfachnennungen möglich.

Gesundheit	25% 41%
Geld	
Gutes tun	47%
Erfolg	51% 62%
Glaube	
Kinder	79% 89%
Partnerschaft	

Ich vermute, dass … %
Ich glaube, dass … %
… % werden wohl … genannt haben.
Für … % wird wahrscheinlich … am wichtigsten sein.

Für 62 % **werden** (wohl/wahrscheinlich) Kinder am wichtigsten **sein**.

62 % **werden** (wohl/wahrscheinlich) Kinder **genannt haben**.

Die Lösung finden Sie auf Seite 45 unten.

b Was werden wohl Menschen in Ihrer Heimat auf die Frage aus 4a antworten?

Die meisten werden wohl sagen, dass …

Nur wenige werden …

5 Glücksgeschichten

a Arbeiten Sie in vier Gruppen. Jede Gruppe liest eine Geschichte vom Glück. Welche Überschrift passt zu „Ihrer" Geschichte?

A Glück im Unglück

B Hilfsbereitschaft zahlt sich aus

C Weniger ist mehr

D Man muss das Glück nur bemerken

b Notieren Sie fünf Stichwörter. Die W-Fragen – wer?, wo?, wann?, was? – können helfen.

c Aus jeder Gruppe trifft sich eine Person mit je einer Person aus den anderen Gruppen. Jeder erzählt den anderen „seine" Glücksgeschichte. Welche Glücksgeschichte gefällt Ihnen am besten?

Geschichte 1
Clemens Bachmann ging in Hamburg an der Alster spazieren, als ihn ein russisches Ehepaar aus dem Auto ansprach, das nicht zurück zu seinem Hotel fand. Der 35-jährige Hamburger Krankenpfleger hatte Zeit und so stieg er zu dem Paar ins Auto und zeigte ihnen den Weg zum Hotel. Unterwegs kamen sie an einigen Sehenswürdigkeiten vorbei und Clemens konnte den Reiseleiter spielen und den Gästen aus dem Ausland eine kleine Besichtigungstour durch die Stadt bieten. Am Hotel angekommen, bedankten sich die Russen begeistert und fragten den Hamburger nach seiner Adresse, um sich aus ihrer Heimat mal bei ihm zu melden. Und tatsächlich: Nach drei Wochen bekam Clemens Bachmann einen Brief aus Russland. Darin waren zwei Flugtickets für Flüge rund um die Welt. Der Russe war Manager von Russian Airlines.

Geschichte 2

Es war einmal ein einfacher Bauer, der jeden Morgen eine Handvoll kleiner Steinchen in seine linke Jackentasche steckte. Immer, wenn er während des Tages etwas Schönes erlebte oder sah, sich freute oder ein Glücksgefühl hatte, steckte er ein Steinchen von der linken in die rechte Jackentasche.

Jeden Abend, bevor er ins Bett ging, nahm er die Steinchen aus seiner rechten Jackentasche, zählte sie und erinnerte sich daran, warum er jedes einzelne in die rechte Tasche gesteckt hatte.

So schlief er immer glücklich ein, auch wenn er nur ein Steinchen in seiner rechten Tasche hatte.

Geschichte 3

Ein Ehepaar aus Deutschland verbrachte einen langen Urlaub in Argentinien, wo es in einem Mietwagen durch das Land fuhr. Als der Mann und die Frau in einem starken Regen unterwegs waren, verloren sie die Kontrolle über das Auto. Der Wagen kam von der Straße ab und fiel 150 Meter tief hinunter.

Das Auto war vollkommen kaputt, der Mann aber wie durch ein Wunder fast nicht verletzt. Er kletterte aus dem Wrack und lief zurück auf die Straße, um Hilfe zu holen. Er hatte gesehen, dass seine Frau am Kopf blutete und hatte große Angst. Doch auch seine Frau hatte nur eine leichte Verletzung an der Stirn. Außer einem großen Schock war den beiden nichts passiert.

Geschichte 4

Mit 30 Jahren besaß Pierre Capdeville eine bekannte, gut gehende Internet-Firma in Paris und ein 350-Quadratmeter-Haus mit Garten und Schwimmbad. In den Zimmern standen wertvolle antike Möbel, an den Wänden hingen Kunstwerke. Sogar die Badezimmer waren teuer ausgestattet mit Whirlpools und edlen Handtüchern. Kurz nach seinem Einzug in die Luxus-Villa hatte Pierre Capdeville sehr starke Asthmaanfälle. Mehrere Ärzte konnten keinen Grund für die Anfälle finden.

Also begann Pierre Capdeville mit einer Selbsttherapie: Er verkaufte alles und zog mit seiner Frau in ein kleines Haus auf dem Land in der Normandie. Dort führt er ein sehr einfaches Leben ohne Asthmaanfälle und ist glücklich.

d   Kennen Sie auch eine Glücksgeschichte? Schreiben Sie sie auf.

Projekt: Glücks- und Unglückssymbole in Deutschland

Recherchieren Sie: Was sind Glücks- und Unglückssymbole? Vergleichen Sie mit Ihrer Heimat.

8 Schweizer Impressionen

GRÜEZI! CIAO
BONJOUR!
BIEN DI!

S
C
SCHOKOLAD
W
E
I
Z

TOBLERON

★ Über Eindrücke von der Schweiz sprechen
★ Über Mehrsprachigkeit sprechen/schreiben
★ Aussagen über die Schweiz verstehen
★ Einen satirischen Text verstehen

1 Die Schweiz – was ist das?

a Sehen Sie die Bilder an: Ergänzen Sie in Gruppen das Wort SCHWEIZ.

b Schreiben Sie je einen Satz mit Wörtern aus 1a und vergleichen Sie.

Die Schweizer machen die beste Schokolade, aber der beste Kakao kommt aus unserem Land: Madagaskar!

2 Aussagen zur Schweiz

CD 34–38 a Hören Sie die fünf Aussagen. Zu welchen Bildern passen sie jeweils am besten?

b Lesen Sie 1–5. Klären Sie unbekannte Wörter. Hören Sie noch einmal und fassen Sie die Aussagen zusammen.

1. Landschaft, unterschiedlich, Berge, Seen, klettern, schön, Natur, Sommer – Winter
2. multikulturell, provinziell, Romandie, italienische Schweiz, friedlich zusammenleben …
3. Volksabstimmung, Demokratie, Frauen/Männer, Gesetz …
4. Bank, Drogenhändler, Ausland …
5. Eisenbahn …

3

Das Wahrzeichen der Schweiz

CD 39 **a Lesen Sie den Text und raten Sie: In welche Lücken (1–7) passen die Zahlen? Hören Sie dann zu und kontrollieren Sie Ihre Lösungen.**

6 • 89 • 371 • 500 • 1865 • 3260 • 4478

Zermatt unterhalb des Matterhorns

Das Matterhorn ist mit [1] Metern Höhe einer der höchsten Berge der Alpen. Es liegt diesseits und jenseits der schweizerisch-italienischen Grenze. Seine weltberühmte Schokoladenseite (Vorbild der Toblerone) zeigt das Matterhorn aber nur den Schweizern. Von jenseits der Grenze ist davon nichts zu entdecken. [2] wurde der Berg zum ersten Mal bestiegen. Heute klettern jährlich Tausende Menschen hinauf. Die meisten Besteigungen beginnen an der Hörnlihütte, die unterhalb des Gipfels auf [3] Metern liegt. Von dort aus geht man den Hörnligrat entlang und braucht etwa [4] Stunden zum Gipfel. Aber Vorsicht! Mit über [5] Toten ist das Matterhorn ist auch der tödlichste Berg der Welt. Die meisten Besteigungen machte der legendäre Bergführer Ulrich Inderbinen. [6] Mal war er auf dem Gipfel, das letzte Mal im Alter von [7] Jahren.

b Lesen Sie den Text noch einmal und ergänzen Sie dann 1–4. Schreiben Sie je einen weiteren Satz.

1. ... (+ G) diesseits (+ G) der Grenze
2. oberhalb (+ G) ... (+ G) der Hütte
3. ... dort ...
4. den Berggrat ... (+ A) oder: am Berggrat entlang
5. Er fliegt um das Matterhorn herum.
6. gegenüber (+ D) Die Haltestelle liegt der Post gegenüber.

c Ergänzen Sie die Sätze mit Präpositionen aus 3b.

1. ... des Matterhorns (4478 m. ü. M.) liegt der Schweizer Ort Zermatt (1608 m. ü. M.).
2. Der Aufstieg zum Gipfel beginnt ... des Ortes Zermatt an der Hörnlihütte (3260 m. ü. M.).
3. Man kann den Berg auch ... der italienischen Seite ... besteigen, aber das ist schwieriger.
4. Der Zug fährt das Tal ... nach Zermatt.
5. Das Hotel „Bahnhof" liegt genau dem Bahnhof ... .

4

Viel Betrieb am Matterhorn

a Präpositionen trainieren: Formulieren Sie Sätze mit Präpositionen zu diesem Bild.

über, durch, um ... herum, an, aus, auf, am ... entlang, entlang, von ... aus, gegenüber, jenseits, unterhalb ...

die Wiese, das Tal, der Bach, die Ebene, der Gipfel / die Bergspitze, der Hügel, die Alm, der Wanderweg, der Hang, die Felswand, der Felsen

Wir wandern am Fluss entlang.

b Schreiben Sie Sätze über Orte in ihrer Region.

Bei uns in New York liegt Harlem jenseits des Central Parks im Norden von Manhattan.

5 Der Röschtigraben

CD 40

a Was ist das denn? Sammeln Sie Vermutungen und hören Sie dann die Reportage. Waren einige Ihrer Ideen nah an der Lösung?

Das ist eine Schweizer Röschti.

Das ist ein Graben.

b Lesen Sie die Satzanfänge. Hören Sie noch einmal und ergänzen Sie die Sätze.

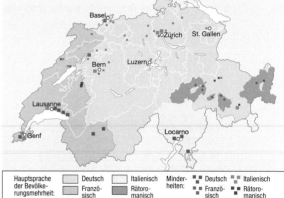

1. Die Schweiz ist offiziell viersprachig, aber …
2. Die wichtigsten Sprachen sind …
3. Der Röschtigraben ist die Grenze zwischen …
4. Wenn man von Bern nach Lausanne fährt, dann ändern sich …
5. Wenn ein Welschschweizer in Zürich Karriere machen will, muss er …
6. Wenn man in der Schweiz lebt und Schweizerdeutsch gar nicht versteht, …
7. Die Sprache vieler Schweizer Geschäftsleute untereinander ist heute …

c Kennen Sie Beispiele von mehrsprachigen Ländern oder Regionen? Berichten Sie darüber. Was ist positiv, was sind die Probleme?

In unserem Land gibt es mehr als …
Die Vielfalt der Sprachen ist einerseits …, aber andererseits …
Es ist ein Vorteil, wenn in einem Land mehrere Sprachen gesprochen werden, aber …
Obwohl die meisten Menschen …
… sprechen bei uns nur …, trotzdem verstehen sie …
Manchmal entstehen Probleme, weil …
In der Schule müsste man, aber …

Projekt: Schweizer Regionen und Städte

Stellen Sie eine Region oder eine Stadt der Schweiz vor: Menschen, Sprache, Kultur, wirtschaftliche Aktivitäten, Probleme …

Bern, der Sitz der Schweizer Regierung

Zürich, das Finanzzentrum der Schweiz

6 Eine Geschichte

a Lesen Sie die Überschrift, sehen Sie die Bilder an und sammeln Sie Vermutungen, worum es in der Geschichte gehen könnte. Lesen Sie dann den Text.

Wie die Berge in die Schweiz kamen

Früher war die Schweiz eines der flachsten Länder der Welt. Zwar war das ganze Land voller Sessel-bahnen und Skilifte, aber sie führten alle geradeaus. Die Bergstationen waren nicht höher als die Tal-
5 stationen, und wenn die Leute ausstiegen, wussten sie nicht recht, was tun.
„Man sieht hier auch nicht weiter", sagten sie und fuhren ratlos wieder zurück. Skis und Schlitten versorgten sie zuhinterst in ihren Kellern. „Was uns
10 fehlt", sagten sie zueinander, „sind die Berge."
Einmal nun wanderte ein kluger Schweizer nach Holland. Matter hieß er, Benedikt Matter. Was er dort sah, erstaunte ihn. Das ganze Land war voller Berge, aber es gab weder Skis noch Schlitten und
15 schon gar nicht Sesselbahnen oder Skilifte. Im Winter stiegen die Holländer zu Fuß auf die verschneiten Gipfel und fuhren in ihren Holzpantoffeln wieder hinunter. Aber nach einem Mal hatten sie genug. Die Pantoffeln füllten sich rasch mit Schnee und sie
20 bekamen nasse Füße. „Es ist so mühsam", sagten die Holländer zueinander. „Was uns hier fehlt, ist flaches Land."
Benedikt Matter horchte auf. „Was würdet ihr denn mit dem flachen Land tun?", fragte er die Holländer.
25 „Tulpen pflanzen!", riefen sie sofort, „das gibt nicht viel zu tun!"
„Das trifft sich gut", sagte Benedikt Matter, „in der Schweiz gibt es fast nur Tulpen. Wir wissen kaum, wohin damit."

Da beschlossen die Holländer, ihre Berge mit den 30 Schweizern gegen Tulpen zu tauschen. Die Schweizer begannen nun alle ihre Tulpenzwiebeln in Kisten zu verpacken und nach Holland zu schicken. Mit den Bergen war es etwas schwieriger.
Da erinnerte sich Benedikt Matter an das alte 35 Sprichwort „Der Glaube versetzt Berge". „Wir müssen es nur glauben", sagte er, „dann passiert es auch."
Nun gingen alle Schweizer und Holländer einen Tag lang in die Kirche und glaubten ganz fest, dass die Berge von Holland in die Schweiz kämen, und siehe 40 da, in Holland knirschte und krachte es, ein Berg nach dem andern riss sich vom Boden los, flog in die Schweiz und ließ sich dort nieder. Endlich führten die Schweizer Bergbahnen und Skilifte in die Höhe, man hatte oben eine wunderbare Aussicht auf andere 45 Berge und konnte mit den Skis hinunterfahren und jetzt kamen die Leute von weit her, um hier Ferien zu machen.
Die Holländer aber brauchten sich nicht mehr mit den Bergen abzumühen, denn nun war bei ihnen 50 alles flach geworden, und sie pflanzten überall Tulpen und verkauften sie in die ganze Welt. So waren sie beide zufrieden, die Holländer und die Schweizer, und weil der Mann, dem das alles in den Sinn gekommen war, Benedikt Matter hieß, nannte 55 man den schönsten Berg in der Schweiz zu seinen Ehren das MATTERHORN.

Franz Hohler

b Beantworten Sie die Fragen.

Welches Problem hatten die Schweizer und die Holländer?
Was haben die Schweizer und die Holländer getauscht?
Was bedeutet der Satz „Der Glaube versetzt Berge"?

 c Schreiben Sie einen Text (circa 150 Wörter): Wenn der Glaube Berge versetzen könnte, was würden Sie gerne „versetzen" und warum?

9 Forschungsland Deutschland

Bank-Karte

Konto-Nr.	Karten-Nr.	Gültig bis
2345678	9012345	12/10

★ Über Erfindungen und Entdeckungen sprechen
★ Einen Text über Forschungsmethoden verstehen
★ Ein Kurzreferat halten

Vom Buchdruck zum MP3-Format – Wissenschaft und Technik made in Germany

Herausragende Wissenschaft hat in Deutschland eine lange Tradition: Johannes Gutenberg erfand den Buchdruck, Heinrich Hertz entdeckte die elektromagnetischen Wellen und Albert Einstein entwickelte die Relativitätstheorie. Deutschlands Innovationsgeschichte ist lang.

1 1895 entdeckte Wilhelm Röntgen eine Sorte von Strahlen, die heute auf Deutsch Röntgenstrahlen heißen. Dafür erhielt er 1901 den ersten Nobelpreis für Physik, der je vergeben wurde. Seine Entdeckung revolutionierte u. a. die
5 medizinische Diagnostik und führte zu weiteren wichtigen Erkenntnissen des 20. Jahrhunderts, z.B. zur Entdeckung und Erforschung der Radioaktivität.

2 1925 entwickelte Adolf Dassler, ein gelernter Bäcker, den ersten Sportschuh mit Schraubstollen und Rennschuhe
10 mit Spikes. Er baute die kleine elterliche Schuhfabrik zusammen mit seinem Bruder Rudolf rasch aus. Nach 1945 zerstritten sich die Brüder. Aus dem Bruderkrieg entstanden

zwei der größten Sportartikelfirmen der Welt: Adidas und Puma. Der Name Adidas setzt sich aus der Kurzform von Adolf und dem Familiennamen Dassler zusammen. Adidas 15 gilt heute als das zweitgrößte Sportartikelunternehmen der Welt mit einem Jahresumsatz von ca. 6,5 Milliarden Euro.

3 Melitta Bentz benutzte im Jahre 1908 die Löschblätter aus den Schulheften ihrer Kinder, um einen Kaffee ohne Kaffeesatz zu trinken. So erfand sie den Kaffeefilter. Das von 20 ihr gegründete Unternehmen wird heute von ihren Enkeln geführt. Als internationale Gruppe beschäftigt Melitta mittlerweile 3800 Menschen. Unter der gleichen Marke werden auch Kaffee und Kaffeeautomaten verkauft.

Deutsche Erfindungen und Entdeckungen

a Lesen Sie die Texte und ordnen Sie sie den Bildern zu.

CD 41–43 **b** Hören Sie drei weitere Texte. Zu welchen Bildern passen sie?

c Wählen Sie drei Erfindungen aus. In welchen Bereichen werden die Erfindungen eingesetzt? **Welche Bedeutung haben sie?**

> Chipkarten werden nicht nur in … verwendet, sondern auch in …
> Sowohl … als auch … sind ohne Chipkarte undenkbar.
> Von der Erfindung des MP3-Formats profitieren …
> Die Erfindung der Röntgentechnik führte zu …
> Ohne den Airbag wären Autos …

 Wortschatzarbeit

a Lesen Sie die Definitionen 1–3. Ordnen Sie die Verben zu.

entdecken

erfinden

erforschen

1 etwas Neuartiges konstruieren/ entwickeln (Maschine, Produkt …)

2 etwas wissenschaftlich genau untersuchen

3 bis dahin Unbekanntes finden, etwas als Erster finden

b Was passt zusammen?

Konrad Zuse		Computer
Wilhelm Röntgen	entdecken	Röntgenstrahlen
Alexander von Humboldt	erforschen	Südamerika
Carl Benz	erfinden	Tuberkulosebakterien
Robert Koch		Auto

 Erfinden lernen

a Welche Eigenschaften braucht ein Erfinder / eine Erfinderin? Sammeln Sie.

CD 44 **b** Lesen Sie die Fragen und hören Sie das Interview.
Beantworten Sie die Fragen in Stichwörtern.

Fleiß, Mut …

1. Welche Schule besuchen Regina und Theo?   *die Erfinderschule in Potsdam*
2. Was kann man in der Schule lernen?
3. Wer kann die Schule besuchen?
4. Welche Eigenschaften bringen die Studierenden mit?
5. Wie arbeiten die Studierenden an einer Idee?
6. Wie oft finden die Kurse statt?
7. Wie viele Studierende lernen an dieser Schule?
8. Was haben die Studierenden bisher entwickelt? Nennen Sie zwei Beispiele.

c Kann man das Erfinden lernen? Was meinen Sie?

4   Forschen in einem Max-Planck-Institut

a   Überfliegen Sie den Text und notieren Sie Informationen, die zu den Bildern passen.

MAX-PLANCK-GESELLSCHAFT

Er war der Mentor der deutschen Spitzenforschung nach dem Ersten Weltkrieg und einer der wichtigsten Physiker des 20. Jahrhunderts. Als er 1858 geboren wurde, wusste die Menschheit noch nichts von
5 Relativitätstheorien und Atomspaltung. Es gab noch kein Auto und kein Telefon und nicht einmal Fahrräder, so wie wir sie heute kennen. Als er 1947 starb, hatten Atombomben Hiroshima und Nagasaki zerstört und die Menschheit machte sich daran, die
10 Kernspaltung für die Energiegewinnung zu nutzen. Die größte deutsche Forschungsgemeinschaft trägt seinen Namen: Max Planck.
Die Max-Planck-Gesellschaft besteht heute aus rund 80 Instituten und leistet wichtige wissenschaftliche
15 Beiträge auf vielen Gebieten, z. B. zur Erforschung der Struktur der Materie, zur Funktionsweise unseres Nervensystems, zur Entstehung von Sternen und Galaxien. Junge Forscher aus der ganzen Welt mit Interesse an Grundlagenforschung kommen nach
20 Deutschland und erarbeiten die Basis für Produkte und Verfahren, die später wirtschaftlich und gesellschaftlich wichtig werden. Zwei davon sind Mikko Myrskylä aus Finnland und Daniele Oriti aus Italien.

Mikko Myrskylä beschäftigt sich mit der Entwicklung
25 der Weltbevölkerung:
„Die demografischen Veränderungen in der ganzen Welt in den letzten zweihundert Jahren waren die größten in der Menschheitsgeschichte. Ich will wissen, was das bedeutet. Ich beschäftige mich mit der Frage,
30 wie die ersten Lebensjahre die Gesundheit im Alter und die Sterblichkeit beeinflussen. Welche Rolle spielen Veranlagungen für Krankheiten, die Ernährung und auch die Verhältnisse der Familie, in der die Person aufwächst? Daran arbeite ich am Max-Planck-
35 Institut für demografische Forschung in Rostock. Mit den Möglichkeiten, die das Institut bietet, können nicht alle konkurrieren. Einen großen Teil meiner Forschung verbringe ich mit der Jagd nach guten statistischen Daten, die meine Fragen beantworten.
40 Diese Daten werte ich aus. Das mag langweilig klingen, aber die Ergebnisse, die sind spannend. Ohne demografische Forschung würden wir nicht wissen,

wie die Bevölkerungsstruktur z. B. in 10 Jahren aussieht. Und die Gesellschaft könnte sich nicht darauf vorbereiten, was etwa eine älter werdende 45
Gesellschaft mit sich bringt."
Daniele Oriti arbeitet in einem Forschungsgebiet, das Max Planck persönlich sehr am Herzen lag:
„Die Philosophie war meine erste Liebe, aber dann merkte ich: Viele philosophische Fragen lassen sich 50
mit Physik und Mathematik beantworten. Jetzt bin ich als Physiker am Max-Planck-Institut für Gravitationsphysik in Potsdam beschäftigt. Ich leite eine Forschungsgruppe, die Quantengravitation untersucht. Wir suchen nach einer Theorie der Quanten- 55
gravitation. Die würde uns helfen, bisher ungeklärte Phänomene zu verstehen. Diese Phänomene haben lustige Namen, wie dunkle Materie. Das klingt ein bisschen nach Star Wars, aber diese Phänomene existieren. Auf der Suche nach einer Theorie der 60
Quantengravitation bewegen wir uns in den Fußstapfen von Einstein und anderen bekannten Physikern. Die vor uns liegenden Aufgaben sind schwierig. Im Unterschied zu den berühmten Forschern arbeiten wir aber nicht alleine. In der 65
Gruppe diskutieren wir, tauschen Ideen aus, kämpfen um die Ideen und stellen sie so oft wie möglich in Frage. Die Arbeit ist rein theoretisch, d.h. lesen, rechnen, nachrechnen, eine Pause machen, noch einmal nachrechnen und wenn es klappt, sind wir 70
stolz darauf. Wir produzieren so eine Menge Aufsätze. Und wenn wir erfolgreich sind, werden wir irgendwann ein neues Bild von der Welt haben."

Max-Planck-Forscher suchen Antworten auf die grundlegende Frage nach dem, „was die Welt im 75
Innersten zusammenhält", wie Goethes Faust es formulierte. Sie arbeiten meist in innovativen Bereichen, die an Universitäten noch keinen ausreichenden Platz haben. Sie forschen interdisziplinär und eng vernetzt mit Universitäten und Forschungs- 80
einrichtungen in der ganzen Welt, denn Forschung ist heute längst ein globales, ein grenzenloses Unternehmen.

b   Lesen Sie den Text. Wählen Sie die richtige Antwort. MP = Max Planck

1. Die MP-Gesellschaft fördert ...
a) unterschiedliche Forschungs-
    bereiche.
b) nur junge Wissenschaftler.
c) Universitäten und Forschungs-
    institute im In- und Ausland.

2. Die Demografie erforscht ...
a) wie sich die Struktur der
    Bevölkerung in den nächsten
    Jahren verändern wird.
b) wie man heute ältere Menschen
    unterstützen kann.
c) wie man Daten findet.

3. Daniele Oriti entdeckte ...
a) dass er philosophische Fragen mit
    Mathematik beantworten kann.
b) eine Theorie der Quanten-
    gravitation.
c) ein neues Bild von der Welt.

c   Ergänzen Sie die Sätze.

1. Max-Planck-Institute erforschen ...
2. Mikko Myrskylä wertet statistische Daten aus, um ...
3. Daniele Oriti sucht nach ..., weil ...
4. Forscher aus der ganzen Welt ...

d   Wählen Sie einen der Forscher aus und stellen Sie in ihren Worten dar, wie er arbeitet.

5   Nomen mit Präpositionen

a   Was passt zusammen?

1. Die Institute leisten einen Beitrag
2. Junge Forscher mit Interesse
3. Daniele Oriti ist auf der Suche
4. Die Forscher suchen Antworten

a) nach einer neuen Theorie der Quantengravitation.
b) auf die Frage nach einem neuen Bild der Welt.
c) zur Forschung in wichtigen Bereichen.
d) an Grundlagenforschung arbeiten in den Instituten.

b   Welche Präposition passt? Schreiben Sie je einen Beispielsatz.

Beitrag · Interesse · Suche · Antwort · Frage

Beitrag zu + D Welchen Beitrag leisten die Max-Planck-Institute zu der Forschungsentwicklung?

6   Präsentation: Eine wichtige Entdeckung/Erfindung der letzten 200 Jahre

CD 45

a   Hören Sie. Welche Erfindung wird hier vorgestellt?

 die Relativitäts-theorie

 die Atom-spaltung

 das Fernsehen

 das Flugzeug

 der Klett-verschluss

 die Strumpf-hose

die Rolltreppe

 der Kunststoff / das Plastik

b   Bereiten Sie ein Kurzpräsentation vor und halten Sie sie in der Klasse.

1. Welche besonderen Interessen Ihres Publikums müssen Sie berücksichtigen?
2. Was stellen Sie vor? Wer hat diese Erfindung/Entdeckung gemacht und wann?
3. Wie kam es zu der Erfindung/Entdeckung?
4. Beschreiben Sie die Erfindung/Entdeckung.
5. Welche Bedeutung hat die Erfindung/Entdeckung heute für unser Leben?

Beginn	Ich möchte Ihnen ... vorstellen.
	Meiner Meinung nach ist ... die wichtigste Erfindung der letzten 200 Jahre.
Präsentation	Im Jahre ... erfand ... Die Idee kam dem Erfinder in ...
	Ein besonderes Merkmal ist ...
	Diese Erfindung bildet weltweit die Grundlage für ...
	Ich finde diese Erfindung für die Menschheit sehr wichtig, weil ...
Ende	Zum Schluss möchte ich noch sagen, dass ...
	Für Fragen stehe ich Ihnen gerne zur Verfügung. Vielen Dank für Ihre Aufmerksamkeit.

① Sprechen – Alltagssituationen

TD **Situation 1**

Stellen Sie sich vor, Sie sind in Deutschland und suchen ein Zimmer in einer Wohngemeinschaft. Sie haben eine Anzeige von einer Wohngemeinschaft gefunden und rufen dort an.
- Stellen Sie sich vor.
- Sagen Sie, warum Sie anrufen.
- Fragen Sie nach Einzelheiten.
- Sprechen Sie ca. 30 Sekunden.

> **Hinweis:** Bei dieser Aufgabe haben Sie 30 Sekunden Vorbereitungszeit und 30 Sekunden Sprechzeit.

CD 46 **Hören Sie und reagieren Sie.**

Situation 2

Ihr deutscher Bekannter Hans erzählt Ihnen, dass in Deutschland das Kleeblatt ein Glückssymbol ist. Er fragt Sie, welche Symbole in Ihrem Land als Glücksbringer gelten und ob Sie selbst daran glauben. Erzählen Sie Hans,
- welche Symbole in Ihrem Land als Glückssymbol gelten.
- ob Sie selbst an Glücksbringer glauben.

Sprechen Sie ca. eine Minute.

> **Hinweis:** Bei dieser Aufgabe haben Sie eine Minute Vorbereitungszeit und eine Minute Sprechzeit.

CD 47 **Hören Sie und reagieren Sie.**

② Lesen

DSD Der folgende Zeitungsartikel berichtet über „Schülerlabore" in Deutschland.
Lesen Sie den Text und die Aufgaben (1–7).

Kreuzen Sie bei jeder Aufgabe die richtige Lösung an.

Schüler forschen

Erkenntnisse aus den Naturwissenschaften prägen stärker als je zuvor unser tägliches Leben und tragen zu unserem Wohlstand bei. Die Bedeutung der modernen Naturwissenschaften und der Nanotechnologie als
5 Schlüsseltechnologien des 21. Jahrhunderts sind unbestritten. Aber trotz des hohen Stellenwerts dieser Forschungsfelder fehlen in unserer Gesellschaft das Interesse und die Begeisterung für diese Themen. Auch in der Schule werden die sogenannten MINT-Fächer,
10 Mathematik, Informatik, Naturwissenschaften und Technik, gerne gemieden. Sie gelten als schwierig und schwer zugänglich. Entsprechend groß sind die Defizite in der naturwissenschaftlichen Grundbildung sowie das Interesse, einen entsprechenden Beruf in diesen
15 Feldern zu ergreifen.

Als Reaktion auf diesen unbefriedigenden Zustand sind in Deutschland Schülerlabore entstanden. Schülerlabore sind ein Angebot von Universitäten und Forschungseinrichtungen. Sie richten sich in erster
20 Linie an Schulklassen. Die Klassen kommen in das Labor einer Universität und dürfen dort in professioneller Umgebung eigenständig naturwissenschaftliche

Experimente durchführen. Betreut werden sie dabei von Wissenschaftlern und Studierenden der jeweiligen Universität in Zusammenarbeit mit ihren eigenen 25 Lehrkräften.

1996 setzte die erste Gründungswelle der Schülerlabore ein. Sie erreichte zwischen den Jahren 2002 und 2005, in denen über 120 Labore entstanden, ihren Höhepunkt. Heute gibt es etwa 200 Schülerlabore, die 30 über ganz Deutschland verteilt sind. Jedes Labor hat dabei sein eigenes, unverwechselbares Profil. Die angebotenen Themen umfassen die ganze Breite naturwissenschaftlich-technischer Fragen und sind häufig eng mit den aktuellen Forschungsschwerpunkten der 35 jeweiligen Einrichtung verbunden. So erforschen Schüler und Schülerinnen zum Beispiel Solarzellen, das Bierbrauen, Marsgesteine, Brennstoffzellen und Stirlingmotoren, das Erdmagnetfeld, den gentechnischen Fingerabdruck, Halbleiter, die Chemie der Farben, 40 Luftdruck und Vakuum, sie machen Ultraschallexperimente oder untersuchen das Wärmekraftwerk Mensch. ▶

▶ Die Schülerlabore verstehen ihre Tätigkeit dabei nicht als Ersatz, sondern als Ergänzung und Bereicherung des normalen Schulunterrichts. Ein Laborbesuch ist also in etwa vergleichbar mit einem Theater- oder Museumsbesuch, der den Deutsch- oder Geschichtsunterricht bereichert. Die Schülerlabore wollen den Schülern einen Einblick in die Forschungsarbeit geben und sie für Naturwissenschaften und Technik begeistern. Der Besuch eines Schülerlabors ist für viele Kinder und Jugendliche der erste Kontakt mit einer wissenschaftlichen Einrichtung. Hier können sie Laboratmosphäre spüren, Wissenschaftlern und Wissenschaftlerinnen über die Schulter schauen und selbst in einem authentischen Umfeld forschen und lernen. So fördern die Labore das Fachinteresse an Naturwissenschaften und Technik – und das häufig schon bei einem einmaligen Besuch. Mädchen profitieren in besonderer Weise von den Erfahrungen im Labor.

Neben den auf Breitenwirkung ausgerichteten Programmen, fördern die Schülerlabore auch besonders interessierte und hochbegabte Schüler und Schülerinnen in kleinen, regelmäßigen Arbeitsgruppen.

Viele Schüler sind so begeistert von diesen neuen Lernerfahrungen, dass sie sich auch in ihrer Freizeit weiter mit einem technischen oder naturwissen-schaftlichen Thema beschäftigen wollen. Sie haben dann auch die Möglichkeit, an dem bundesweiten Wettbewerb „Jugend forscht" teilzunehmen. Dieser Wettbewerb wird seit 1965 jedes Jahr in Deutschland durchgeführt. Viele erfolgreiche Wissenschaftler haben in ihrer Jugend schon an diesem Wettbewerb teilgenommen, interessante Erfahrungen gemacht und auch Preise gewonnen.

Die Besuche im Schülerlabor sind auch für die begleitenden Lehrer eine Chance, Kontakt zur aktuellen Forschung aufzubauen und sich selbst fachlich weiterzubilden. An vielen Laboren werden auch spezielle Weiterbildungsveranstaltungen und Arbeitsgruppen für Lehrer angeboten, die von diesen gerne wahrgenommen werden.

Die Labore können einen wichtigen Beitrag dazu leisten, die Akzeptanz der naturwissenschaftlichen Forschung unter Jugendlichen zu erhöhen und damit mehr Jugendliche für ein naturwissenschaftliches oder technisches Studium zu gewinnen. Dies gilt insbesondere auch für junge Frauen, deren Schwellenangst dadurch eventuell reduziert wird. Deutschland braucht dringend mehr Fachkräfte aller Art in diesen Berufsbereichen und hat bisher – auch gegenüber anderen Staaten der Europäischen Union – ein eklatantes Defizit an Naturwissenschaftlerinnen.

---

1. „Schülerlabore" sind …
   a spezielle Labore in Gymnasien.
   b spezielle Arbeitsgemeinschaften in der Schule.
   c universitäre Angebote für Schulklassen.

2. Die „Schülerlabore" …
   a haben alle dasselbe Angebot.
   b haben jeweils ein eigenes Profil.
   c bieten alle viele Themen an.

3. Schüler, die an einem Schülerlabor teilnehmen, …
   a müssen gut in Naturwissenschaften sein.
   b entwickeln häufig Interesse an Naturwissenschaften.
   c können nicht an Museumsbesuchen teilnehmen.

4. Der Wettbewerb „Jugend forscht" …
   a wird in Schülerlaboren durchgeführt.
   b ist eine gute Chance für interessierte Jugendliche.
   c wird seit zehn Jahren durchgeführt.

5. Viele begleitende Lehrer …
   a bilden sich im Labor auch selbst weiter.
   b werden von den Schülerlaboren bezahlt.
   c leiten Arbeitsgruppen.

6. In Deutschland …
   a fehlen Techniker und Naturwissenschaftler.
   b sind viele Frauen technikinteressiert.
   c möchten mehr Jugendliche Naturwissenschaften studieren.

7. Worüber will der Text informieren?
   a Über den naturwissenschaftlich-technischen Unterricht.
   b Über die Interessen deutscher Jugendlicher.
   c Über ein Beispiel zur Bereicherung des naturwissenschaftlichen Unterrichts.

3

SCHWERPUNKT: Hören

CD 48 · Sie hören gleich eine Radio-Reportage zum Thema „Glück".

DSD · Lesen Sie jetzt die Aufgaben (1–8). Sie haben dafür zwei Minuten Zeit.

Kreuzen Sie beim Hören bei jeder Aufgabe die richtige Lösung an.
Sie hören den Text **zweimal**.

1. Psychologen …
   - a beschäftigen sich nicht mit dem Thema „Glück".
   - b sehen Glück als ein Freiheitsrecht.
   - c definieren Glück mit unterschiedlichen Begriffen.

2. Laut einer Umfrage sind die größten Glücksfaktoren …
   - a Gesundheit, Liebe, Partnerschaft und Kinder.
   - b Wohnsituation und beruflicher Erfolg.
   - c Geld und Besitz.

3. Durch soziale Kontakte …
   - a können viele Menschen ihre Stimmung verbessern.
   - b entstehen viele problematische Situationen.
   - c wird der Alltag leichter.

4. Glücklich zu sein ist für die Deutschen …
   - a immer wichtiger geworden.
   - b eine egoistische Lebenseinstellung.
   - c schon immer das wichtigste Lebensziel gewesen.

5. Die Deutschen denken, dass …
   - a Glück Schicksal ist.
   - b man Glück beeinflussen kann.
   - c Glück genetisch bedingt ist.

6. Nicht so zufrieden sind Menschen, die …
   - a sich politisch und sozial engagieren.
   - b materiellen Wohlstand anstreben.
   - c religiös sind.

7. Religiöse Menschen …
   - a streben nicht nach Glück im Leben.
   - b fühlen sich im Durchschnitt besser als andere.
   - c sind je nach Religion unterschiedlich glücklich.

8. Die Reportage berichtet über …
   - a Möglichkeiten, ein glückliches Leben zu führen.
   - b Untersuchungen zum Thema „Glück".
   - c verschiedene Definitionen von Glück.

TIPPS

Generell

Wenn Sie beim Hörverstehenstest ein Wort oder mehrere Wörter nicht verstehen: Ruhig bleiben! Auch in Ihrer Muttersprache überhören Sie oft einzelne Wörter (weil zu leise gesprochen wird oder ein Störgeräusch auftritt) und können trotzdem gut verstehen, was gesagt wird.

Zu diesem Test

- Lesen Sie die Aufgaben sehr konzentriert. Machen Sie sich klar, worum es in jeder Aufgabe geht. Sie werden im Text meistens nicht dieselben Wörter hören, sondern denselben Inhalt mit anderen Wörtern (Synonymen oder anderen ähnlichen Ausdrücken)
- Hören Sie dann konzentriert zu. Die Aufgaben folgen dem Textverlauf.
- Markieren Sie beim Hören alle Lösungen, die sie sofort wissen. Markieren Sie die anderen mit „?".
- In der Prüfung hören Sie den Text zweimal. Beim zweiten Hören können Sie Ihre Lösungen kontrollieren und ergänzen.

4 Schreiben

DSD Auswandern

Schreiben Sie einen zusammenhängenden Text zum Thema „Auswandern". Bearbeiten Sie in Ihrem Text die folgenden drei Punkte:

– Arbeiten Sie wichtige Aussagen aus dem Text und der Grafik „Glück in der Ferne" heraus.
– Was spricht dafür, das Glück in der Ferne zu suchen? Was spricht dagegen?
– Wie ist Ihr Standpunkt zu diesem Thema? Begründen Sie Ihre Meinung.

> **Hinweis:** In der Prüfung haben Sie für diese Aufgabe 120 Minuten Zeit.

Der Traum von einem neuen Leben in der Fremde

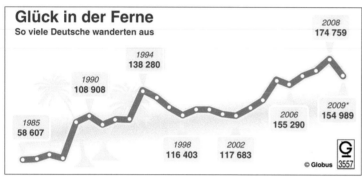

Quelle: Statistisches Bundesamt

Viele Menschen gehen in der Hoffnung auf eine bessere Zukunft ins Ausland und viele bleiben dauerhaft in ihrer neuen Heimat. Während einige Menschen wegen des hohen Lohnniveaus in fremde Länder gehen, spielt für andere die Lebensqualität eine große Rolle. Der Gedanke, Urlaub in schöner Landschaft und Arbeit ideal miteinander zu verbinden, zieht viele Deutsche in südliche Länder. Sie hoffen, dort ihren Traumjob zu finden und nebenbei die Sonne zu genießen. Obwohl sie nicht viel sonnenreicher ist als Deutschland, steht die Schweiz seit Jahren an der Spitze der Wunschländer, in die Deutsche auswandern möchten. Die räumliche Nähe und die gemeinsame Sprache erleichtern die Eingewöhnung in die neue Heimat und das Lohnniveau ist höher als in Deutschland. Aber auch weit entfernte Länder wie Australien, Neuseeland und viele Länder in Südamerika stehen bei den auswanderungswilligen Deutschen hoch im Kurs.

Nicht jeder eignet sich für ein Leben in der Fremde. Ein neues Umfeld, das bedeutet auch: neue Freunde, andere Sitten, Regeln und Gewohnheiten, fremde Mentalitäten und vielleicht eine ungewisse Zukunft.

Oft sind die Aussichten für Fachkräfte, Arbeit im Ausland zu finden, gut. Mit dem festen Willen etwas zu erreichen, können viele Auswanderer ihren Traum tatsächlich verwirklichen. Doch auch im Ausland stehen nicht automatisch Tür und Tor offen. Deshalb muss man sich diesen Schritt gut überlegen. Gute Kenntnisse der Landessprache oder zumindest gutes Englisch für den Anfang sind die Grundvoraussetzung, um im Ausland Erfolg zu haben.

5 Sprechtraining: Wörter im Satz betonen

CD 49 a Hören Sie zuerst die Sätze in A. Welche Wörter sind betont?

b Welche Ergänzung in B passt zu welchem Satz? Ordnen Sie zu.

 A　　　　　　　　　　　　　　　　　　　　 **B**

1. Sie fährt gleich nach Hause,
2. Sie fährt gleich nach Hause,
3. Sie fährt gleich nach Hause,
4. Sie fährt gleich nach Hause,

a) … ihr Freund bleibt noch ein bisschen.
b) … sie hat sich das Bein gebrochen und kann nicht laufen.
c) … sie hat keine Lust mehr/sie will nicht länger bleiben.
d) … sie will nicht mit in die Disco kommen.

c Lesen Sie die zusammenpassenden Teile mit deutlicher Betonung vor.

d Lesen Sie den Satz mit unterschiedlichen Betonungen und formulieren Sie jeweils eine passende Ergänzung.

Er spielt heute am Computer. • Er spielt heute am Computer. • Er spielt heute am Computer. • Er spielt heute am Computer.

 Für mein Portfolio

Meine Idee für ein glückliches Leben: Was müsste passieren, damit mehr Menschen glücklich leben?

Peter Bichsel:
Der Erfinder

Erfinder ist ein Beruf, den man nicht lernen kann; deshalb ist er selten; heute gibt es ihn überhaupt nicht mehr. Heute werden die Dinge nicht mehr von Erfindern erfunden, sondern von Ingenieuren und
5 Technikern, von Mechanikern, von Schreinern auch, von Architekten und von Maurern; aber die meisten erfinden nichts. Früher aber gab es noch Erfinder. Einer von ihnen hieß Edison. Er erfand die Glühbirne und das Grammophon, das damals Phonograph hieß, er
10 erfand das Mikrophon und baute das erste Elektrizitätswerk der Welt, er baute einen Filmaufnahmeapparat und einen Apparat, mit dem man die Filme abspielen konnte. 1931 starb er.

Ohne ihn wären wir ohne Glüh-
15 birnen. So wichtig sind Erfinder. Der letzte starb im Jahre 1931. 1890 wurde zwar noch einer geboren, und der lebt noch. Niemand kennt ihn, weil er jetzt in einer Zeit lebt, in der es keine Erfinder mehr gibt.
20 Seit dem Jahre 1931 ist er allein. Das weiß er nicht, weil er schon damals nicht mehr hier in der Stadt wohnte und nie unter die Leute ging; denn Erfinder brauchen Ruhe. Er wohnte weit weg von der Stadt, verließ sein Haus nie und hatte selten Besuch.

25 Er berechnete und zeichnete den ganzen Tag. Er saß stundenlang da, legte seine Stirn in Falten, fuhr sich mit der Hand immer wieder übers Gesicht und dachte nach. Dann nahm er seine Berechnungen, zerriss sie und warf sie weg und begann wieder von neuem, und
30 abends war er mürrisch und schlecht gelaunt, weil die Sache wieder nicht gelang. Er fand niemanden, der seine Zeichnungen begriff, und es hatte für ihn keinen

Sinn, mit den Leuten zu sprechen. Seit über vierzig Jahren saß er hinter seiner Arbeit, und wenn ihn einmal jemand besuchte, versteckte er seine Pläne, weil er 35 fürchtete, man könnte von ihm abschreiben, und weil er fürchtete, man könnte ihn auslachen.

Er ging früh zu Bett, stand früh auf und arbeitete den ganzen Tag. Er bekam keine Post, las keine Zeitungen und wusste nichts davon, dass es Radios gibt. Und nach 40 all den Jahren kam der Abend, an dem er nicht schlecht gelaunt war, denn er hatte seine Erfindung erfunden, und er legte sich jetzt überhaupt nicht mehr schlafen. Tag und Nacht saß er über seinen Plänen und prüfte sie nach, und sie stimmten. 45

Dann rollte er sie zusammen und ging nach Jahren zum ersten Mal in die Stadt. Sie hatte sich völlig verändert. Wo es früher Pferde gab, da gab es jetzt Automobile, und im Warenhaus gab es eine Rolltreppe, und die Eisenbahnen fuhren nicht mehr mit Dampf. Die 50 Straßenbahnen fuhren unter dem Boden und hießen jetzt Untergrundbahnen, und aus kleinen Kästchen, die man mit sich tragen konnte, kam Musik.

Der Erfinder staunte. Aber weil er ein Erfinder war, begriff er alles sehr schnell. Er sah einen Kühlschrank 55 und sagte: „Aha."

Er sah ein Telefon und sagte: „Aha."

Und als er rote und grüne Lichter sah, begriff er, dass man bei Rot warten muss und bei Grün gehen darf. Und er wartete bei Rot und ging bei Grün. Und er begriff 60 alles, aber er staunte, und fast hätte er dabei seine eigene Erfindung vergessen. Als sie ihm wieder einfiel, ging er auf einen Mann zu, der eben bei Rot wartete und

sagte: „Entschuldigen Sie, mein Herr, ich habe eine
65 Erfindung gemacht." Und der Herr war freundlich und
sagte: „Und jetzt, was wollen Sie?" Und der Erfinder
wusste es nicht. „Es ist nämlich eine wichtige Erfindung", sagte der Erfinder, aber da schaltete die Ampel
auf Grün, und sie mussten gehen. Wenn man aber lange
70 nicht mehr in der Stadt war, dann kennt man sich nicht
mehr aus, und wenn man eine Erfindung gemacht hat,
weiß man nicht, wohin man mit ihr soll. Was hätten
die Leute sagen sollen, zu denen der Erfinder sagte:
„Ich habe eine Erfindung gemacht." Die meisten sagten
75 nichts, einige lachten den Erfinder aus, und einige
gingen weiter, als hätten sie nichts gehört. Weil der
Erfinder lange nicht mehr mit Leuten gesprochen hatte,
wusste er auch nicht mehr, wie man ein Gespräch
beginnt. Er wusste nicht, dass man als erstes sagte:
80 „Bitte, können Sie mir sagen, wie spät es ist?" oder dass
man sagt: „Schlechtes Wetter heute." Er dachte gar
nicht daran, dass es unmöglich ist, einfach zu sagen:
„Sie, ich habe eine Erfindung gemacht", und als in der
Straßenbahn jemand zu ihm sagte: „Ein sonniger Tag
85 heute", da sagte er nicht: „Ja, ein wunderschöner Tag",
sondern er sagte gleich: „Sie, ich habe eine Erfindung
gemacht."

Er konnte an nichts anderes mehr denken, denn seine
Erfindung war eine große, sehr wichtige und eigen-
90 artige Erfindung. Wenn er nicht ganz sicher gewesen
wäre, dass seine Pläne stimmten, dann hätte er selbst
nicht daran glauben können.

Er hatte einen Apparat erfunden, in dem man sehen
konnte, was weit weg geschieht. Und er sprang auf
95 in der Straßenbahn, breitete seine Pläne zwischen
den Beinen der Leute auf dem Boden aus und rief: „Hier
schaut mal, ich habe einen Apparat erfunden, in dem
man sehen kann, was weit weg geschieht."

Die Leute taten so, als wäre nichts geschehen, sie
100 stiegen ein und aus, und der Erfinder rief: „Schaut doch,
ich habe etwas erfunden. Sie können damit sehen, was
weit weg geschieht."

„Der hat das Fernsehen erfunden", rief jemand, und
alle lachten.

105 „Warum lachen Sie?" fragte der Mann, aber niemand
antwortete, und er stieg aus, ging durch die Straßen,
blieb bei Rot stehen und ging bei Grün weiter, setzte
sich in ein Restaurant und bestellte einen Kaffee,
und als sein Nachbar zu ihm sagte: „Schönes Wetter
110 heute", da sagte der Erfinder: „Helfen Sie mir doch,
ich habe das Fernsehen erfunden, und niemand will
es glauben – alle lachen mich aus." Und sein Nachbar
sagte nichts mehr. Er schaute den Erfinder lange an,
und der Erfinder fragte: „Warum lachen die Leute?"
115 „Sie lachen", sagte der Mann, „weil es das Fernsehen
schon lange gibt und weil man das nicht mehr erfinden
muss", und er zeigte in die Ecke des Restaurants, wo

ein Fernsehapparat stand, und fragte: „Soll ich ihn
einstellen?" Aber der Erfinder sagte: „Nein, ich möchte
das nicht sehen." Er stand auf und ging.   120

Seine Pläne ließ er liegen.

Er ging durch die Stadt, achtete nicht mehr auf Grün
und Rot, und die Autofahrer schimpften und tippten
mit dem Finger an die Stirn.

Seither kam der Erfinder nie mehr in die Stadt.   125

Er ging nach Hause und erfand jetzt nur noch für
sich selbst. Er nahm einen Bogen Papier, schrieb darauf
„Das Automobil", rechnete und zeichnete wochenlang
und monatelang und erfand das Auto noch einmal,
dann erfand er die Rolltreppe, er erfand das Telefon, 130
und er erfand den Kühlschrank. Alles, was er in der
Stadt gesehen hatte, erfand er noch einmal. Und jedes
Mal, wenn er eine Erfindung gemacht hatte, zerriss er
die Zeichnungen, warf sie weg und sagte: „Das gibt es
schon."   135

Doch er blieb sein Leben lang ein richtiger Erfinder,
denn auch Sachen, die es gibt, zu erfinden, ist schwer,
und nur Erfinder können es.

Aus: Peter Bichsel, *Kindergeschichten*.
Suhrkamp Verlag, Frankfurt am Main, 1997.

Peter Bichsel (*1935 in Luzern) ist ein schweizerischer
Schriftsteller. Er war zunächst Lehrer an einer Primar-
schule. Seit 1960 veröffentlichte er eine Vielzahl von
Texten, darunter Kurzgeschichten, Romane, Aufsätze
und Kolumnen für Zeitungen. Seine „Kindergeschichten", die nicht nur für Kinder sind, hat er auch selbst auf
Tonträger aufgenommen.

10 Kunst

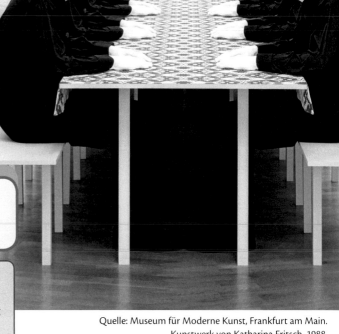

★ Über Kunstwerke sprechen
★ Meinungen zu Kunstwerken äußern
★ Einen Text über Kunst verstehen
★ Eine Diskussion führen

Die Künstlerin **Katharina Fritsch** ist Professorin an der Kunstakademie Düsseldorf. Ihre Skulpturen sind meist lebens- oder überlebensgroß. Sie setzt die Farbe oft gezielt ein, um Stimmungen und Eigenschaften zu markieren.

Quelle: Museum für Moderne Kunst, Frankfurt am Main.
Kunstwerk von Katharina Fritsch, 1988.

 Ein Kunstwerk befragen

a Beschreiben Sie gemeinsam das Kunstwerk auf den Fotos. Jeder sagt einen Satz.

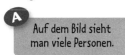 **A** Auf dem Bild sieht man viele Personen.

B Sie sind ...

C ...

b Notieren Sie Fragen zu der Skulptur, zu denen man eine Antwort erfinden kann. Tauschen Sie die Fragen aus und erfinden Sie Antworten.

Warum sitzen die Leute hier?
Was wollen sie?
Wie alt sind sie?

Wie lange ...
Glauben Sie, dass ...
Uns würde interessieren, wann ...

c Notieren Sie fünf Adjektive, die zu dem Kunstwerk passen. Begründen Sie Ihre Auswahl.

Ich habe „kalt" gewählt, weil ich finde, dass die Männer sehr kalt aussehen.

d Welcher dieser Titel passt Ihrer Meinung nach am besten? Warum? Oder haben Sie einen besseren Titel?

Konferenz • Stille • Tischgesellschaft • Schweigen • Vor dem Ende • Harmonie

2 Über eine Skulptur sprechen

a Konjunktiv II nach *als ob, als wenn, als* – Lesen Sie die Beispiele und schreiben Sie die Sätze 1–6 zu Ende.

> **Hauptsatz und Nebensatz**
> Das sieht aus, **als ob / als wenn** es eine Konferenz **wäre**. (Aber es ist wahrscheinlich keine.)
> Die Figuren sitzen da, **als ob / als wenn** sie auf jemanden **warten würden**. (Aber man weiß es nicht.)
>
> **Hauptsatz und Hauptsatz**
> Die Männer sehen aus, **als hätten** sie keine Gefühle. (Aber vielleicht ist es ganz anders.)

1. Die Tischdecke wirkt, … sie für einen Gartentisch (sein)
2. Die Gesichter sehen aus, … die Männer (trauern/werden)
3. Er macht ein Gesicht, … er (krank/sein)
4. Oft muss man so tun, … man keine Probleme (haben)
5. Sie tut so, … Tag und Nacht (lernen/werden)
6. Ich fühle mich, … ich Ferien (brauchen/werden)

… als ob / als wenn sie für einen Gartentisch wäre.
… als wäre sie für einen Gartentisch.

b Ergänzen Sie die Satzanfänge und sprechen Sie über die Skulptur.

> Die Szene sieht so ähnlich aus wie …
> Auf mich wirkt das wie …
> Sie erinnert mich daran, dass …
>
> Man könnte glauben, dass …
> Das sieht so aus, als ob …
> Die Männer wirken, als wenn …

3 Meinungen zu einem Kunstwerk

CD 50–51 **a** Wir haben Frau Stamm und ihren Freund Boris Throm um ihre Meinung gebeten. Wer empfindet das Kunstwerk eher positiv und wer eher negativ?

b Hören Sie noch einmal und notieren Sie die wichtigsten Informationen. Geben Sie danach die Meinungen wieder.

c Ein Text über ein Kunstwerk: Beschreiben Sie die Skulptur zuerst sachlich: Formen, Farben, Struktur usw. Schildern Sie danach, wie das Kunstwerk auf Sie wirkt.

Einleitung	Die Skulptur von … trägt den Titel …
Sachliche Beschreibung	Man sieht einen langen Tisch, an dem …
	Auf dem Tisch liegt …
	Die Männer sind alle … Ihre Gesichter/Hände/Augen …
	Die vorherrschenden Farben sind …
Persönliche Meinungen/Gefühle	Auf mich wirken die Personen, als ob …
	Ich fühle mich, als …
	Man hat das Gefühl, dass die Künstlerin …
Schluss	Ich kann wenig mit dem Werk anfangen, denn/aber/obwohl …
	Mich beindruckt die Skulptur, weil …

4 **Wozu eigentlich Kunst?**

a Sammeln Sie Antworten zu der Frage „Wozu eigentlich Kunst?" an der Tafel.

b Lesen Sie den Text. Welche Ihrer Antworten passen zum Text?

Wozu braucht man überhaupt Kunst?

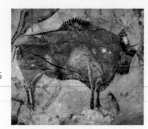

Über 100 Millionen Euro für ein Bild zu bezahlen, ist das nicht pervers? Ist Kunst nicht
5 ein Luxus für Reiche, die nicht wissen, was sie sonst mit ihrem Geld machen sollen
und deshalb Bilder sammeln und zu Opernpremie-
10 ren um die Welt jetten?
Viele Menschen denken so, aber andererseits sind noch nie so viele Menschen in Museen gegangen, haben sich noch nie so viele Menschen auf Kunst in allen ihren Formen – Malerei, Skulptur, Musik,
15 Theater, Film, Fotografie … – eingelassen. Allein in Deutschland gibt es heute mehr als 600 Kunstmuseen und etwa 350 Theater, davon 150 staatliche.
Es stimmt schon, dass die Kunst heute auch ein
20 großes Geschäft ist, aber zugleich arbeiten seit Jahrtausenden im Verborgenen Millionen Künstler, die nur eines wollen: die Welt mit anderen Augen sehen, sie anders darstellen, ihr neue Töne geben.

Der deutsche Dichter
25 Friedrich Schiller hat vor über 200 Jahren eine Entdeckung gemacht, die noch heute wichtig ist, wenn wir über die Kunst
30 sprechen. Er schrieb:
„Der Mensch spielt nur, wo er … Mensch ist, und er ist nur da ganz Mensch, wo er spielt."

Arbeiten, Geld verdienen, den Alltag organisieren, 35 das alles ist notwendig, das alles müssen wir tun. Erst wenn wir die Freiheit haben, etwas zu tun, was nicht notwendig ist, tun wir etwas, das uns von allen anderen Lebewesen grundsätzlich unterscheidet. Dazu gehört z. B. zu malen oder 40 Bilder anzusehen, Theater zu spielen oder zu erleben, Musik zu spielen oder zu hören, Geschich-ten zu schreiben oder zu lesen und vieles andere. Kunst ist etwas, das wir, genau wie unsere Sprache, für unser Menschsein brauchen. 45

Joseph Beuys, einer der wichtigsten deutschen Künstler der zweiten Hälfte des 20. Jahrhunderts, wird oft mit dem Satz zitiert: „Jeder Mensch ist ein Künstler." Damit meinte er sicher nicht, dass jeder Mensch malen, einen Roman schreiben oder eine 50 Opernarie singen kann. Aber jeder Mensch kann die Welt mit anderen Augen sehen, neu hören, neu gestalten und sie so ein wenig verändern. Und das war für Beuys gleichbedeutend mit Kunst machen. Kunst und insbesondere moderne Kunst scheint zu 55 faszinieren, auch wenn sie immer wieder irritiert und verwirrt. Genau das ist es, was die Kunst will.

Joseph Beuys, Infiltration homogen für Konzertflügel, 1966

c Worauf beziehen sich die grünen Wörter? Lesen Sie den Text genau und erklären Sie.

Zeile 3 … ist das nicht pervers • *Zeile 6* …was sie … machen sollen •
Zeile 17 davon • *Zeile 30* Er schrieb … • *Zeile 34* … wo er spielt … •
Zeile 36 … das alles ist notwendig • *Zeile 49* Damit meinte er nicht … •
Zeile 53… sie so ein wenig verändern • *Zeile 56* … sie … irritiert

> „Das" bezieht sich darauf, dass mit Kunst so viel Geld verdient wird.

d Welche Aussagen passen zum Text und welche nicht?

1. Jeder Mensch kann Kunst machen.
2. Mensch sein bedeutet: seinen Alltag gut zu organisieren.
3. Die Kunst will die Welt neu entdecken und vielleicht auch verändern.
4. Nur Kinder können richtig spielen.
5. Kunst ist heute nur noch ein großes Geschäft.

e Joseph Beuys sagt: „Jeder Mensch ist ein Künstler." – Was meinen Sie dazu?

5 **Kunst in meinem Leben**

a Sprechen Sie miteinander: Welche Formen von Kunst sind für Sie wichtig? Warum?

Bildende Kunst   Literatur   Musik   Fotografie   Film   Theater

b Bringen Sie Fotos von Kunstwerken aus Ihrer Umgebung mit. Hängen Sie die Fotos auf und sprechen Sie darüber und wählen Sie das beliebteste Kunstwerk.

„Ich kenne mich mit Kunst nicht so aus. Zu Hause bei uns hängt dieses Bild. Es ist von Albrecht Dürer. Das ist ein deutscher Künstler, der im 15. und 16. Jahrhundert gelebt hat. Den Hasen hat er 1502 gezeichnet. Berühmt von ihm sind auch seine „Betenden Hände" aus dem Jahr 1506. Im Internet habe ich gelesen, dass Dürer der erste Künstler war, der sich selbst so porträtiert hat, wie man vorher nur Jesus und die Heiligenfiguren darstellen durfte."

„... steht auf unserem Marktplatz. Ich habe nie gewusst, von wem ... ist, aber jetzt habe ich nachgefragt. ... ist von ... Er hat sie im Jahr ... gemacht. Ich finde interessant, dass ..."

Woher ist das Bild / die Skulptur?	Das Bild hängt bei uns ...
Wer hat das gemalt/gemacht?	Ich habe das Foto in einer Zeitung / einem Buch gefunden.
	Das Bild / die Skulptur ist von ...
Warum hast du es mitgebracht?	Mir gefällt ..., weil ich die Farben/Formen mag.
Gefällt es dir?	Ich finde es eigentlich hässlich, aber interessant, weil ...
	Ich habe es mitgebracht, obwohl ...

6 **Debatte – Kunst oder Mathe, Ethik oder Englisch?**

Das Szenario: In jedem Fach muss immer mehr gelernt werden. Dazu braucht man mehr Zeit. Deshalb können ab der 10. Klasse nicht mehr alle Fächer unterrichtet werden. Hier ist eine Liste von zwölf Fächern. Vier sollen gestrichen werden. Welche? Oder gibt es vielleicht ganz andere Lösungen?

Bilden Sie vier Gruppen. Jede Gruppe wählt drei Fächer, die sie verteidigen will. Jedes Fach muss mindestens eine Gruppe haben. Zwei Personen sind die Moderatoren. Sammeln Sie zunächst zehn Minuten lang Argumente für Ihre Fächer. Dann beginnt die Debatte.

Biologie	Geschichte/Sozialkunde
Chemie	Kunst
Deutsch	Mathematik
Englisch	Musik
Ethik/Religion	Muttersprache
Geografie	Sport

Einen Vorschlag machen	**Einen Standpunkt formulieren**	**Widersprechen**
Ich würde ... streichen.	Ich finde, das braucht man nicht.	Ich bin da ganz anderer Meinung.
Ich bin dafür dass ...	... ist sehr wichtig, wenn man ...	Ich bin dagegen, denn ...
Man könnte die Fächer neu ...	Man muss das (nicht) in der Schule	Das wäre ganz falsch, denn nur in
Vielleicht muss man nicht alles für	lernen.	diesen Fächern lernt man ...
alle anbieten, man könnte ...	Wenn man ... nicht früh lernt, ...	

11 Helfen

A Lachen ist die beste Medizin.

B Das Recht auf Gesundheit gilt für alle.

C Er ist ein Tüftler und hat schon vielen Behinderten geholfen.

D Ohne Tim hätte Olga den Schulabschluss nicht geschafft.

★ Einen Sachtext zur Psychologie des Helfens verstehen
★ Über eine These diskutieren
★ Kurzreferate verstehen und beurteilen
★ Eine soziale Initiative vorstellen

1 Helfen

a Wählen Sie ein Foto und sprechen Sie darüber. Wer hilft wem? Wie und warum helfen die Personen?

b Psychologische Erkenntnisse – Lesen Sie den Text. Welche Zusammenfassung passt zu welchem Abschnitt?

1. Wir können uns in Gedanken in die Situation anderer Menschen hineinversetzen. Wir leiden mit ihnen, wenn es ihnen schlecht geht. Wenn es ihnen besser geht, freuen wir uns mit ihnen und empfinden auch selbst ein Glücksgefühl.

2. Das körperliche Glücksgefühl und die positiven Empfindungen durch soziale Anerkennung können dazu führen, dass man immer wieder Situationen sucht, in denen man helfen kann.

3. Ein Forscher hat herausgefunden, dass man, wenn man anderen hilft, selbst ein Glücksgefühl empfindet. Dieses Glücksgefühl kann man auch körperlich feststellen.

Was bedeutet Helfen für die Seele?

Helfen tut gut, auch dem, der hilft. Wer anderen Gutes tut, lebt glücklicher und sogar gesünder. Das hat der Forscher Allan Luks bei Befragungen von freiwilligen Helfern herausgefunden. Unmittelbar
5 nachdem sie anderen Menschen geholfen hatten, verspürten die Befragten eine Woge positiver Gefühle, die Luks als „Helfer-High" bezeichnet. In dieser Euphorie nimmt Stress radikal ab und der Körper schüttet Endomorphine aus, körpereigene Glücks-
10 hormone mit schmerzstillender Wirkung. Nach dieser spontanen Reaktion berichteten die Helfer von einer länger andauernden Phase des Wohlbefindens, der inneren Ruhe und Gelöstheit. Viele der Ehrenamt-lichen erzählten dem Forscher, dass die Erfahrung
15 des Helfens einen Wendepunkt in ihrem Leben dar-stellte. Eine Alkoholikerin schaffte es erst trocken zu werden, als sie begann, für eine Telefonseelsorge zu arbeiten. Die Erfahrung, Menschen in einer Not-situation beiseite zu stehen und ihnen wieder eine
20 Perspektive zu geben, stärkt das Selbstwertgefühl des Helfers, macht ihn optimistisch und zufriedener. Viele der Befragten gaben an, sich gesünder zu fühlen, vor allem diejenigen, die regelmäßig und häufig Mit-menschen halfen.

25 **Sich selbst und anderen Gutes tun**

Was veranlasst uns überhaupt dazu, Menschen zu helfen? Mit dieser Frage beschäftigte sich der So-zialpsychologe Prof. Dr. Hans-Werner Bierhoff: „Ein wichtiger Faktor ist Empathie, also die Fähigkeit, in
30 einer Situation mit einem anderen Menschen mit-zufühlen. Jemand leidet und ich leide mit, das bringt mich dazu, ihm zu helfen. Dadurch reduziere ich sowohl mein Leid als auch das des anderen." Der Helfer erkennt, dass sein Gegenüber in einer Situation steckt, aus der er aus eigener Kraft nicht mehr her- 35 auskommt, und beschließt einzuschreiten.

In besonderem Maße auf die Hilfe anderer ange-wiesen sind Kinder. Sie brauchen die größte Unter-stützung in der Not. Die stärkste Überwindung gehört sicherlich dazu, Fremden zu helfen. Doch genau in 40 diesem Fall erlebten die von Allan Luks befragten Helfer die intensivsten positiven Gefühle.

Helfen macht „süchtig"

Hilfsbereitschaft ist in jedem Menschen verankert. Sie beginnt schon im frühesten Kindesalter, wie Prof. 45 Dr. Hans-Werner Bierhoff feststellte. „Die Bereitschaft zu helfen kann man schon bei zweijährigen Kindern erkennen, auch wenn sie es in den meisten Situationen nicht wirklich schaffen zu helfen. Hilfsbereitschaft ist einfach in der menschlichen Entwicklung ein- 50 geschlossen, entsteht aber auch durch Nachahmung. Wenn sich die Familienmitglieder eines Kindes ge-genseitig helfen, will das auch das Kind tun." Wer hilft, wird schließlich von seinen Mitmenschen be-lohnt, indem sie die Leistung anerkennen und wert- 55 schätzen. Auch das gibt dem Helfer ein gutes Gefühl und die Bestätigung, richtig gehandelt zu haben. All diese positiven Empfindungen machen regelrecht süchtig: Wer einmal verspürt hat, wie gut es tut, einem Menschen zu helfen, wird wieder für andere da sein, 60 wenn es darauf ankommt.

www.sos-kinderdorf.de/oktober_spezial_was_bedeutet_helfen_fuer_die_seele.html

c Wortschatzarbeit – Lesen Sie den Text noch einmal. Suchen Sie Wörter für das Wortfeld „helfen" und ergänzen Sie weitere Wörter.

helfen · auf die Hilfe anderer angewiesen sein

d Diskutieren Sie über die folgende These:

„Wenn man in einer sozialen Initiative mitarbeitet, wird man besonders glücklich."

> Im Text steht, dass …, meiner Erfahrung nach muss man aber auch berücksichtigen, dass …
> Du hast schon recht, es gibt …, aber …
> Natürlich stimmt es, dass …, aber das heißt ja noch nicht, dass …

2 Soziale Initiativen

a Lesen Sie die Texte. Zu welchen Fotos auf Seite 64 passen sie?

1

Lachen ist die beste Medizin. Vor vielen Jahren hatte Dr. Patch Adams die Idee, als Clown Kinder in Krankenhäusern zu besuchen, damit sie dort wenigstens einmal von Herzen lachen können. Eine Idee, die um den Globus ging und in Deutschland mit Dr. Eckart von Hirschhausen einen prominenten Unterstützer gefunden hat. Dr. Hirschhausen ist Arzt, Kabarettist und Bestsellerautor. Er hatte 2008 und 2009 die erfolgreichsten Sachbücher geschrieben und viel Geld verdient. „Und da dachte ich, halte dich doch mal an das, was du weißt: Geld macht glücklich, wenn man es für andere ausgibt. Deswegen habe ich HUMOR HILFT HEILEN gegründet." (Hirschhausen auf der Website www.humorhilftheilen.de)

2

Die Elisabeth-Straßenambulanz in Frankfurt wurde von Dr. Maria Goetzens ins Leben gerufen, um Obdachlosen zu helfen. Mit ihrem Team und einem speziellen Ambulanzbus fährt Frau Dr. Goetzens zu den Aufenthaltsorten der kranken Wohnungslosen, um ihr Überleben zu sichern. Es ist vor allem ihr zu verdanken, dass die „Elisabeth-Straßenambulanz" zu einem bundesweiten Erfolgsmodell in der Wohnungslosenhilfe geworden ist. Für ihr Engagement hat Frau Dr. Goetzens 2009 das Bundesverdienstkreuz erhalten.

3

Die Initiative „Rock your Life" bringt Studenten mit Hauptschülern zusammen, und beide Seiten profitieren davon. Geboren wurde diese Idee in einem Gespräch des ehemaligen Bundesministers Peer Steinbrück mit Studenten der Universität Friedrichshafen. Sie diskutierten über Chancengleichheit und kamen auf die Idee, selbst aktiv zu werden und sich für benachteiligte Jugendliche zu engagieren. Sie gründeten die Initiative „Rock your Life". Die ersten Coachingpaare gab es in Friedrichshafen, dann hat sich die Initiative über das Internet weiterverbreitet und jetzt gibt es in Berlin, Dresden, München, Freiburg, Kassel, Konstanz und vielen anderen Universitätsstädten eigene Zentren mit vielen engagierten Studenten und Hauptschülern. Die Initiative hat auch schon viele Preise bekommen, z. B. den Startsocial-Preis der Bundesregierung. www.rockyourlife.de

4

kommhelp e.V. Der Verein Kommhelp wurde von Julius Deutsch gegründet. Er hatte Ende der 80er Jahre einen spastisch gelähmten jungen Mann kennengelernt, der nur den Kopf bewegen konnte. Er beschloss, ihm zu helfen, und entwickelte ein Computer-Programm für die Kommunikation. Mit einem Klickhebel am Kopfteil des Rollstuhls konnte der junge Mann durch Kopfbewegungen den Cursor auf einem Computerbildschirm steuern und Wörter bilden. Dank eines Sprachprogramms konnte er sogar bald darauf auch mit Ton kommunizieren. Das war, für die Schwere seiner Behinderung, ein riesiger Fortschritt, fast ein neues Leben.
Für Julius Deutsch war es der Anfang. Er gründete den Verein Kommhelp, der zum Ziel hat, Behinderten individuelle Soft- und Hardware für die Kommunikation zur Verfügung zu stellen. Zu den Tätigkeiten des Vereins gehört auch die Übersetzung von freier Software ins Deutsche und von deutscher Software in andere Sprachen. 2008 hat er den taz-Panter-Preis bekommen, 2009 das Bundesverdienstkreuz. www.kommhelp.de

b Lesen Sie die Texte noch einmal und sammeln Sie Informationen zu den Fragen 1–3.

1. Wie heißt die Initiative?	2. Wer hat sie gegründet?	3. Was macht sie?
Humor hilft heilen		

CD 52–54 **c** Hören Sie die Kurzreferate: Welche Initiativen stellen sie vor?

d Hören Sie noch einmal. Notieren Sie: Warum sind die Vortragenden von der Initiative, die sie vorstellen, beeindruckt?

e Welches Referat ist sehr gut gehalten? Warum?

3 **Und wenn sie das nicht getan hätten ...?**

a Was wäre gewesen, wenn ...? Lesen Sie das Beispiel. Ergänzen Sie die Sätze 1–8.

> Konjunktiv II in der Vergangenheit:
> Wenn sie nicht **geholfen hätten**, **wäre** es für viele Menschen schwieriger **gewesen**.

1. Wenn Herr Hirschhausen nichts von Dr. Adam gehört hätte, ...
2. Wenn Herr Hirschhausen keine Bestseller geschrieben hätte, ...
3. Wenn die Studenten das Projekt „Rock Your Life" nicht gegründet hätten, ...
4. Wenn Olga Tim nicht kennengelernt hätte, ...
5. Wenn Herr Deutsch den spastisch gelähmten Mann nicht kennengelernt hätte, ...
6. Wenn der spastisch gelähmte Mann Herrn Deutsch nicht kennengelernt hätte, ...
7. Wenn Frau Goetzen die Straßenambulanz nicht gegründet hätte, ...
8. Wenn Frau Goetzen im letzten Winter nicht zu den Obdachlosen gefahren wäre, ...

b Was hätten die Personen auch machen können oder machen müssen?

mehr Freizeit haben • nicht sprechen • seine Zeit benutzen, um
mehr Bestseller zu schreiben • das Geld für sich verwenden • eine
schicke Praxis haben • Prüfungen nicht schaffen ...

> Konjunktiv II in der Vergangenheit mit
> Modalverben:
> Er **hätte** sich ... auch Luxus **leisten können**.
> Sie **hätte** nicht ohne Bezahlung **arbeiten müssen**.

Herr Deutsch hätte auch mehr Freizeit haben können.

c Was wäre gewesen, wenn ...? – Schreiben Sie Fragen auf einen Zettel. Tauschen Sie die Zettel und beantworten Sie die Fragen.

Was wäre gestern gewesen, wenn du verschlafen hättest?

Was wäre gewesen, wenn du als Kind in Deutschland zur Schule gegangen wärst?

 Projekt: Soziales Engagement

Wählen Sie einen Vorschlag aus. Bereiten Sie eine Präsentation vor oder schreiben Sie einen Text von etwa 300 Wörtern.

1. Arbeiten Sie in einem sozialen Projekt oder haben Sie schon einmal ein Praktikum in einer sozialen Einrichtung gemacht? Berichten Sie.
2. Recherchieren Sie im Internet über ein interessantes Hilfsprojekt und stellen Sie es vor.
3. Wie werden in Ihrem Land hilfsbedürftige Personen unterstützt? Stellen Sie ein Beispiel vor.

ein Projekt vorstellen	Ich möchte euch ... vorstellen. Die Mitarbeiter engagieren sich für ... In meiner Nachbarschaft lebt ...
über Erfahrungen sprechen	Ich habe ... in dem Projekt mitgearbeitet. Ich fand die Arbeit ..., aus diesem Grund ... Ich würde (nicht) gerne in dem Projekt mitarbeiten, denn ...
eigene Meinung äußern	Meiner Meinung nach ist das eine ... Tätigkeit, denn wenn man ... Ich könnte mir (nicht) vorstellen, ...
Wunsch als Schluss	Ich würde mir wünschen, dass ...

A Arbeitswelt: **Blick in die Zukunft**

Von je 1 000 Erwerbstätigen arbeiten in diesen Bereichen

heute (2005)		morgen (2020)
226	Dienstleistungen	261
199	Handel	187
129	Dienstleistungen für Unternehmen	181
203	Industrie	158
65	Staat	59
54	Verkehr	52
58	Bau	46
34	Kreditwesen	33
24	Landwirtschaft	17
7	Energie	5
2	Bergbau	1

0110 © Globus   rundungsbed. Differenz   Quelle: IAB

B **Gute Chancen für Fachkräfte**

Von je 100 Unternehmen wollen bis Ende 2009 so viele die Zahl ihrer Mitarbeiter mit dieser Qualifikation…

	ohne Berufsabschluss	mit Berufsabschluss	Akademiker
…erhöhen	2	36	32
…beibehalten	26	41	37
…verringern	21	6	5

Fehlende zu 100: keine Angabe bzw. keine Mitarbeiter mit dieser Qualifikation benötigt

Quelle: IW-Befragung

© Globus 2418

★ Über Grafiken sprechen
★ Einen Text zum Thema „Arbeitswelt" verstehen
★ Über Zukunftstrends und -pläne sprechen

1 **Grafiken zu Trends am Arbeitsmarkt**

a Sehen Sie sich Grafik A an: Welche Berufe passen zu welchen Bereichen?

Landarbeiter • Verkäuferin • IT-Beraterin • Biolandwirtin • Lehrer • Lagerarbeiter • Verwaltungsbeamte • Hausmeister • Polizistin • Bankangestellter • Finanzberaterin • Solartechniker • Ingenieur • Elektriker • Architektin • Bedienung • Telefonist • Erntehelfer • Bauhelfer • Fahrradkurierin • Modeberater • Busfahrerin • Fensterputzer

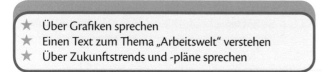

IT-Berater und Ernährungsberater sind z. B. Dienstleister.

b Sehen Sie Grafik B an: Welche Berufe in den Kategorien „ohne/mit Berufsabschluss" und „Akademiker" kennen Sie?

c Sammeln Sie Fragen, die man an die Grafiken stellen kann.

Was ist das Thema?
Wer wurde befragt?

d Stellen Sie sich die Grafiken gegenseitig vor.

2 **Berufschancen**

a Lesen Sie zunächst die Texte A und B. Lesen Sie dann den Text auf S. 69 schnell. Welche Zusammenfassung des Textes ist besser, A oder B?

A Der Text informiert über die Berufschancen von Akademikern. Er führt einige Beispiele von Berufsfeldern an, in denen in Zukunft mehr Arbeitskräfte benötigt werden. Am Ende betont der Autor, dass für die Wahl des Studienplatzes und des Berufs aber auch Sekundärqualifikationen und die eigene Motivation sehr wichtig sind.

B Der Text handelt von der Suche nach dem passenden Studienplatz. Er führt aus, dass es viele Studiengänge gibt, die in Zukunft gute Berufschancen haben. Es gibt aber auch einige, deren Chancen sinken werden. Der Studienanfänger Ralf steht daher vor einer schwierigen Entscheidung, die er bis Oktober getroffen haben wird.

Ralf Peters,
20 Jahre

Seit einem Monat hat Ralf Peters sein Abitur in der
Tasche. Er hat gefeiert und sich danach von den
Prüfungen und dem Feiern erholt. Nun ist er zurück und
steht vor wichtigen Lebensfragen: Was soll ich studieren?
5 Wie will ich meine Zukunft angehen? Was werde ich in
10 Jahren erreicht haben? Welche Berufe haben überhaupt
Zukunft? Diese Fragen zu beantworten ist gar nicht so
einfach, denn welche Berufe in Zukunft im Trend liegen,
kann man schlecht vorhersagen. Niemand weiß genau,
10 ob das gewählte Studium ausreichend für den späteren
Job qualifiziert.

Junge Akademiker werden nicht zuletzt wegen der
Überalterung der Gesellschaft dringend gebraucht und
haben beste Voraussetzungen, gute Jobs zu bekommen.
15 Techniker in den Bereichen Automation, Mechatronik,
Nanotechnik oder Fahrzeuge werden vermutlich gute
Berufschancen haben. In den technischen Studiengängen
reicht die derzeitige Anzahl der Studenten bei Weitem
nicht aus. Insbesondere Frauen haben beste Berufschancen,
20 wenn sie sich für technische Studiengänge entscheiden.

Auch Studenten von IT-Berufen sollten keine Probleme
bei ihrer Jobsuche bekommen, da die Technologien in
wenigen Jahren so weit entwickelt und so komplex sein
werden, dass immer mehr gut ausgebildete Fachkräfte
25 gebraucht werden. Für Wirtschaftsingenieure, Maschinenbauer oder Betriebswirtschaftler sieht die Zukunft ebenfalls
gut aus, wobei auf Grund der Globalisierung des Handels
Arbeitskräfte im Bereich Logistik am gefragtesten sein
werden.
30 Im Trend liegen auch Studiengänge mit gemischten
Qualifikationen, die Kenntnisse aus den Wirtschaftswissen-
schaften mit naturwissenschaftlichen, technischen oder
kulturellen Fachkenntnissen verbinden, so z. B. Kultur-
betriebswirte oder Marketingfachleute im Gesundheits-
35 bereich. Biologen, mit Ausnahme von Molekularbiologen,
Genetikern, Bioinformatikern und Biotechnologen, haben
schlechtere Karten, da in den kommenden Jahren nur
wenige Stellen frei werden. Mediziner und Pädagogen

hingegen werden aufgrund des Renteneintritts der bis-
herigen Stelleninhaber ein breites Angebot an Möglich- 40
keiten haben. Allerdings weiß man nicht, wie sich die
schrumpfende Bevölkerung in diesen Bereichen in einigen
Jahren ausgewirkt haben wird.

Vor allem im Bereich der anspruchsvollen Tätigkeiten wie
Organisation, Management, Planung, Beratung, Forschung 45
und Entwicklung werden in der nächsten Zeit immer mehr
Arbeitskräfte gebraucht. Zugleich wird es starke Rückgänge
bei den einfachen Tätigkeiten geben.

Die fachlichen Fähigkeiten sind jedoch nur eine Seite der
Medaille. Wer in Zukunft am Arbeitsmarkt gute Chancen 50
haben will, muss vor allem mit Sekundärqualifikationen
punkten: Flexibilität, Mobilität, Leistungsorientiertheit,
Teamfähigkeit sind die Schlüsselwörter und Auslandserfahrung hilft immer.

In vielen Unternehmen nimmt die Internationalisierung 55
zu, so dass die Zusammenarbeit mit ausländischen Geschäftspartnern immer wichtiger wird. Für Arbeitnehmer
bedeutet das, dass sie eventuell zeitweise im Ausland
arbeiten müssen. Daraus ergeben sich viele neue Chancen.
Zu diesen zählen die Arbeit in multikulturellen Teams, neue 60
kulturelle Erfahrungen und sicheres Auftreten in fremden
Umgebungen. Vor einem Auslandsaufenthalt sollte man
sich intensiv mit dem jeweiligen Land befassen, denn viele
Verhaltensweisen, die zu unserem Alltag gehören, werden
anderswo nicht verstanden. Wichtige sind dabei vor allem 65
die Körpersprache, die Formen des Small Talks, Tabu-
themen, die Kleiderordnung usw.

Ralf hat eine schwere Entscheidung vor sich. Um die
richtige Wahl zu treffen, muss er neben seinen Fähigkeiten
auch noch seine Leidenschaften und Neigungen berück- 70
sichtigen. Denn ohne Leidenschaft keine Motivation,
ohne Motivation keine Leistungsfähigkeit …

Im Oktober wird Ralf anfangen zu studieren. In fünf
Jahren wird er sein Examen gemacht haben, und danach
wird er wissen, ob er sich richtig entschieden hat. 75

b Lesen Sie den Text noch einmal und entscheiden Sie, ob die Aussage richtig (R) oder falsch (F) ist oder ob Sie keine Informationen dazu bekommen (0).

1. Ralf hat seine Abschlussprüfung bestanden.
2. Ralf wird zu einer Studienberatung gehen.
3. Welche Qualifikationen zukünftig gebraucht werden, weiß man heute schon.
4. Einige technische Berufe haben eine gute Zukunft.
5. Frauen, müssen mehr tun, um gute Berufschancen in technischen Berufen zu haben.
6. Im medizinischen Bereich werden immer mehr gut ausgebildete Menschen gebraucht.
7. Biologie ist ein Fach der Zukunft.
8. In den nächsten Jahren werden nicht mehr so viele Lehrer gebraucht.
9. Wer im Ausland gearbeitet hat, hat voraussichtlich bessere Berufschancen.
10. Die Fähigkeit, in einer Gruppe zu arbeiten, wird immer wichtiger.

c Sprachmittlung: Fassen Sie einen Abschnitt des Textes in ein oder zwei Sätzen in Ihrer Muttersprache zusammen. Die anderen raten, um welchen Abschnitt es sich handelt.

 Über die Zukunft sprechen

a Sammeln Sie aus dem Text Ausdrücke, die auf die Zukunft verweisen, und schreiben Sie mit einigen davon Aussagen über sich selbst.

Text: Ebenso werden voraussichtlich Studenten von IT-Berufen keine Probleme bei ihrer Jobsuche bekommen. Ich: Ich studiere voraussichtlich Mathematik. / Ich werde voraussichtlich Mathematik studieren.

b Futur II: in der Zukunft schon vorbei. Vergleichen Sie zuerst Futur I und II. Vergleichen Sie dann Futur I mit Präsens und Futur II mit Perfekt.

Futur I	Ralf wird ab nächstem Semester studieren.	**Präsens**	Ralf studiert ab nächstem Semester.
Futur II	Ralf **wird** in fünf Jahren fertig **studiert haben**.	**Perfekt**	Ralf hat in fünf Jahren fertig studiert.

c Schreiben Sie Sätze mit der gleichen Aussage auf zwei Arten.

Tim / Präsentation halten
Tina / eine Berufsausbildung machen
Riza / Kinder haben

Morgen um 10 wird Tim seine Präsentation schon gehalten haben. = Morgen um 10 hat Tim seine Präsentation schon gehalten.

d Was werden Sie in 5, 10, 15 Jahren erreicht haben?

In einem Jahr werde ich die Schule hoffentlich beendet haben.

 Neue Arbeitswelten

a Betrachten Sie die zwei Büros. Beschreiben Sie die Unterschiede.

CD 55 **b Hören Sie zu. Welches Bild passt besser zum Podcast?**

CD 55 **c Hören Sie Teil 1 noch einmal. Was wird zu diesen Stichwörtern gesagt?**

1. Strukturwandel · Industriezeitalter · Wissensgesellschaft
2. Büro des 21. Jahrhunderts · Informationstechnologie · neue Entwicklungen

CD 56 **d Hören Sie Teil 2. Was wird im Podcast gesagt? Notieren Sie richtig (R) oder falsch (F).**

1. Viele Unternehmen interessieren sich noch nicht genug für den Wandel der Arbeitswelt.
2. Herr Bauer meint, dass man heute Wissen überall erwerben und speichern kann.
3. Er meint, dass heute Kreativität viel Geld kostet.
4. Wissensarbeit ist meistens Arbeit mit anderen zusammen.
5. Wissensarbeiter müssen vor allem lernen, sich an Regeln zu halten.

CD 57 **e Hören Sie Teil 3 und machen Sie Notizen zu 1–3.**

1. Was sind „virtuelle Realitäten" und was sind „reale Orte"?
2. Wie wird der Begriff „open space" erklärt?
3. Sprachmittlung: Wie können Sie diesen Satz in ihrer Muttersprache erklären?
   Moderne Büros brauchen **open spaces** mit freiem Zugang für jeden, mit flachen Hierarchien, klaren Strukturen und auch den nötigen **hideaways** (Verstecke/Ruhezonen) zum emotionalen Ausgleich.

5 Denglisch (Deutsch und Englisch)

Im Podcast kommen viele englische Begriffe vor. Das ist vor allem in der Wirtschaftssprache sehr verbreitet. Ordnen Sie die englischen und deutschen Begriffe einander zu.

• open minds • knowledge worker • new economy • new working environment • open sources	• offene Quellen (= freier Zugang zu Informationen) • Menschen die offen, tolerant und flexibel sind • neue Arbeitsumfelder • wörtlich: neue Wirtschaft – Teil der Wirtschaft, der stark von Computern und dem Internet beeinflusst ist • wörtlich: Wissensarbeiter, jemand der sich hauptsächlich mit der Verarbeitung von Informationen beschäftigt

Mit „open minds" sind vermutlich Menschen gemeint, die offen, tolerant und flexibel sind.

6 Wie soll meine Arbeit sein?

Erläutern Sie Ihre Vorstellungen von Ihrer zukünftigen Arbeit. Berücksichtigen Sie dabei folgende Stichworte.

Anerkennung	Motivation/Zufriedenheit	Erfolg
Einkommen	**ARBEIT**	Freiheit
Glück	Familie	andere Punkte

Bereiten Sie einen Kurzvortrag (3–5 Minuten) vor. Verwenden Sie mindestens fünf Stichworte aus der Vorlage. Sie können den Vortrag mit eigenen Stichworten erweitern. Zur Unterstützung Ihres Vortrags können Sie Materialien (Folien, Skizzen …) erstellen. Sie haben 20 Minuten Zeit zur Vorbereitung.

1 **SCHWERPUNKT:** Sprechen – Plakate und Folien für einen Vortrag gestalten

a Sehen Sie sich die vier Power-Point-Folien an. Vergleichen Sie Schriftgröße, Schrifttypen, Bilder, Lesbarkeit und Übersichtlichkeit.

Der deutsche
Expressionist

**August
Macke**

(1887-1914)

Lebensdaten

- ➢ **1886** geboren in Meschede (Sauerland)
- ➢ **1904** Ausbildung an der Kunstakademie in Düsseldorf
- ➢ **1907** Reise nach Paris
- ➢ **1907** Ausbildung bei Lovis Corinth in Berlin

August Macke

Familie

- **August Macke** wurde am 3. Januar 1887 im sauerländischen Meschede geboren.
- Sein **Vater** August Friedrich Macke (1845-1904), ein Ingenieur (zeichnete und sammelte alte Münzen in seiner Freizeit)
- Die Mutter **Maria** Macke (1848-1922) (aus einer bäuerlichen Familie)

Geburtshaus in Meschede

Lebensdaten und Werdegang von August Macke

- ☐ *Während der Schulzeit bewies August Macke Begabung im Zeichnen und Malen und ein lebhaftes Kunstinteresse.*
- ☐ *1904 verließ er gegen den Willen des Vaters die Schule und begann eine Ausbildung an der Kunstakademie in Düsseldorf. (➢ Er kritisierte den starren Lehrplan).*
- ☐ *Auf einer Reise nach Paris 1907 lernte Macke den Impressionismus kennen (➢ Er beeindruckte ihn tief).*
- ☐ *hat nach seiner Parisreise beim deutschen Impressionisten Lovis Corinth in Berlin gelernt (➢ Dort hat er viele Museen besucht).*

b Schreiben Sie aus 1–8 und a–h Tipps für die Gestaltung von Power-Point Präsentationen.

1. *Faustregel: Nicht mehr als*

a) *für die Überschriften.*

2. *Die Schrift muss*

b) *unter einem Text vermeiden.*

3. *Nur eine oder zwei*

c) *Schriftarten verwenden.*

4. *Eine Schriftart für den Text, eine Schriftart*

d) *als viele kleine Fotos.*

5. *Hintergrundbilder*

e) *aus der Entfernung lesbar sein.*

6. *Lieber ein großes Bild*

f) *Aufzählungszeichen verwenden.*

7. *Keine Schriften auf*

g) *dunklem Grund, Rot auf Grün ist fast unleserlich.*

8. *Nicht viele verschiedene*

h) *30–35 Wörter auf einer Folie.*

c Gestalten Sie eine Power-Point-Folie zu einem Thema aus den Einheiten 8–12.

2 Hören

TD Sie sind in der Cafeteria einer Universität und hören ein Gespräch zwischen zwei Studierenden.
Sie hören dieses Gespräch einmal.

Lesen Sie jetzt die Aufgaben 1–10.

CD 2 **Hören Sie nun den Text. Schreiben Sie beim Hören die Antworten auf die Fragen 1–10. Notieren Sie Stichwörter.**

In der Cafeteria

0. Welches Problem hat die Studentin?

0. noch kein Zimmer in der Stadt / noch kein Zimmer hier

1. Wo wohnt die Studentin jetzt?
2. Warum bleibt sie dort nicht wohnen?
3. Wo hat sie bisher ein Zimmer gesucht? Nennen Sie ein Beispiel.
4. Was für ein Zimmer sucht die Studentin?
5. Welche Idee hat der Student?
6. Wie viel kann die Studentin für ein Zimmer bezahlen?
7. Warum will die Freundin keine Anzeige aufgeben?
8. Warum will die Studentin nicht selbst anrufen?
9. Welche Verabredung treffen sie?
10. Welche Belohnung will die Studentin geben, wenn es mit dem Zimmer klappt?

(3) **Lesen**

DSD **Lesen Sie den Text und die Aufgaben (1–7).**
Kreuzen Sie bei jeder Aufgabe an: „richtig", „falsch" oder „Der Text sagt dazu nichts".

Geschlechterfragen bei der Berufswahl

Jedes Jahr entscheiden sich zehntausende Schülerinnen für einen typischen Frauenberuf, wie z.B. Krankenschwester, Erzieherin oder Bürokauffrau. Sie entscheiden sich damit gleichzeitig
5 für weniger Geld und gegen eine Karriere, denn diese Berufe werden schlecht bezahlt und sind typische „Sackgassenberufe", da kein Aufstieg möglich ist. Wer einmal Arzthelferin geworden ist, bleibt es auch. Die gesellschaftliche Bewer-
10 tung dieser Berufe hört man ihnen geradezu an: Frauenberufe sind die „Helferinnen"- und „Assistenz"-Berufe. Kein Geselle würde sich als Assistent von einem Ingenieur bezeichnen.

Wenn man der Frage nachgeht, warum sich
15 Mädchen für diese Berufe entscheiden, stößt man zunächst einmal auf mangelnde Information. Junge Frauen haben oft sehr wenig Wissen über die tatsächliche Berufsrealität. Die so genannten Frauenberufe gelten als familiennah, weil man
20 hier soziale Kompetenzen einsetzen kann, die man auch in der Familie braucht. Viele junge Mädchen ergreifen diesen Beruf mit der Begründung, sie könnten dann Arbeit und Familie besser miteinander vereinbaren. Dabei ist das in diesen Berufen
25 meistens gerade nicht der Fall. Technikberufe sind häufig viel familien- und arbeitszeitfreundlicher als die Berufe im Handel oder in der Krankenpflege.

Darüber hinaus ist in Deutschland auch der
30 gesellschaftliche Druck auf Frauen sehr hoch, einen Beruf zu wählen, der dem Geschlechtsrollenbild entspricht, und das beeinflusst die jungen Mädchen. In anderen europäischen Ländern ist man da viel weiter. Man weiß, dass in der Grund-
35 schule die Interessen bei beiden Geschlechtern noch ziemlich gleich sind. In dem Moment, in dem die Mädchen in die Adoleszenzphase kommen, schwindet auf einmal das Interesse an Technik und technischen Berufen. Mädchen unterschätzen
40 ihre Fähigkeiten in den mathematisch-naturwissenschaftlichen Fächern. Sie glauben, die Jungen wären besser. Deshalb empfehlen manche Schulexperten, sowohl in diesen Fächern als auch in Informatik einen mono-edukativen Unterricht
45 einzurichten: Jungen und Mädchen sollen getrennt voneinander unterrichtet werden, bis die Mädchen so selbstbewusst sind, dass sie diese Geschlechterdifferenz überhaupt nicht mehr wahrnehmen.

Die Familien haben einen besonders großen Einfluss auf die Berufswahl der Mädchen und 50 fördern in der Mehrheit eine geschlechtsrollenspezifische Ausbildung. So sind viele Eltern zwar der Meinung, dass Mädchen im Durchschnitt genauso technisch begabt sind wie Jungen und dass sie in techniknahen Berufen durchaus Chancen 55 haben können, sie glauben allerdings, dass das für ihre eigene Tochter nicht zutrifft, und bestärken diese, einen frauenspezifischen Beruf zu wählen.

Natürlich kann es nicht das Ziel sein, dass alle 60 Mädchen technische Berufe ergreifen und dass andererseits alle Jungen sich für die pflegenden und andere frauentypische Berufe im Dienstleistungsbereich entscheiden. Sowohl für die Wirtschaft als auch für jeden einzelnen jungen 65 Menschen wäre es aber von Vorteil, wenn alle, die Mädchen ebenso wie die Jungen, ihre Fähigkeiten und Interessen realistisch einschätzen lernten und sich nicht durch gesellschaftliche Normen einschränken ließen. Dann würden der 70 Wirtschaft mehr besonders fähige und motivierte Menschen zur Verfügung stehen und die jungen Erwachsenen würden die Berufe ergreifen, für die sie wirklich talentiert sind und die ihnen wahrscheinlich auch mehr Entwick- 75 lungschancen in der Zukunft bieten.

	richtig	falsch	Der Text sagt dazu nichts.
1. In typischen Frauenberufen kann man keine Karriere machen.	☐	☐	☐
2. Viele Frauenberufe sind angesehene Berufe.	☐	☐	☐
3. Technikberufe lassen sich leichter mit den Pflichten in der Familie vereinbaren als viele typische Frauenberufe.	☐	☐	☐
4. Mädchen haben schlechtere Noten in Mathematik und den naturwissenschaftlichen Fächern.	☐	☐	☐
5. Eltern halten ihre Töchter für genauso technisch begabt wie Jungen.	☐	☐	☐
6. Mädchen sind in der Schule weniger selbstbewusst.	☐	☐	☐
7. Wenn Mädchen mehr technische Berufe ergreifen, hat das Vorteile für die wirtschaftliche Entwicklung in Deutschland.	☐	☐	☐

 4

Schreiben

DSD/TD **Arbeiten Sie wichtige Aussagen aus der Grafik heraus und vergleichen Sie die Informationen mit der Situation in Ihrem Heimatland.**

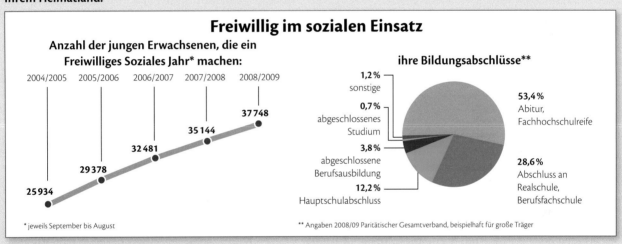

Freiwillig im sozialen Einsatz

Anzahl der jungen Erwachsenen, die ein
Freiwilliges Soziales Jahr* machen:

2004/2005 2005/2006 2006/2007 2007/2008 2008/2009

25 934   29 378   32 481   35 144   37 748

* jeweils September bis August

ihre Bildungsabschlüsse**

1,2 % sonstige

0,7 % abgeschlossenes Studium

3,8 % abgeschlossene Berufsausbildung

12,2 % Hauptschulabschluss

53,4 % Abitur, Fachhochschulreife

28,6 % Abschluss an Realschule, Berufsfachschule

** Angaben 2008/09 Paritätischer Gesamtverband, beispielhaft für große Träger

---

TIPPS

– Nennen Sie die wichtigsten Daten der Grafik. (Was ist das Thema? Woher kommen die Daten? Von wann ist die Grafik? In welcher Form werden die Informationen präsentiert?)
– Stellen Sie Trends und Entwicklungen dar.
– Zählen Sie nicht die Daten einzeln auf, sondern stellen Sie die Informationen zusammengefasst dar.
– Wichtig: Man sollte die Beschreibung verstehen können, ohne dass man die Grafik sieht.

Hinweis: Die Beschreibung von Grafiken ist in verschiedenen Prüfungen ein Teil der schriftlichen Arbeit.

 ## Für mein Portfolio

Hilfe bekommen und anderen helfen – Beispiele aus meinem Leben.

5 **Sprechtraining: Wörter in Texten betonen**

a Diese Wörter werden im Hörtext besonders betont. Worum geht es wahrscheinlich? Schreiben Sie einen kurzen Text.

Internet • Handy • vergangenen Jahrzehnten • nächsten Jahren • weiter verändern • welche Arbeitsformen • einstellen • Arbeiten • nur im Büro • zwei Millionen Beschäftigte • zu Hause • modernen Kommunikationsmittel • möglich • Videokonferenzen • Chats • Büroräume • Austausch • Kollegen • Vorgesetzten • Kunden • Geschäftspartnern

CD 3　**b** Hören Sie die Reportage und vergleichen Sie.

c Welche Wörter sollte man im folgenden Text betonen? Es gibt mehrere Möglichkeiten.

Laptop, Smartphone, Headset: Jörg Piper hat alles, was er zum Arbeiten braucht, vor sich auf dem Schreibtisch liegen. Der 43-Jährige ist seit acht Jahren als selbstständiger Unternehmensberater tätig. Das ganze Wissen, das er für seinen Beruf braucht, hat er in seinem Kopf und im Computer. Für die Kunden würde es keinen großen Unterschied machen, wenn Piper seinen Rechner zu Hause im Garten aufklappen würde oder im Strandkorb an der Ostsee. Sie würden es nicht einmal bemerken, wenn er seine Rufnummer auf eine Yacht im Mittelmeer umleiten würde. Tut er aber nicht. Piper kämpft sich morgens durch den Berufsverkehr in sein Büro im Zentrum von Köln. Er fühlt sich wohl im Büro. Er braucht die direkte Kommunikation und möchte nicht auf seine Kolleginnen und Kollegen verzichten.

d Lesen Sie den Text vor. Achten Sie auf sinnvolle Einheiten, Satzmelodie und Betonungen.

6 **Literatur und Poesie**

Daniel Kehlmann:

Stimmen

Noch bevor Ebling zu Hause war, läutete sein Mobiltelefon. Jahrelang hatte er sich geweigert, eines zu kaufen, denn er war Techniker und vertraute der Sache nicht. Wieso fand niemand etwas dabei, sich eine Quelle
5　aggressiver Strahlung an den Kopf zu halten? Aber Ebling hatte eine Frau, zwei Kinder und eine Handvoll Arbeitskollegen, und ständig hatte sich jemand über seine Unerreichbarkeit beschwert. So hatte er endlich nachgegeben, ein Gerät erworben und gleich vom Ver-
10　käufer aktivieren lassen. Wider Willen war er beeindruckt: Schlechthin perfekt war es, wohlgeformt, glatt und elegant. Und jetzt, unversehens, läutete es. Zögernd hob er ab.

Eine Frau verlangte einen gewissen Raff, Ralf oder Rauff, er verstand den Namen nicht.　15
Ein Irrtum, sagte er, verwählt. Sie entschuldigte sich und legte auf.

Am Abend dann der nächste Anruf. «Ralf!» rief ein heiserer Mann. «Was ist, wie läuft es, du blöde Sau?»

«Verwählt!» Ebling saß aufrecht im Bett. Es war schon 20 zehn Uhr vorbei, und seine Frau betrachtete ihn vorwurfsvoll.

Der Mann entschuldigte sich, und Ebling schaltete das Gerät aus.

Am nächsten Morgen warteten drei Nachrichten. Er 25 hörte sie in der S-Bahn auf dem Weg zur Arbeit. Eine Frau bat kichernd um Rückruf. Ein Mann brüllte, daß er sofort herüberkommen solle, man werde nicht mehr lange auf ihn warten; im Hintergrund hörte man Gläserklirren und Musik. Und dann wieder die Frau: «Ralf, 30 wo bist du denn?»

Ebling seufzte und rief den Kundendienst an.

Seltsam, sagte eine Frau mit gelangweilter Stimme. So etwas könne überhaupt nicht passieren. Niemand
35 kriege eine Nummer, die schon ein anderer habe. Da gebe es jede Menge Sicherungen.

«Es ist aber passiert!»

Nein, sagte die Frau. Das sei gar nicht möglich.

«Und was tun Sie jetzt?»

40 Wisse sie auch nicht, sagte sie. So etwas sei nämlich gar nicht möglich.

Ebling öffnete den Mund und schloß ihn wieder. Er wußte, daß jemand anderer sich nun sehr erregt hätte – aber so etwas lag ihm nicht, er war nicht begabt
45 darin. Er drückte die Auflegetaste.

Sekunden später läutete es wieder. «Ralf?» fragte ein Mann.

«Nein.»

«Was?»

50 «Diese Nummer ist … Sie wurde aus Versehen … Sie haben sich verwählt.»

«Das ist Ralfs Nummer!»

Ebling legte auf und steckte das Telefon in die Jackentasche.

55 […]

Am nächsten Tag, er war allein zu Hause, rief er zum ersten Mal eine der Nummern zurück. «Ich bin es. Wollte nur fragen, ob alles in Ordnung ist.»

«Wer ist denn dran?» fragte eine Männerstimme.

60 «Ralf!»

«Welcher Ralf?»

Ebling drückte schnell die Auflegetaste, dann versuchte er es mit einer anderen Nummer.

«Ralf, mein Gott! Ich habe gestern probiert, dich …
65 Ich habe … Ich …»

«Langsam!» sagte Ebling, enttäuscht, daß es keine Frau war. «Was ist?»

«Ich kann so nicht weitermachen.»

«Dann hör auf.»

«Es gibt keinen Ausweg.» 70

«Es gibt immer einen.» Ebling mußte gähnen.

«Ralf, willst du mir etwa sagen, daß ich … endlich die Konsequenzen ziehen soll? Daß ich bis ans Ende gehen muß?»

[…] 75

Aus: Daniel Kehlmann, *Ruhm*. Rowohlt Verlag, Hamburg, 2009.

Daniel Kehlmann (*1975) ist ein deutscher Schriftsteller und Universitätsdozent. Sein bisher erfolgreichster Roman „Die Vermessung der Welt" wurde über 1,5 Mio mal verkauft und in viele Sprachen übersetzt. Darin wird die Geschichte zweier Wissenschaftler erzählt, des Forschungsreisenden Alexander von Humboldt und des Mathematikers Carl Friedrich Gauß, die beide auf ihre ganz eigene Art viel zur Entwicklung der modernen Wissenschaften beigetragen haben.

Die Geschichte „Stimmen" ist die erste in dem Buch „Ruhm – ein Roman in neun Geschichten". Die Geschichten wirken zunächst, als ob sie unabhängig von einander wären, aber nach und nach verbinden sie sich zu einem Roman, in dem die Grenze zwischen Wirklichkeit und Schein verschwindet. Zu Beginn wechselt eine Handynummer ihren Besitzer. Daraufhin fängt der neue Besitzer an, die Identität seines ihm unbekannten Vorgängers anzunehmen …

13 Partner-schaften

★ Mit dem einsprachigen Wörterbuch arbeiten
★ Über verschiedene Formen der Partnerschaft sprechen
★ Texte zum Thema „Partnerschaft" verstehen
★ Eine Theaterszene verstehen
★ Eine Erörterung schreiben

Herzlich willkommen in

LADENBURG
Stadt seit 98 n. Chr.
Partnerschaften mit

Präfektur
GARANGO
Burkina Faso /
Westafrika

Marktgemeinde
PATERNION
Kärnten/Österreich

1

Wortschatzarbeit

a   Lesen Sie die Wörterbuchartikel. Ordnen Sie die Fotos den verschiedenen Bedeutungen von „Partner" und „Partnerschaft" zu.

b   Welche Eigenschaften sind für eine Partnerschaft wichtig? Sammeln Sie.

Zuverlässigkeit

Partnerschaft

man muss füreinander Zeit haben

Pạrt·ner *der*; *-s, -* **1.** einer von zwei Menschen, od. eine von zwei Gruppen, die etw. gemeinsam tun, besprechen *o. Ä.: j-s P. beim Kartenspiel sein* ‖ -K: **Brief-, Gesprächs-, Handels-, Koalitions-, Schach-, Tarif-, Verhandlungs-, Vertrags- 2.** j-d, der mit j-m ein sehr enges Verhältnis hat, mit ihm zusammen lebt *o. Ä.* ⟨den P. wechseln⟩: *in e-r Heiratsanzeige den P. fürs Leben suchen* ‖ K-: **Partner-, -beziehung, -probleme, -tausch, -wahl, -wechsel** ‖ -K: **Ehe-, Lebens-, Sexual- 3.** einer von mehreren Besitzern e-s Geschäfts od. e-r Firma ≈ Teilhaber ‖ -K: **Geschäfts-, Junior-, Senior-** ‖ *hierzu* **Pạrt·ne·rin** *die*; *-, -nen*

Aus: Langenscheidt *Großwörterbuch Deutsch als Fremdsprache* (2008), S. 810

Pạrt·ner·schaft *die*; *-, -en* **1.** e-e (oft gute od. intime) Beziehung, die man zu e-m Partner hat ⟨e-e harmonische, intime P.; in P. mit j-m leben⟩ **2.** e-e freundschaftliche Beziehung zwischen zwei Städten, Universitäten *o. Ä. mst* aus verschiedenen Ländern ‖ -K: **Städte-**

Aus: Langenscheidt *Großwörterbuch Deutsch als Fremdsprache* (2008), S. 811

c   Deklination von *man* – Lesen Sie die Beispiele rechts und ergänzen Sie 1–6.

Ein Partner ist ein Mensch, …
1. auf den … sich verlassen kann.
2. der … in schwierigen Situationen unterstützt.
3. der … persönliche Dinge anvertraut.
4. dem … immer hilft.
5. den … besonders gerne hat.
6. der … auch besonders gerne hat.

Ein Partner ist ein Mensch, …
N   dem **man** vertrauen kann.
A   der **einen** gut kennt.
D   der **einem** hilft.

d   Schreiben Sie mit den Wörtern und Ausdrücken aus Ihrer Mindmap Sätze mit *man*.

2 Magazintext zu wissenschaftlichen Untersuchungen

a Lesen Sie die Einleitung (Zeilen 1–8) und sagen Sie in einem Satz, worum es in dem Artikel geht.

Erfolg in Beziehungen

Warum verstehen wir uns mit manchen Menschen schon auf den ersten Blick? Und warum können wir andere nicht „riechen"? Wie entstehen Sympathie und Antipathie, was führt zu Gleichgültigkeit und Desinteresse? Wodurch lernen wir leicht neue Menschen kennen und was hilft uns, in Partnerbeziehungen erfolgreich zu sein? Psychologen haben zwischenmenschliche Beziehungen in Arbeitsteams, unter
5 Freunden und bei Paaren untersucht und vier Merkmale festgestellt, die für die Entwicklung einer tragfähigen Beziehung wichtig sind. Interessant ist, dass Gruppen, die gute, belastbare Beziehungen haben, in denen sich die Mitglieder vertrauensvoll aufeinander verlassen können, auch in ihrer Arbeit besonders erfolgreich sind. Das kann man auch gut an vielen Musikgruppen beobachten.

Verletzlichkeit

10 Offenheit wirkt auf die meisten Menschen anziehend. Das leuchtet zunächst einmal nicht ein, denn meistens vermeiden wir es, uns als schwach oder angreifbar darzustellen. Die Bereitschaft, etwas von sich preiszugeben, ist aber äußerst wirksam. Wenn
15 wir unsere Verletzlichkeit zeigen, dann gehen wir ein Risiko ein und die meisten Menschen reagieren darauf so, dass auch sie sich verletzlicher und offener geben. Offenheit erzeugt Vertrauen und das Vertrauen stärkt und vertieft die partnerschaftliche Beziehung.

Nähe

20 Ein paar Meter machen einen großen Unterschied. Damit die Chemie stimmt, ist räumliche Nähe oft sehr wichtig. Für die privaten Beziehungen können wir das sofort nachvollziehen. In der Arbeitswelt, in der
25 in globalen Unternehmen ein Großteil der Kommunikation über elektronische Kontakte, per E-Mail, Telefon oder Videokonferenzen abgewickelt wird, gilt das aber genauso. Das haben Psychologen bei der Untersuchung von Kommunikationsstrukturen
30 festgestellt. Bei räumlicher Nähe kommt es häufiger zu spontaner Kommunikation und damit zu Gelegenheiten, sich besser kennenzulernen und Vertrauen zu entwickeln.

Ähnlichkeit

„Gleich und Gleich gesellt sich gern." Dieses Sprich- 35 wort gibt eine Volksweisheit wieder, die auch Psychologen als wichtiges Merkmal betonen. Je mehr Gemeinsamkeiten wir mit unserem Gegenüber entdecken, desto größer ist die Wahrscheinlichkeit, dass wir uns sympathisch sind. Ein Mensch, der uns 40 ähnlich ist, der dieselben Hobbys und Interessen hat, von dem haben wir das Gefühl, dass er „zu uns gehört", er gehört zu unserer Gruppe. Und zu Menschen, die zu unserer Gruppe gehören, haben wir mehr Vertrauen, sind wir offener und wir helfen ihnen auch 45 leichter als den Menschen, die nicht dazugehören, d.h. wir bauen leichter eine gute Beziehung auf.

Umgebung

„Geteiltes Leid ist halbes Leid." Wenn wir gemeinsam in einer Umgebung sind, die uns feindlich gegen- 50 übersteht, wenn wir uns gemeinsam durch Schwierigkeiten durchkämpfen müssen, dann empfinden wir ein Gefühl der Solidarität, der Nähe und Vertrautheit. Emotionale Barrieren werden unter äußerlich schwierigen Bedingungen leichter abgebaut 55 und häufig macht es in solchen Gruppen „Klick" zwischen einzelnen Gruppenmitgliedern. Sozialarbeiter, die mit verhaltensauffälligen Jugendlichen arbeiten, machen sich diesen Effekt zunutze und machen z.B. Gruppenwanderungen unter extremen 60 Bedingungen mit den Jugendlichen.

Lesetipp: Ori und Rom Brafman, *Click. Der magische Moment in persönlichen Begegnungen*. Beltz Verlag, Weinheim und Basel, 2011.

b Erarbeiten Sie in Gruppen je einen Abschnitt des Textes. Stellen Sie die wichtigsten Informationen vor.

c Wählen Sie fünf wichtige neue Wörter aus und erklären Sie sie.

③ Eine Stellungnahme

Machen Sie Notizen und sagen Sie Ihre Meinung.

1. Wählen Sie eines dieser Stichwörter aus: Verletzlichkeit, Nähe, Ähnlichkeit, Umgebung.

2. Geben Sie wieder, was der Text (Seite 79) über das Stichwort sagt.

3. Für welche Art von Beziehungen halten Sie dieses Stichwort für besonders wichtig (Privatleben, Beruf, Freundschaft, Bekanntschaft …)?

④ Heiraten mit 21

a Beschreiben Sie das Foto.

CD 4 **b Lesen Sie den Text und hören Sie das Interview.
Notieren Sie Stichworte zu den folgenden Fragen.**

> Ist Heiraten noch zeitgemäß? Die Scheidungsrate liegt in Deutschland bei ungefähr 50 Prozent. Viele Deutsche heiraten erst sehr spät, mit durchschnittlich 30 Jahren, und immer mehr Deutsche heiraten überhaupt nicht. Sophie (21) und Alexander (21) haben sich vor Kurzem getraut. Sie finden sich nicht zu jung für eine Ehe und finden Heiraten auch überhaupt nicht altmodisch.

1. Welche Gründe nennt Sophie für ihre frühe Heirat?

2. Welche Unterschiede sieht sie zwischen einer *einfachen Beziehung* und einer *Ehe*?

3. Wie stellen sich ihre Freunde zu dieser ungewöhnlichen Heirat?

c Das Wort *es*
Lesen Sie zuerst A und B im Kasten. Ordnen Sie dann die Sätze 1–5 A oder B zu.

A „es" in festen Ausdrücken Im Text **geht es um** das Heiratsalter in Deutschland. **Es kommt darauf an,** eine zuverlässige Partnerschaft aufzubauen.	**B „es" vor dem Nebensatz und für den Nebensatz** **Es** ist eine Tatsache, **dass jede zweite Ehe geschieden wird.** Dass jede zweite Ehe geschieden wird, ist eine Tatsache. Ich finde **es** ungewöhnlich, **dass Leute so jung heiraten.** Dass Leute so jung heiraten, finde ich ungewöhnlich.

1. In Deutschland gibt **es** nicht viele, die so früh heiraten.
2. **Es** ist interessant, mehr über Partnerschaften in anderen Ländern zu erfahren.
3. Ich finde **es** wichtig, sich nicht von anderen beeinflussen zu lassen.
4. Ich finde, **es** kommt darauf an, ob man sich wirklich sicher ist.
5. In meiner Heimat ist **es** ganz normal, dass man sehr jung heiratet.

d Schreiben Sie drei Sätze wie in 4c. Achten Sie auf das *es*.

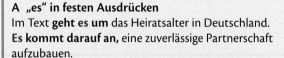

Ich kann es nicht glauben, dass manche junge Leute so früh heiraten.

e Welche Vor- und Nachteile hat es, früh zu heiraten? Machen Sie eine Tabelle und diskutieren Sie.

5 Friedrich Schiller: Kabale und Liebe

Das Drama von Friedrich Schiller (1759–1805) zeigt, wie die Liebe zwischen zwei jungen Leuten, Ferdinand und Luise, an den sozialen Unterschieden scheitert, denn Luise ist eine einfache Bürgerstochter und Ferdinand kommt aus einer adeligen Familie.

CD 5 **a** **Hören Sie die 4. Szene aus dem 1. Akt und achten Sie nur darauf, wie Luise und Ferdinand sprechen. Sammeln Sie Adjektive, die die Sprechweise charakterisieren.**

b **Lesen Sie den Text. Warum ist Luise beunruhigt? Welche Probleme sieht sie auf sich zukommen? Was denkt Ferdinand darüber?**

Ferdinand von Walter, Luise. Er fliegt auf sie zu – er bleibt vor ihr stehen – sie sehen sich eine Zeitlang stillschweigend an. Pause.

FERDINAND: Du bist blass, Luise?

LUISE: *(fällt ihm um den Hals)* Es ist nichts. Nichts. Du bist ja da. Es ist vorüber.

FERDINAND: *(nimmt ihre Hand und küsst sie)* Und liebt mich meine Luise noch? Ich fliege nur her, will sehn, ob du heiter bist – du bist's nicht.

LUISE: Doch, doch, mein Geliebter.

FERDINAND: Rede mir Wahrheit. Du bist's nicht. Was hast du? Was bekümmert dich? Ich schaue durch deine Seele wie durch das klare Wasser dieses Brillanten. *(Er zeigt auf seinen Ring)*

LUISE: *(sieht ihn eine Weile stumm an, dann traurig)* Ferdinand! Ferdinand! Dass du doch wüsstest, wie schön in dieser Sprache das bürgerliche Mädchen sich ausnimmt –

FERDINAND: *(er ist überrascht, er versteht sie nicht)* Mädchen! Höre! Wie kommst du auf das? – Du bist meine Luise! Wer sagt dir, dass du noch etwas sein solltest? Bürgerliches Mädchen? Schäme dich! Jeder Augenblick, den du an diesen Kummer verlorst, war deinem Ferdinand gestohlen.

LUISE: *(nimmt seine Hand und schüttelt den Kopf)* Du willst mich einschläfern, Ferdinand – willst meine Augen von diesem Abgrund hinweglocken, in den ich ganz gewiss stürzen muss. Ich seh in die Zukunft – dein Ruhm, deine glänzenden Aussichten – dein Vater – mein Nichts. *(sie erschrickt und lässt plötzlich seine Hand los)* Ferdinand! Ein Dolch über dir und mir! Man trennt uns!

FERDINAND: Trennt uns! *(springt auf)* Wer kann den Bund zweier Herzen lösen oder die Töne eines Akkords auseinanderreißen? Dieses Weib ist für diesen Mann! – Ich bin des Präsidenten Sohn. [...]

LUISE: O, wie sehr fürcht ich ihn – diesen Vater!

FERDINAND: Ich fürchte nichts – nichts – als die Grenzen deiner Liebe. Gefahren werden meine Luise nur reizender machen. – Also nichts mehr von Furcht, meine Liebe. Ich will über dir wachen wie der Zauberdrache über unterirdischem Golde. Mir vertraue dich an. Du brauchst keinen Engel mehr – Ich will mich zwischen dich und das Schicksal werfen! – An diesem Arm soll meine Luise durchs Leben hüpfen ...

c **Lesen und/oder spielen Sie die Szene.**

d **Sind soziale Unterschiede für Partnerschaften auch heute noch ein Problem? Diskutieren Sie.**

e **Kennen Sie andere Liebesgeschichten in der Literatur? Erzählen Sie.**

f **Lesen Sie die zwei Thesen und schreiben Sie eine Erörterung dazu.**
1. Für eine gute Ehe müssen zwei Bücher übereinstimmen: die Sparbücher.
2. Für eine gute Ehe braucht es nur zwei Dinge: Liebe und Vertrauen.

★ Einen Kurzvortrag über ein Foto halten
★ Einen Text über die wirtschaftlichen Aspekte des Tourismus verstehen
★ Den Tourismus im eigenen Land vorstellen
★ Ein Radiointerview über sanften Tourismus verstehen

1 Wintersport

Welche Wörter passen zu welchen Fotos?

der Leistungssport • Spaß für junge Leute • das Après-Ski • der Massentourismus • die Umweltzerstörung • das Skispringen • Snowboard fahren • Abfahrtski/Langlaufski fahren • das Skiwandern • die Skier • die Stöcke • der Skianzug • die Ausrüstung • idyllische Natur • zerstörte Natur • Schlange stehen • eine Party machen • die Piste • der Skilift • die Bergbahn • die Skistation • der Berg • das Tal

2 Auf dem Foto sieht man ...

CD 6

a Hören Sie. Welches Foto hat die Person ausgewählt?

b Hören Sie noch einmal und notieren Sie Stichwörter: Worüber spricht die Person?

c Wählen Sie ein Foto aus und sprechen Sie zwei Minuten über das Foto.

– Beschreiben Sie das Foto / die Situation.
– Stellen Sie Vermutungen über die Situation an.
– Haben Sie Erfahrungen mit dieser Situation? Was fällt Ihnen dazu ein? Berichten Sie.

Auf meinem Foto sieht man ...	Ich stelle mir vor, dass ...
Im Hintergrund/Vordergrund ...	Ich habe mal gehört, dass ...
In der Mitte / Mitten im Foto ...	Ich würde gerne ...
... sieht so aus, als ob ...	Ich habe zwar keine Erfahrung mit dieser Situation,
Das wird wohl ...	aber ich kann mir vorstellen, dass ...
Er/Sie scheint ... zu ...	

3 Tourismus als Wirtschaftsfaktor

a Lesen Sie die Sätze (1–6) und dann den Text. Entscheiden Sie, ob die Aussagen richtig oder falsch sind. Finden Sie im Text eine Stelle, die Ihre Entscheidung belegt.

1. Österreich ist weltweit der größte Tourismusmarkt.
2. Die Region Tirol ist im Wintertourismus in Österreich am erfolgreichsten.
3. Mehr als ein Drittel der Skifahrer der Welt kommt aus Europa.
4. Die Wintertouristen in Tirol werden auch in Zukunft hauptsächlich aus Westeuropa kommen.
5. Jeder Gast muss 13 Cent an die Werbegemeinschaft bezahlen.
6. Viele Touristen möchten ihren Urlaub im Internet buchen können.

Tourismus als Wirtschaftsfaktor

In kaum einem anderen Land der Welt sind die Tourismuseinnahmen so hoch wie in Österreich. Mit 1.657 Euro Deviseneinnahmen pro Kopf liegt Österreich international auf Platz 1. Weltweit ist das kleine Österreich der neuntgrößte Tourismusmarkt, innerhalb Europas sogar der sechstgrößte.

Österreich punktet vor allem auch beim Naturtourismus und im sanften Tourismus. Insgesamt geht der Trend in Österreich zum qualitativ hochwertigen Tourismus. Generell gilt: Es kommen mehr Gäste nach Österreich, die kürzer bleiben und mehr Geld ausgeben. 2007 waren es im Schnitt 138 Euro pro Tag.

Im Wintertourismus steht Tirol mit Abstand an der Spitze der österreichischen Regionen. Über 40 % aller Übernachtungen wurden in Tirol gebucht und knapp die Hälfte der bundesweiten Erträge wurde in Tirol erwirtschaftet. Ein Beispiel: Allein durch Übernachtungen mit Frühstück wurden im letzten Winter 1,34 Mrd. Euro in Tirol umgesetzt.

Internationalisierung sichert nachhaltig den Erfolg

Nach veröffentlichten Statistiken gibt es über 80 Mio. Skifahrer weltweit und rund 33 Mio. in Europa. In Tirol kommen nach wie vor 87 % der Skitouristen aus klassischen Märkten wie Deutschland, Österreich, Schweiz, Holland, Belgien, Italien, Frankreich und Großbritannien. Diese Märkte verbuchen derzeit jeweils über 500 000 Übernachtungen in Tirol pro Saison. Die Pflege der bestehenden, jahrzehntelang aufgebauten Märkte bleibt für den Tiroler Tourismus weiterhin wichtig. Allerdings ist das Wachstumspotenzial auf diesen Märkten vergleichsweise gering. Deshalb ist eine stärkere Internationalisierung wichtig und es wurde bereits frühzeitig damit begonnen, die „neuen Märkte" in Ost- und Zentraleuropa für Tirol zu begeistern und neue Hoffnungsmärkte aufzubauen. Mit Zuwächsen in der vergangenen Wintersaison aus der tschechischen Republik (+ 19,3 %), Russland (+ 31,0 %), Polen (+ 34,4 %) und Rumänien (+ 75,1 %) werden die neuen Gästeschichten bereits erfolgreich angesprochen.

Marketingaktivitäten

Viele Tourismusanbieter haben sich in der Tirol-Werbung zusammengeschlossen und verfügen über ein gemeinsames Budget von mehr als 1,5 Mio. Euro. Umgerechnet auf die Gesamtübernachtungen ergeben sich Ausgaben von ca. 13 Cent pro Übernachtung bzw. 69 Cent pro Gast.

30,8 % der eingesetzten Mittel werden in die Onlinevermarktung investiert. Es wird eine Reichweite von 200 Mio. Kontakten angestrebt. Dabei wird eine direkte Buchbarkeit im Internet erfolgsentscheidend sein.

In die Werbung für das Thema „Ski Alpin" werden 2,4 Mio. Euro investiert und in das Thema „Winter sanft" (z. B. Langlauf, Rodeln) rund 1 Mio. Euro.

b Arbeiten Sie in Gruppen. Versuchen Sie, mit verschiedenen Strategien die Bedeutung der Wörter zu erschließen. Sprechen Sie über Ihre Lösungsstrategien. Kontrollieren Sie mit dem Wörterbuch.

Deviseneinnahmen (Pl.) • das Wachstumspotenzial • qualitativ hochwertig • Hoffnungsmärkte (Pl.) • die Internationalisierung • die Onlinevermarktung • erfolgsentscheidend

> „Wachstumspotenzial" – das sind zwei Wörter, „Wachstum" und „Potenzial". „Potential" erinnert mich an das englische Wort „potential" und „Wachstum" ist bestimmt ein Nomen, es bedeutet vielleicht ...

c Suchen Sie die folgenden Zahlen im Text und erklären Sie die Fakten mit eigenen Worten.

1657 Euro • über 40% • 500 000 • 31% • 1,5 Mio. Euro • 200 Mio.

d Wortschatz „Wirtschaft" – Was passt zusammen?

1. Der Trend geht
2. Im letzten Winter wurden in Tirol 1,34 Mrd. €
3. Knapp die Hälfte der bundesweiten Erträge ist
4. Die Pflege
5. Das Wachstumspotenzial ist
6. Man hat damit begonnen,
7. Ein Drittel der Werbemittel werden
8. Rund eine Mio. Euro wird

a) der bestehenden Märkte ist wichtig.
b) in den sanften Wintertourismus investiert.
c) in die Onlinevermarktung investiert.
d) in Tirol erwirtschaftet worden.
e) neue Märkte zu erschließen.
f) umgesetzt.
g) vergleichsweise gering.
h) zum qualitativ hochwertigen Tourismus.

4 Passiv

a Lesen Sie die Sätze in 3d noch einmal und ergänzen Sie den Grammatikkasten.

Passiv Präsens	Ein Drittel der Werbemittel ... in den sanften Wintertourismus ...
Passiv Präteritum	Im letzten Winter ... in Tirol 1.34 Mrd. ...
Passiv Perfekt	Knapp die Hälfte der Erträge ... in Tirol ...

b Wie war es früher? Ergänzen Sie die Sätze.

1. 30,8% der Mittel werden in die Onlinevermarktung investiert. Vor 20 Jahren ... (nichts)
2. Eine Mio. Euro wird in den „sanften Tourismus" investiert. Noch vor zwei Jahren ... (nicht einmal die Hälfte)
3. Aus den osteuropäischen Ländern werden immer mehr Urlaube in Tirol gebucht. Vor 30 Jahren ... (kaum)
4. Der größte Teil der Erträge aus dem Wintertourismus in Österreich wird in Tirol erwirtschaftet. Früher ... (auch)
5. Jetzt werden über eine Mrd. Euro in Tirol umgesetzt. Vor fünf Jahren ... (weniger als eine Mrd.)
6. Jetzt werden neue Märkte z. B. in Osteuropa erschlossen. Früher ... (Westeuropa)

5 Tourismus in Ihrem Land

Recherchieren Sie und schreiben Sie einen Infotext.

> Unser Land ist in den letzten Jahren von ... besucht worden.
> Der Tourismus ist in ... (k)ein wichtiger Wirtschaftsfaktor.
> Der Trend geht zu ...
> In ... ist im Tourismus viel/wenig Geld erwirtschaftet worden.
> Das Angebot an ... ist verbessert worden.
> In den letzten Jahren sind ... gebaut worden.

6 Reisemagazin: Sanfter Tourismus – eine interessante Alternative?

a Was ist sanfter Tourismus? Sammeln Sie Vermutungen.

CD 7 b Hören Sie das Interview und vergleichen Sie.

c Hören Sie noch einmal und notieren Sie die Argumente für den sanften Tourismus.

Nationalpark Hohe Tauern

Der Nationalpark Hohe Tauern ist der größte Nationalpark in Österreich. Er erstreckt sich über 100 km von Ost nach West sowie über 40 km von Nord nach Süd. Er hat, bei einer Fläche von über 1800 km², Anteil an den österreichischen Bundesländern Salzburg, Tirol und Kärnten.
Im Nationalpark gibt es mehr als 300 Berggipfel mit einer Höhe von mehr als 3000 Metern, mehr als 300 Gletscher, über 500 Bergseen und viele bedeutende Wasserfälle. Einige der höchsten Gipfel Österreichs, Großglockner (3 798 m) und Großvenediger (3 662 m) liegen im Nationalpark Hohe Tauern.

d Debatte: Schneeschuhwandern oder Abfahrtski?

Sie möchten im nächsten Winter eine Reise nach Österreich machen und müssen sich für ein gemeinsames Programm entscheiden.

Projekt: Regionen in Österreich

Recherchieren Sie Informationen über eine andere Region Österreichs und stellen Sie sie vor.

Adrians Meeresblog

3. August

Strand an der Nordsee

1 **Adrian:** Wir lieben das Meer, vor allem die Strände. Schön sollen sie sein, sicher, sauber und unberührt. Viel wichtiger für die Zukunft der Menschheit sind jedoch die Meere jenseits der Strände. Und die werden heute missachtet. Die industrielle Fischerei zerstört die Fischbestände. Aqua-
5 kultur, die Landwirtschaft im Meer, wird als Alternative empfohlen. Sie bedroht aber oft Mangrovenwälder und damit die Lebensgrundlage der Menschen, die in diesen Küstenregionen leben. Außerdem ist die Energiebilanz der Aquakulturen katastrophal. Für die Produktion eines Kilos Export-Fischs müssen bis zu vier Kilo andere Fische verfüttert
10 werden.

Der Klimawandel verändert die Meeresströmungen, der Meeresspiegel steigt und überflutet Inseln und Küstenregionen. Die Temperaturveränderungen des Meerwassers bedrohen ganze Tierarten, die sich nicht schnell genug an die veränderten Lebensbedingungen anpassen können.

15 Zugleich sind die Meere seit langem die größte Mülldeponie der Welt. Spektakuläre Bilder von Tankerunfällen und brennenden Ölplattformen produzieren viel Aufmerksamkeit. Doch der Beitrag dieser Unfälle zur Verschmutzung der Meere ist gering im Vergleich zu den Abwässern aus der Industrie und den Großstädten, die häufig direkt in die Meere geleitet
20 werden.

Aquakultur für Lachse in der Nordsee

★ Einen Blogbeitrag zum Thema „Natur" verstehen
★ Sagen, was man hätte tun können
★ Eine Grafik interpretieren

1 Naturerlebnisse

a Sehen Sie die Bilder an. Sammeln Sie Stichworte zum Thema „Mensch und Meer".

einsame Strände   sauberes Wasser   Dreck

b Kurzvortrag: Wählen Sie ein Foto aus und sprechen Sie eine Minute darüber.

> Ich habe das Bild mit der Robbe gewählt, weil ich Robben süß finde. Ich habe einmal …

2 Ein Blogbeitrag

a Lesen Sie den Text schnell. Was haben die Fotos mit dem Text zu tun?

b Lesen Sie noch einmal. Notieren Sie Fragen und fragen Sie sich gegenseitig.

> Warum können Aquakulturen ökologisch schlecht sein?   Wie hoch ist …?   Seit wann …?

Adrians Meeresblog

5. August

Brennende Bohrinsel in der Karibik

Robben

Das Phytoplankton der Meere produziert heute etwa 50 % des Sauerstoffs der Erde. UV-Strahlen und steigende Temperaturen der Luft und des Wassers führen zum Sterben des Planktons. Weniger Plankton bedeutet, dass sich der CO_2-Anteil in der Atmosphäre erhöht und damit die Erde

25 weiter erwärmt – ein katastrophaler Kreislauf, der das ökologische Gleichgewicht zerbricht.

Man kann es aber auch ganz anders sehen: Seit ca. 3,5 Milliarden Jahren gibt es Leben im Meer, trotz Hitzeperioden und Eiszeiten, der Verschie-bung der Kontinente und damit des Untergangs und der Neuentstehung

30 von Weltmeeren. Wenn das Leben im Meer viele Milliarden Jahre und unter extremen Bedingungen entstehen konnte, besteht dann wirklich die Gefahr, dass die Meere sterben? Wenn die Ozeane leergefischt und verschmutzt werden, ist das eine Naturkatastrophe?
Was ist denn überhaupt eine Naturkatastrophe? Über wessen

35 Katastrophe sprechen wir, wenn wir dieses Wort benutzen?

Im Laufe der Jahrmillionen werden sich die Meere voraussichtlich wieder regenerieren. Das Leben verbreitet sich überall, wo sich ihm auch nur die kleinste Chance bietet. Die Natur hat kein Problem mit der Verschmut-zung oder gar der totalen Zerstörung der Meere, wie wir sie heute kennen.

40 Aber wie sieht es mit uns aus? Können wir auf die Hälfte des Sauerstoffan-teils in der Atmosphäre verzichten?
Können wir auf 15 % des heute konsumierten Eiweißes verzichten?
Rettet die Meere um der Meere willen? Müssen wir etwas für „die Natur" tun? Ich glaube, wir missverstehen noch immer das Problem, denn es

45 geht um etwas viel Einfacheres: Wir müssen etwas für uns tun!

c Zu welchen markierten Wörtern im Text passen die Erklärungen?

1. Es ist immer mehr Wasser in den Meeren.
2. Man will etwas schützen, weil es einen Wert für sich selbst hat und nicht, weil es nützlich ist.
3. Sie zeigt das Verhältnis zwischen der Energie, die man braucht, und der Energie, die man gewinnt.
4. Die kontrollierte Produktion von Fischen und anderen Meerestieren zur menschlichen Ernährung.
5. Wasser, das in Haushalten und in der Industrie gebraucht und damit verschmutzt worden ist.
6. Jahrhunderte, in denen die Erde sehr warm oder sehr kalt war.
7. Ein Prozess, bei dem A B verursacht und B wiederum C und das verändert wieder A usw.
8. vermutlich

d Was ist die Hauptthese des Textes? Formulieren Sie sie in Ihren Worten.

3 Verben mit Vorsilben: zer-, miss-, er-

a Welche Verben mit den Vorsilben zer-, miss-, er- aus dem Text passen zu diesen Umschreibungen?

mehr (machen) · kaputt (machen) · falsch oder nicht (machen)

> „erwärmen" bedeutet:
> wärmer werden, mehr Wärme

b Schreiben Sie je eine weitere Aussage mit diesen Verben.

4 Im Jahr 2060 – 5 Minuten nach 12?

Was hätte man (nicht) tun sollen? Formulieren Sie Aussagen wie im Beispiel.

> Man hätte die Meere nicht ... sollen.
> Wir hätten weniger/mehr ... können/müssen.
> Die Menschen hätten nicht so viel ... dürfen.
> Man hätte früher ... müssen/sollen.

5 Stellungnahmen

a Sprachmittlung – Arbeiten Sie mit dem Wörterbuch. Wählen Sie je eine Aussage aus und erklären Sie sie genau.

1. Wir sind den Tieren eine saubere Umwelt schuldig.
2. Die Tiere sind Opfer, ohne an irgendetwas schuld zu sein.
3. Die Menschen leben nicht im Einklang mit der Natur.
4. Die Natur hat sich auch ohne Eingriffe des Menschen immer verändert.
5. Schwächere Arten werden gnadenlos verdrängt.
6. Die menschliche Spezies vernichtet sich selbst.

CD 8–11 **b** Hören Sie die Kommentare zu Adrians Blog. Notieren Sie für jeden Kommentar die Hauptthese.

Li Yang

Magda

Sergio

Bogda

c Hören Sie noch einmal. Welche Aussagen passen zu wem? Zwei Aussagen passen zu niemandem.

1. Naturschutz macht keinen Sinn, solange so viele Menschen in Armut leben.
2. Man muss die Menschen überzeugen, dass es ihr eigenes Interesse ist, die Natur zu schützen.
3. Die Natur muss für die Tiere geschützt werden. Sie sind nicht an den Fehlern der Menschen schuld.
4. Gott bestraft den Menschen, weil er die Natur zerstört.
5. Die Welt gehört nicht den Menschen, sondern allen Lebewesen.
6. Gott hat die Welt und die Natur geschaffen und der Mensch muss sie schützen.

d Und was denken Sie? Schreiben Sie einen Beitrag zum Blog. Sammeln Sie vorher gemeinsam Redemittel und Stichworte.

6 Die Meere müssen geschützt werden

a Passiv mit Modalverben – Vergleichen Sie die Sätze und ergänzen Sie.

Man **muss** die Meere **schützen**.	Die Meere **müssen geschützt werden**.
Man **sollte** Energie **sparen**.	Energie **sollte ...**

b Schreiben Sie zu 1–4 Passivsätze mit Modalverben.

1. Man darf die Strände nicht verschmutzen.   Die Strände ...
2. Man sollte weniger Trinkwasser verbrauchen.   Trinkwasser ...
3. Man muss die Wale schützen.   Die Wale ...
4. Man kann etwas tun!   Etwas ...

7 Taten und Täter

a Die Ursachen/Täter werden mit *von* oder *durch* benannt. Lesen Sie die Beispiele.

Die Strände werden	verschmutzt.	
Die Strände werden **durch** Öl	verschmutzt.	**Ursache**
Die Strände werden **von** einer Ölfirma	verschmutzt.	**Täter**

b Wer hat etwas getan, wer muss etwas tun? Nennen Sie die Ursachen und/oder Täter.

1. Die Flüsse wurden verseucht. Die Flüsse müssen gereinigt werden.
2. Die Wälder werden zerstört. Die Wälder sollten geschützt werden.
3. Die Luft der Städte wird verschmutzt. Die Luft der Städte kann gereinigt werden.
4. Der Lebensraum der Tiere wird vernichtet. Der Lebensraum der Tiere muss gesichert werden.

c Schreiben Sie drei Aussagen wie in 7b zu Umweltproblemen in Ihrer Region.

8 Das Dreieck der Nachhaltigkeit

Interpretieren Sie zu dritt diese Grafik. Stellen Sie die Grafik vor.

Das Bild besteht aus einem Dreieck, einem … und …
In dem Dreieck sieht man …
An den Seiten des Dreiecks …
Die drei Begriffe stehen für …
Der Titel des Bildes ist …
Wir denken, dass …

9 Theodor Storm: Die Möwe und mein Herz

CD 12 Hören Sie das Gedicht und sprechen Sie es laut.

Theodor Storm (1817–1888) beschrieb in seinen Gedichten und in seiner Prosa vor allem Menschen und Landschaften seiner norddeutschen Heimat am Meer.

Hin gen Norden zieht die Möwe,
Hin gen Norden zieht mein Herz;
Fliegen beide aus mitsammen,
Fliegen beide heimatwärts.
Ruhig, Herz! du bist zur Stelle;
Flogst gar rasch die weite Bahn –
Und die Möwe schwebt noch rudernd
Überm weiten Ozean.

hin gen: nach • mitsammen: zusammen • heimatwärts: nach Hause

Projekt: Meereslandschaften

Suchen Sie sich eine Meereslandschaft aus und berichten Sie darüber.

Ideen: das Wattenmeer in der Nordsee, das Barrier Reef vor Australien, der Humboldtstrom …

1 **Sprechen**

GI Präsentieren Sie Ihrem/r Gesprächspartner/in Thema und Inhalt des Textes. Nehmen Sie kurz persönlich Stellung.

Partnerschaft beruht auf Gegenseitigkeit!

Eine Partnerschaft, kann nur gelingen, wenn sie ein gegenseitiges Geben und Nehmen ist. Die Beteiligten müssen das Gefühl haben, dass ihre Investition in die Partnerschaft anerkannt wird und ihnen auch selbst Vorteile bringt. Wenn das Verhältnis von Geben und Nehmen aus dem Gleichgewicht kommt, dann gerät eine Partnerschaft schnell in Gefahr. Dabei spielt es keine Rolle, ob es sich um Beziehungen zwischen Menschen, Unternehmen oder Staaten handelt.

Welche Aussage enthält der Text?
Welche Beispiele fallen Ihnen dazu ein?
Welche Meinung haben Sie dazu?
Sprechen Sie circa 3 Minuten.

2 **SCHWERPUNKT: Lesen**

DSD Sie finden unten einen Lesetext. Dieser Text hat fünf Lücken (Aufgaben 1–5). Setzen Sie aus der Satzliste (A–G) den richtigen Satz in jede Lücke ein. Zwei Sätze bleiben übrig.

Reisen wir noch?

Wir sind alle unterwegs auf der Suche nach dem ganz Neuen, nach dem völlig Unbekannten. Wir setzen uns in Autos, Eisenbahnen und Flugzeuge und erleben doch das Bekannte: (Z) Die Erde ist seit langer Zeit entdeckt. (1) Spätestens seit der

5 Südpol und die Spitze des Mount Everest erreicht wurden, gibt es praktisch keinen Flecken mehr auf dieser Erde, wo nicht schon einmal jemand war. Dennoch wollen wir alles noch einmal entdecken, ganz allein für uns selbst. Aber daran scheitern wir meistens. „Wahrlich wir sind viel unterwegs", stellt

10 der Bestsellerautor Ilja Trojanow fest und fragt, „aber reisen wir überhaupt noch?"

(2) Die Eigentumswohnung in Dortmund wird für einige Wochen durch die Ferienwohnung in Alicante ersetzt. Der Blick aus dem Fenster schweift über das Meer in die Leere. Wir fahren um die Welt, aber was erfahren wir von ihr?

15 Unsere Erde scheint sich immer schneller zu drehen. (3) Wir besuchen die Sehenswürdigkeiten, die uns die Tourismusindustrie in Reiseführern und Urlaubsprospekten präsentiert, und folgen immer dichteren Reiseplänen, die uns keine Zeit mehr lassen, in Ruhe hinzuschauen. Unsere Sorge gilt mehr unserem Gepäck, das immer verloren zu gehen droht, als dem Ballast unseres Alltags, den wir doch eigentlich abwerfen wollten. Wer heute mit dem Fahrrad oder gar zu Fuß zu einer Reise aufbricht, gilt als Öko oder spiritueller Spinner.

20 Selbst die alten Wanderwege der Pilgerfahrer sind heute schon kommerziell perfekt durchorganisiert.

Natürlich können wir die Welt nicht neu erfinden, um sie entdecken zu können, aber lohnt es sich nicht, sich ein wenig Zeit zum Nachdenken darüber zu nehmen, was wir von unseren Reisen nach Hause bringen wollen? Sind wir wirklich zufrieden mit den industriell gefertigten Souvenirs, die danach unser Wohnzimmer verstopfen? (4)

25 Reisen sollte mehr sein als das. Es sollte uns nicht nur an andere Orte in der Welt bringen, sondern an andere Orte in uns selbst, es sollte uns verändern. Aber dazu brauchen wir etwas Mut.

In Romanen und Filmen ist das Reisen stets eine Metapher für die Selbstveränderung des Menschen, mehr noch ein Bild für unsere Wanderung durch das Leben. Der junge Mann oder die junge Frau reist in die Welt und kommt am Ende der Reise als anderer Mensch nach Hause. (5)

30 Wenn die Souvenirs schon längst weggeworfen sind, dann bleiben uns, wenn wir beim Reisen Glück und Mut gehabt haben, noch lange die Erinnerungen an die Begegnungen mit dem Fremden und mit den Fremden. Es bleiben uns die Gespräche, Bilder und Gerüche dieser Ausschnitte aus der Welt, die uns fremd waren und die jetzt ein wenig Teil von uns geworden sind, indem wir uns verändert haben.

Z Den Stau, die Warteschlange und die Verspätung.

A Die Alternative heißt: zu Hause bleiben.

B Es ist beim Reisen wie bei der Literatur das Neue, das Unerwartete, was uns fasziniert.

C Die Entdeckungsreisenden von Kolumbus bis Humboldt sind lange tot.

D Reicht uns ein wenig Sonne und Meeresrauschen?

E Was wir heute „Reisen" nennen, geht kaum über einen Ortswechsel hinaus.

F Die Industrie zeigt uns die Bilder, die wir sehen wollen.

G Es gelingt uns kaum noch, die Geschwindigkeit unseres Lebens zu kontrollieren.

TIPPS

1. Orientierung im Text: Lesen Sie zuerst relativ schnell die ersten zwei oder drei Absätze des Textes. Überlegen Sie: Worum geht es in dem Text? Was will der Autor vermutlich? Was wissen Sie vielleicht über das Thema?
2. Lesen Sie jetzt die Aufgaben sehr genau.
3. Lesen nun den ganzen Text genau. Lösen Sie beim Lesen die Aufgaben, bei denen Sie sicher sind.
4. Überlegen Sie, wo Sie mit dem Verstehen Probleme haben. Sie müssen nicht jedes Wort verstehen, aber es ist wichtig, dass Sie bei Schlüsselwörtern eine Hypothese haben, was sie im Kontext bedeuten könnten.
5. Wenn Sie unsicher sind, lesen Sie den Satz vor und nach der Lücke noch einmal Wort für Wort.
6. Wenn Sie Zeit haben, lesen Sie den ganzen Text noch einmal zur Kontrolle mit den eingesetzten Sätzen durch. Machen Sie Gebrauch von Ihrem Sprachgefühl.
7. **Lösen Sie** am Schluss auf jeden Fall **alle Aufgaben**, auch wenn Sie unsicher sind.

---

3 **Hören**

TD Sie hören ein Interview mit drei Gesprächsteilnehmern über das Master-Studium „Touristikmanagement". Sie hören dieses Interview einmal.

CD 13 **Lesen Sie jetzt die Aufgaben 1–8 und hören Sie dann den Text.**
Entscheiden Sie beim Hören, welche Aussagen richtig oder falsch sind.
Notieren Sie die passende Antwort.

Master-Studium „Tourismusmanagement"

0. Für Michael war immer klar, dass er seinen Master-Abschluss machen will. _0 F_
1. Michael sagt, dass seine private Universität gut war, aber teuer.
2. Das Bachelor-Studium ist praxisorientierter als der Master.
3. Michael ist der Meinung, dass seine beiden Studiengänge gut zusammengepasst haben.
4. Michael möchte vielleicht nach dem Studium im Stadtmarketing arbeiten.
5. Es gibt Leute, die die Idee, eine Stadt als Produkt zu vermarkten, nicht gut finden.
6. Ein Praktikum kann sich jeder leisten, weil es heute relativ gut bezahlt wird.
7. Michael sagt, dass man sein Praktikum am besten in einem großen Hotel machen soll.
8. Michael hat viel positive Rückmeldung zu seiner Studienwahl bekommen.

(4) **Schreiben**

TD **Bitte lesen Sie zuerst diese Anleitung zum Prüfungsteil „Schriftlicher Ausdruck".**

Sie sollen einen Text zum Thema „Lebenseinstellungen" schreiben. Hierbei sollen Sie eine Grafik beschreiben und das Thema sachlich diskutieren.

Achten Sie dabei auf Folgendes:
– Schreiben Sie einen zusammenhängenden Text.
– Der Text soll klar gegliedert sein.
– Bearbeiten Sie alle Punkte der Aufgabenstellung.
– Achten Sie auf die Zeit: Für diesen Prüfungsteil haben Sie 60 Minuten Zeit.
– Beschreibung der Grafik: Nehmen Sie sich maximal 20 Minuten Zeit. Geben Sie die wichtigsten Informationen der Grafik wieder.
– Argumentation: Nehmen Sie sich nicht mehr als 40 Minuten Zeit. Wichtig ist, dass Sie Ihre Argumente begründen.
– Bei der Bewertung Ihrer Leistung ist die Verständlichkeit wichtiger als die sprachliche Korrektheit.

Schreiben Sie bitte auf einen Schreibbogen. Für Entwürfe oder Notizen können Sie Konzeptpapier verwenden. **Gewertet wird nur der Text auf dem Schreibbogen.**

Bitte geben Sie am Ende des Prüfungsteils „Schriftlicher Ausdruck" sowohl Ihren Schreibbogen als auch Ihr Konzeptpapier ab.

Wenn die Prüferin oder der Prüfer Sie auffordert, anzufangen und die Aufgabe anzusehen, dann haben Sie noch 60 Minuten Zeit.

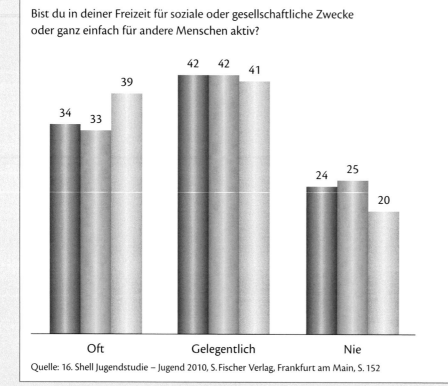

Aktiv sein für andere im Alltag

In den letzten Jahren ist immer mehr davon die Rede, dass sich die junge Generation nur für sich selbst interessiert und kaum noch Interesse daran hat, sich für irgendetwas zu engagieren. Die Shell Jugendstudie hat dazu Jugendliche und junge Erwachsene im Alter von 12 bis 25 Jahren befragt.

Quelle: 16. Shell Jugendstudie – Jugend 2010, S. Fischer Verlag, Frankfurt am Main, S. 152

Schreiben Sie einen Text zum Thema „Lebenseinstellungen".

– Beschreiben Sie, wie die befragten Jugendlichen zum Thema „Aktiv sein für andere" stehen.
– Vergleichen Sie die Entwicklung zwischen 2002 und 2010.

Zum Thema „Aktiv sein für andere" gibt es unterschiedliche Meinungen:

Viele Menschen engagieren sich in ihrer Freizeit und sind der Auffassung, dass soziales Engagement der Bürgerinnen und Bürger nicht nur wichtig ist für die Gesellschaft, sondern auch das eigene Lebensgefühl verbessert.

Andere glauben, dass der Staat das Engagement von Bürgerinnen und Bürgern ausnutzt, um Aufgaben, die er selbst zu erledigen hätte, auf die Bürger abzuwälzen und so Geld zu sparen. Dieses Geld verwendet er für niedrigere Steuern für die Reichen.

– Geben Sie die Meinungen in eigenen Worten wieder.
– Nehmen Sie zu den beiden Aussagen Stellung und begründen Sie Ihre Meinung.
– Gehen Sie auf die Situation in Ihrem Heimatland ein.

5 **Sprechtraining: Gefühle ausdrücken**

CD 14 **a** **Sie hören vier verschiedene Versionen der folgenden Aussage. Ordnen Sie sie den Fotos zu. Ein Foto bleibt übrig.**

Da kommt jemand, ich glaube, es ist Herr Müller.

A wütend/ ärgerlich   **B** verächtlich   **C** sachlich   **D** glücklich überrascht   **E** traurig enttäuscht

b **Sprechen Sie den Satz mit unterschiedlichem Ausdruck. Ihr Partner hält sich die Augen zu und muss raten, welchen Ausdruck Sie sprechen.**

c **Wählen Sie ein Gedicht von den Seiten 94–95 aus und lesen Sie es mit viel Ausdruck vor. Probieren Sie unterschiedliche Emotionen aus.**

Für mein Portfolio

Eine Geschichte aus einem idealen Urlaub – Traum oder Wirklichkeit.

Das Reh

Das Reh springt hoch, das Reh springt weit.
Warum auch nicht – es hat ja Zeit.

Der Fels

Wenn dir ein Fels vom Herzen fällt,
so fällt er auf den Fuß dir prompt!
So ist es nun mal auf der Welt:
ein Kummer geht, ein Kummer kommt.

Heinz Erhardt

Das Schnitzel

Ein Mensch, der sich ein Schnitzel briet,
Bemerkte, daß ihm das misriet.
Jedoch, da er es selbst gebraten,
Tut er, als wär es ihm geraten,
Und, um sich nicht zu strafen Lügen,
Ißt er´s mit herzlichem Vergnügen.

Eugen Roth

Das ästhetische Wiesel

Ein Wiesel
saß auf einem Kiesel
inmitten Bachgeriesel.

Wißt ihr
weshalb?

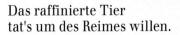

Das Mondkalb
verriet es mir
im Stillen:

Das raffinierte Tier
tat's um des Reimes willen.

Christian Morgenstern

Selbstkritik

Die Selbstkritik hat viel für sich.
Gesetzt den Fall, ich tadle mich,
So hab' ich erstens den Gewinn,
Daß ich so hübsch bescheiden bin;

Zum zweiten denken sich die Leut,
Der Mann ist lauter Redlichkeit;
Auch schnapp' ich drittens diesen Bissen
Vorweg den andern Kritiküssen;

Und viertens hoff' ich außerdem
Auf Widerspruch, der mir genehm.
So kommt es denn zuletzt heraus,
Daß ich ein ganz famoses Haus.

Wilhelm Busch

fünfter sein

fünfter sein
tür auf
einer raus einer rein
vierter sein

tür auf
einer raus
einer rein
dritter sein

tür auf
einer raus
einer rein
zweiter sein

tür auf
einer raus
einer rein
nächster sein

tür auf
einer raus
selber rein
tagherrdoktor

Ernst Jandl

Mondnacht

Es war, als hätt' der Himmel
Die Erde still geküsst,
Dass sie im Blütenschimmer
Von ihm nun träumen müsst.

Die Luft ging durch die Felder,
Die Ähren wogten sacht,
Es rauschten leis' die Wälder,
So sternklar war die Nacht.

Und meine Seele spannte
Weit ihre Flügel aus,
Flog durch die stillen Lande,
Als flöge sie nach Haus.

Joseph von Eichendorff

Im wunderschönen Monat Mai

Im wunderschönen Monat Mai,
Als alle Knospen sprangen,
Da ist in meinem Herzen
Die Liebe aufgegangen
Im wunderschönen Monat Mai
Als alle Vögel sangen,
Da hab ich ihr gestanden
Mein Sehnen und Verlangen

Heinrich Heine

Gemeinsam

Vergesset nicht
Freunde
wir reisen gemeinsam

besteigen Berge
pflücken Himbeeren
lassen uns tragen
von den vier Winden

Vergesset nicht
es ist unsere
gemeinsame Welt
die ungeteilte
ach die geteilte

die uns aufblühen lässt
die uns vernichtet
diese zerrissene
ungeteilte Erde
auf der wir
gemeinsam reisen

Rose Ausländer

Der Panther

Im Jardin des Plantes, Paris

Sein Blick ist vom Vorübergehn der Stäbe
so müd geworden, dass er nichts mehr hält.
Ihm ist, als ob es tausend Stäbe gäbe
und hinter tausend Stäben keine Welt.

Der weiche Gang geschmeidig starker Schritte,
der sich im allerkleinsten Kreise dreht,
ist wie ein Tanz von Kraft um eine Mitte,
in der betäubt ein großer Wille steht.

Nur manchmal schiebt der Vorhang der Pupille
sich lautlos auf –. Dann geht ein Bild hinein,
geht durch der Glieder angespannte Stille –
und hört im Herzen auf zu sein.

Rainer Maria Rilke

★ Über Berühmtheit sprechen
★ Berichten, was jemand gesagt hat
★ Über Gerüchte sprechen

1 **Berühmte Personen**

Wählen Sie einige Bilder aus und präsentieren Sie die Personen.
– Warum sind die Personen berühmt? Auf welchem Gebiet sind/waren sie erfolgreich?
– Bei welchen Gruppen (Jugendliche, Erwachsene, Männer, Frauen ...) sind die Personen beliebt?

2 **Berühmtheit als Berufswunsch**

a **Lesen Sie den Text auf Seite 97 und notieren Sie für 1–7: R (richtig), F (falsch) oder 0 (steht nicht im Text).**
1. Es gibt Leute, die berühmt geworden sind, ohne eine besondere Fähigkeit zu haben.
2. Um berühmt zu werden, muss man positiv auffallen.
3. Großer Ehrgeiz hilft dabei, berühmt zu werden.
4. Wer berühmt ist, hat ein psychisches Problem.
5. Berühmte Personen suchen nach Beachtung durch ihre Familie und ihre Freunde.
6. Wer berühmt ist, kann schwer einschätzen, wer ein „wirklicher" Freund ist.
7. Berühmtheit bedeutet Freiheit.

Berühmtheit als Berufswunsch

Lars will als Popstar berühmt werden. Auf die Frage, warum, antwortet er überraschend ehrlich: „Ich find's toll, wenn man mich kennt." Glücklicherweise hat er im Gegensatz zu vielen
5 anderen nicht „Musik ist mein Leben" geantwortet.

So einige Teenies geben als Berufswunsch „berühmt" an und es fällt auf, dass sie nicht dazu sagen, ob sie als Schauspieler, Moderator, Model, Sportler oder Politiker berühmt werden wollen. Das
10 scheint heute auch nicht mehr unbedingt nötig zu sein, denn wir haben durchaus Berühmtheiten, die nur fürs Berühmtsein berühmt sind, wie zum Beispiel die Deutsche Verona Poth. Berühmtsein sei ihr Job, meint auch die Amerikanerin Paris Hilton. Paris weist
15 gerne darauf hin, dass sie Mode, Schmuck und Parfüm kreiert habe. Das aber ist eine Folge ihrer Berühmtheit, nicht die Ursache. Berühmt ist sie dafür, Paris Hilton zu sein.

Googelt man Paris Hilton, kommt man auf
20 46 Millionen Treffer. Googelt man Angelina Jolie, sind es 29 Millionen, bei Nelson Mandela 4,7 Millionen. Die Berühmtheit mancher Zeitgenossen hänge mit der Blödheit der Bewunderer zusammen, sagte der deutsche Politiker Heiner Geißler einmal. Doch das
25 Publikum besteht nicht nur aus Bewunderern. Es kann sein, dass eine Berühmtheit mehr verachtet als positiv bewertet wird. Egal. Was zählt, ist die Präsenz in den Medien. Und so kann man auch in Castingshows berühmt werden. Man muss bereit sein, sich
30 preiszugeben und keine Peinlichkeit und Demütigung zu fürchten.

Dazu sind, laut dem deutschen Psychiater Borwin Bandelow, Menschen bereit, die in hohem Maße narzisstisch und ehrgeizig sind. In seinem Buch
35 „Celebrities – vom schwierigen Glück, berühmt zu sein", behauptet er, dass Menschen, die am Borderline-Syndrom leiden, einfacher Berühmtheit erreichen würden als andere, weil bei ihnen Narzissmus,

Geltungsdrang und Ehrgeiz besonders ausgeprägt seien. Die treibende Kraft, berühmt zu werden, sei
40 bei diesen Leuten die Angst, nicht berühmt zu werden. Madonna scheint seine These zu bestätigen, wenn sie betont, sie werde nicht glücklich sein, bis sie so berühmt sei wie Gott.

Natürlich suchen nicht alle Teenager, die in
45 die Castingshows drängen, im selben Maß nach Aufmerksamkeit wie Madonna, Michael Jackson oder andere. Und natürlich haben nicht alle, die auf dem *Walk of Fame* am liebsten über ihren eigenen Stern wandeln würden, einen psychischen Knacks. Was
50 versprechen sich also diejenigen, die nach Glanz und Berühmtheit streben? Wahrscheinlich Ansehen und Anerkennung. Das brauchen alle Menschen. Doch ist es nicht absurd, sich die Achtung von Leuten zu wünschen, die man nicht einmal kennt? Welches Lob
55 oder Kompliment erfreut mehr: das eines Fremden oder jenes einer geschätzten, nahe stehenden Person?

Möglich ist, dass viele Berühmtheit mit Beliebtheit verwechseln. Doch die Popularität der Sternchen am Showhimmel ist ein zweischneidiges Schwert. Frisch
60 gebackene Celebrities sagen, es sei schwierig, zwischen Freunden und Menschen, die einen nur ausnutzen wollen, zu unterscheiden. Und da sind wir bei den Nachteilen des Berühmtseins. Der sonst so hartgesottene Rapper Eminem beklagt sich z. B., er
65 könne sich nicht mehr in der Öffentlichkeit bewegen, da jeder seinen Namen und sein Gesicht kenne. Berühmtheit hat einen gigantischen Nachteil: Sie bringt den Verlust von Freiheiten mit sich, z. B. der Freiheit, sich idiotisch zu benehmen, ohne dass man
70 es tags darauf in der Presse liest, oder der Freiheit, sich zu verlieben, ohne dass die Welt zuschaut. Ist es nicht erstaunlich, dass manche Menschen die Anerkennung durch Fremde der Freiheit vorziehen, unbeobachtet sie selbst sein zu dürfen?
75

Nach: Regina Partyngl, *Berühmtheit als Berufswunsch*, Der Bund, 10.10.2009

b Ordnen Sie den Wörtern aus dem Text die passende Erklärung zu.

Zeile

23	der Bewunderer	a)	wählen, besser finden
26	verachten	b)	wichtig sein
27	zählen	c)	riesig, sehr groß
30	die Demütigung	d)	jemand, der mir wichtig ist, den ich gut finde
50	wandeln	e)	der Fan
52	streben nach	f)	das Image, der Ruf
52	das Ansehen	g)	sehr schlecht finden, nicht respektieren
57	eine geschätzte Person	h)	gehen
68	gigantisch	i)	jemand wird klein oder lächerlich gemacht
74	etwas vorziehen	j)	etwas wollen und sich sehr darum bemühen

Meinungen zu dem Artikel

CD 24 **a Hören Sie den Dialog von zwei Personen über den Artikel und ergänzen Sie.**

Die junge Frau	Der junge Mann
findet den Artikel …	findet den Artikel …
findet Castingshows …, weil …	findet Castingshows …, weil …
findet, dass berühmte Personen …	findet, dass berühmte Personen …

b Was ist Ihre Meinung zu dem Artikel?

 Berichten, was jemand gesagt hat

a Wie wird das Folgende im Text ausgedrückt?

1. Der Politiker sagt, die Berühmtheit mancher Zeitgenossen hängt mit der Blödheit der Bewunderer zusammen.
2. Sie weist darauf hin, dass sie Mode, Schmuck und Parfüm kreiert hat.
3. Der Psychiater schreibt, dass Menschen, die am Borderline-Syndrom leiden, einfacher Berühmtheit erreichen als andere, weil bei ihnen Narzissmus, Geltungsdrang und Ehrgeiz besonders ausgeprägt sind.
4. Madonna betont, sie wird nicht glücklich sein, bis sie so berühmt ist wie Gott.
5. Der Rapper Eminem beklagt, er kann sich nicht mehr in der Öffentlichkeit bewegen, da jeder seinen Namen und sein Gesicht kennt.

b Lesen Sie die Regeln zum Konjunktiv I.

Die Konjunktiv-I-Formen der meisten Verben		Konjunktiv-I-Endungen			
~~machen~~ → er mache		ich	-e	wir	-en
		du	-est	ihr	-et
		er, es, sie, man	-e	sie, Sie	-en
Die Konjunktiv-I-Formen von *sein*		ich	sei	wir	seien
		du	wär(e)st (K II)	ihr	wär(e)t (K II)
		er, es, sie, man	sei	sie, Sie	seien

Wenn die Konjunktiv-I-Formen mit dem Indikativ identisch sind, benutzt man den Konjunktiv II in der indirekten Rede.	ich mache → ich **würde machen**
Die Formen für *du* und *ihr* sind veraltet. Man benutzt normalerweise den Konjunktiv II.	du machest → du **würdest machen** ihr machet → ihr **würdet machen**

c Schreiben Sie die Konjunktiv-Formen der Verben wie im Beispiel. Benutzen Sie die Form mit *würde*, wenn notwendig.

ich/er – gehen	er/ wir – kommen	es – passieren	*ich würde gehen*
ich/Sie – wollen	er / wir – können	ich/er – dürfen	*er gehe*
er/sie – glauben	ich/er/Sie – haben	ich/er/wir/Sie – sein	
ich/du – fahren	du/wir – müssen	du/er – werden	

d Schreiben Sie folgende Zitate in der indirekten Rede.

Honoré de Balzac	Ruhm ist ein Gift, das der Mensch nur in kleinen Dosen verträgt.
Henry Fonda	Der Gipfel des Ruhmes ist, wenn man seinen Namen überall findet, nur nicht im Telefonbuch.
Shakira	Es macht überhaupt keinen Sinn, mit Männern zu streiten. Sie sind sowieso immer im Unrecht.
Madonna	Ich glaube immer noch, dass die Liebe ein großes, zauberhaftes Märchen sein soll.

Honoré de Balsac sagt, Ruhm sei …

⑤ Kinder berühmter Eltern

a Lesen Sie die Satzanfänge und klären Sie unbekannte Wörter.

1. Mit einem berühmten Namen geboren zu werden ist einerseits ein Privileg, denn …
2. Träger eines berühmten Namens zu sein kann eine Bürde sein. Viele Kinder Prominenter …
3. Berühmte Eltern haben in der Regel …
4. In jeder Familie gibt es …
5. Der Erbe der Hotelkette Steigenberger …
6. Ein positives Beispiel …

CD 25 **b Sie hören ein Interview mit dem Psychologen Dr. Fuchs. Ergänzen Sie die Satzanfänge aus a.**

Im Text werden folgende Wörter in etwa synonym für das Wort „Kind" benutzt:
der Nachfahre, der Nachkomme, der Filius, der Junior, der Nachfolger

c Sprechen Sie über das Interview: Was sind die Vor- und Nachteile für Kinder berühmter Eltern?

d Erörterung – Schreiben Sie einen Text zu dem Thema: „Welche Vorteile und Nachteile hätte ich, wenn ich das Kind berühmter Eltern wäre?"

⑥ Gerüchte

a Formulieren Sie die folgende Behauptung so um, dass sie ohne das Wort „sollen" die gleiche Bedeutung hat. Wählen Sie die passenden Satzanfänge aus. Drei passen nicht.

> Viele Kinder berühmter Eltern sollen Drogenprobleme haben.

Alle wissen, dass … • Es wird behauptet, dass … • Es ist eine Tatsache, dass … • In den Medien wird oft gesagt, dass … • Wir haben Beweise, dass …

Gegenwart	Vergangenheit
Sie **soll** sehr reich **sein**.	Der Vater **soll** sehr intelligent **gewesen sein**.
Er **soll** gar nicht singen **können**.	Er **soll** seiner Mutter eine Villa **gekauft haben**.

b Geben Sie die Gerüchte mit *sollen* wieder.

1. Krösus verdient im Jahr 200 Millionen Euro.

2. Babsi hat schon drei Ferraris zu Schrott gefahren.

3. Lady Gala hat einen Fotoreporter geschlagen.

4. Zazu hat ihren Freund rausgeworfen.

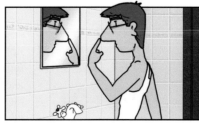

5. Tucks Nase ist gigantisch.

6. Karl hat im Urlaub 10 kg zugenommen!

Projekt: Berühmtheiten

Präsentieren Sie eine berühmte Person aus einer berühmten Familie.

Medien

- ★ Eine Definition des Begriffs „Medien" verstehen
- ★ Über die Nutzung von Medien sprechen
- ★ Eine Statistik interpretieren

1 **Alte und neue Medien**

a Betrachten Sie die Fotos. Was passt zusammen? Wie hat sich die Medienlandschaft in den letzten Jahren verändert?

> Im letzten Jahrhundert war es unmöglich ...
> Früher gab es zwar schon ..., aber ...
> Heute kann man sich kaum vorstellen, ohne ... zu reisen.
> Ohne ... können wir heute gar nicht mehr leben, denn ...

b Lesen Sie die Definitionen zum Begriff „Medien". Schreiben Sie drei Fragen, die mit dem Text beantwortet werden können. Tauschen Sie die Fragen aus.

> Woher kommt das Wort Medium?

> Welche Medien ...?

> Was versteht man unter ...?

Medien (lat. = Mittel) sind Instrumente, mit denen Informationen zwischen Sender und Empfänger ausgetauscht werden können. Das gesprochene Wort ist die ursprünglichste Form eines Mediums. Neue Techniken und Technologien haben zahlreiche komplexe Kommunikationsformen ermöglicht. Man unterscheidet heute zwischen alten und neuen Medien. Als alte Medien bezeichnet man die gedruckten Medien wie Zeitungen, Zeitschriften und Bücher sowie die audiovisuellen Medien Radio, Film, Fernsehen, Video usw. Zu den neuen Medien gehören Smartphones, Computer, Internet, Satelliten- und Kabelfernsehen usw.

c Sprachmittlung – Fragen Sie je zwei Personen im Alter von 6–10 Jahren und 35–60 Jahren, welche Medien sie wann nutzen. Berichten Sie im Unterricht.

2 **Medien in deutschsprachigen Ländern**

a Was ist der Unterschied? Erklären Sie.

Tageszeitung • Wochenzeitung • Zeitschrift • Fernsehnachrichten • Radionachrichten • Onlinezeitung • Blog • Forum • Podcast

> Während … erscheint, wird …. einmal pro… gedruckt.
> Im Gegensatz zu … kann jeder in … seine Nachrichten schreiben.
> Anders als … ist …

> Während eine Tageszeitung täglich erscheint, wird eine Wochenzeitung einmal pro Woche gedruckt.

b Wie gut ist Ihre Familie informiert? Sammeln Sie im Unterricht fünf Fragen für eine Umfrage und führen Sie die Umfrage zu Hause durch.

	oft	selten	nie
1. Wie oft lesen Sie eine Tageszeitung?			
2. Wie oft hören Sie Radionachrichten?			
3. Wie oft …			

3 **Print versus Online**

a Diese Schlagzeile gehört zum Text auf Seite 102. Worum könnte es in dem Text gehen? Sammeln Sie Vermutungen.

Zukunft der Zeitung: Print versus Online

b Lesen Sie 1–6 und dann den Text. Richtig oder falsch? Wie steht es im Text?

1. Reporter aus der ganzen Welt haben auf einem Kongress über die Zukunft der Printmedien diskutiert.
2. Alle Journalisten sind sich einig, dass die Zeitungen in Zukunft nur im Internet erscheinen werden.
3. Nach Meinung von Frau Robinson ist für die Leser nach wie vor journalistische Qualität wichtig.
4. Der heutige Journalismus sollte sich laut Wolfgang Krach mehr auf die Recherche von Fakten konzentrieren.
5. Das Internet hat die Aufgabe, die Nachrichten zu interpretieren.
6. Die gedruckte Ausgabe von „Le Monde" bietet den Lesern einen besonderen Service.

Hamburg – Führende Journalisten aus aller Welt haben auf dem Zeitungskongress in Hamburg über die Zukunft ihrer Produkte diskutiert. Einigkeit herrschte darüber, dass an Online-Angeboten kein
5 Weg vorbeiführt. Allerdings waren über die Gewichtung von Internetauftritten und gedruckten Ausgaben viele unterschiedliche Ansichten zu hören.

„Wir werden uns nicht aus dem Printbereich
10 zurückziehen", sagte die Vorstandsvorsitzende der New York Times Company, Janet Robinson, am Donnerstag, dem zweiten Tag des dreitägigen World Editors Forum. Viele Leser erwarteten noch, ihre Zeitung in Händen zu halten. Robinson zeigte
15 sich jedoch zuversichtlich, dass Nutzer auch im Internet für hochwertige Inhalte zahlen würden. „Unsere Leser sind loyal, wenn wir qualitativ hochwertigen und meinungsbetonten Journalismus machen", sagte sie. Verlässliche Informationen
20 würden immer gebraucht.

Der stellvertretende Chefredakteur der „Süddeutschen Zeitung", Wolfgang Krach, nannte Deutschland ein „Land der Zeitungsleser". Die Qualität der Printmedien sei hierzulande zwar

hoch. Jedoch wünsche er sich mehr investigativen 25 Journalismus. „Es liegt noch ein langer Weg vor uns, bis wir da angekommen sind, wo amerikanische Zeitungen jetzt sind." Investigativ zu recherchieren koste viel Zeit und Geld. Hochwertige Inhalte seien das Wichtigste – sie dürften nicht von Layout und 30 Design definiert werden.

Der Redaktionskoordinator des „Hamburger Abendblattes", Felix Bellinger, hob die unterschiedlichen Funktionen von Print und Online hervor: Im Internet könnten Inhalte 35 aktualisiert werden, in der gedruckten Ausgabe hingegen würden sie interpretiert.

Die Chefredakteurin der französischen Tageszeitung „Le Monde", Sylvie Kauffmann, sagte, Journalisten müssten ihren Lesern Orientierung 40 geben. Denn sie hätten keine Zeit, sich jedes Thema komplett selbst zu erschließen. Daher gebe es bei „Le Monde" neuerdings eine neu eingeführte Rubrik, die komplexe Themen von unterschiedlichen Seiten beleuchte. Denn – und darin waren sich die 45 Journalisten bei allen sonstigen Differenzen einig: Wer die Leser hält, sichert die Zukunft der Zeitungen.

Quelle: dpa. Medien: Zukunft der Zeitung: Print versus Online. Aus: FOCUS Online vom 07.10.2010

c Erklären Sie die folgenden Ausdrücke. Die Wortbildung, der Kontext und andere Sprachen können helfen.

hochwertig · meinungsbetont · investigativer Journalismus · hierzulande · recherchieren · Layout · etwas beleuchten

d Fassen Sie den Text in vier Sätzen zusammen.

Der Text berichtet über einen … · Der Artikel zitiert verschiedene Journalisten, die … · Alle waren sich einig, dass … · Insgesamt wird aber deutlich, dass …

Partizipien als Attribute

Lesen Sie zuerst die Beispiele und erklären Sie dann die Partizipien in 1–5 mit Relativsätzen.

Partizip I Bedeutung: Aktiv, Präsens	Ein täglich die Zeitung lesender Mensch – ist ein Mensch, der täglich Zeitung liest.
Partizip II Bedeutung: meistens Passiv (oft Vergangenheit)	Eine täglich gelesene Zeitung – ist eine Zeitung, die täglich gelesen wird. Eine neu gedruckte Zeitung – ist eine Zeitung, die neu gedruckt worden ist.

1. Die Online-Medien bieten ständig aktualisierte Informationen.
2. Investigative Journalisten schreiben genau recherchierte Reportagen.
3. Die meisten Zeitungen sind heute von der werbenden Wirtschaft abhängig.
4. Die Demokratie braucht gut informierte Bürgerinnen und Bürger.
5. Zeitung lesende Menschen werden immer seltener.

 Ende der Printmedien

CD 26–28 **a Sie hören drei Meinungen. Ordnen Sie den passenden Titel zu und verkürzen Sie ihn.**

1. Digitale Zeitungen dürfen nicht so teuer sein wie ein Exemplar, das gedruckt wurde.
   = Digitale Zeitungen dürfen nicht so teuer sein wie ein …
2. Informationen, die ständig aktualisiert werden, sind die Zukunft.
   = Ständig …
3. Bücher werden bei Menschen, die lesen, immer Kunden finden.
   = Bücher werden bei …

b Hören Sie noch einmal. Sammeln Sie Ideen:
Wie sollen die Nachrichtenmedien von heute sein?

> Sie müssen immer aktuell sein.

c Schreiben Sie Ihre Meinung zum Thema „Das Ende der Printmedien" (60 Wörter).

 Statistik

a Beschreiben Sie die Statistik.

1. Was wurde untersucht?
2. Wann hat man die Befragung gemacht?
3. Wer wurde befragt?

b Wie erklären Sie sich die Ergebnisse?

> Mich überrascht (nicht), dass …
> Ich habe nicht erwartet, dass …
> Dass Mädchen/Jungen … öfter
>   nutzen, liegt wohl daran, dass …
> Ich nehme an, dass die meisten
>   Jugendlichen …

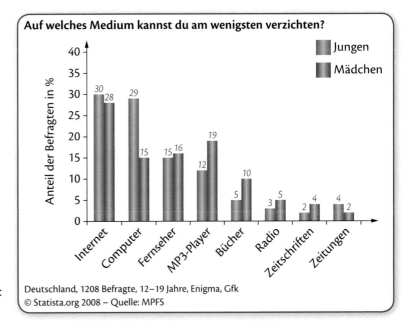

Auf welches Medium kannst du am wenigsten verzichten?

Deutschland, 1208 Befragte, 12–19 Jahre, Enigma, Gfk
© Statista.org 2008 – Quelle: MPFS

c Auf welches Medium können Sie nicht verzichten? Warum?

Projekt: Deutschsprachige Zeitungen, Zeitschriften und Nachrichtensendungen

Wählen Sie Beispiele aus und präsentieren Sie sie im Unterricht.

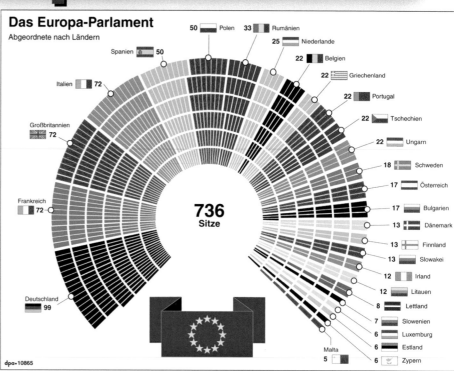

Das Europa-Parlament
Abgeordnete nach Ländern

736 Sitze

Land	Abgeordnete
Spanien	50
Italien	72
Großbritannien	72
Frankreich	72
Deutschland	99
Polen	50
Rumänien	33
Niederlande	25
Belgien	22
Griechenland	22
Portugal	22
Tschechien	22
Ungarn	22
Schweden	18
Österreich	17
Bulgarien	17
Dänemark	13
Finnland	13
Slowakei	13
Irland	12
Litauen	12
Lettland	8
Slowenien	7
Luxemburg	6
Estland	6
Malta	5
Zypern	6

dpa·10865

> ★ Eine Präsentation über die Entwicklung der EU verstehen
> ★ Verschiedene Meinungen über die EU wiedergeben
> ★ Eine Reportage über das Europäische Jugendparlament verstehen
> ★ Eine Zusammenfassung schreiben

1 Präsentation

a Betrachten Sie die Fotos und erstellen Sie eine Mindmap zum Thema „Europa".

CD 29 **b** Präsentation: Die Gründung der Europäischen Union – Hören Sie Teil 1. Um welche drei Teile geht es im Referat?

CD 30 **c** Lesen Sie die Power-Point-Seite oben auf S. 105. Hören Sie Teil 2 und beantworten Sie die Fragen.

1. Warum war die Kohle- und Stahlindustrie besonders wichtig?
2. Wann wird der Europatag gefeiert?
3. Warum hat man die EWG (Europäische Wirtschaftsgemeinschaft) gegründet?
4. Was ist der Unterschied zwischen der EWG und der EU?
5. Welche Probleme gibt es bei der europäischen Integration?

CD 31 **d** Nach dem Referat werden Fragen gestellt. Hören Sie zu und notieren Sie die Antworten.

2 Auf dem Weg zur Integration

a Lesen Sie die Zeitleiste und ordnen Sie die Oberbegriffe zu.

Währungsunion • Parlament • Zollunion • Schengener Abkommen

1. Juli 1968	1979	26. März 1995	1. Januar 2002
Seit diesem Tag muss man zwischen den Mitgliedstaaten keinen Zoll mehr bezahlen.	In diesem Jahr konnten die EU-Bürger erstmals ihre gemeinsamen Abgeordneten wählen.	Von diesem Tag an brauchte man an vielen Grenzen innerhalb der EU keinen Pass mehr.	Ab diesem Tag gibt es den Euro. Davor hatte jeder Staat seine eigene Währung.

I. Der Weg zur Europäischen Union

DEUTSCHLAND 55

50 Jahre Römische Verträge

9. Mai 1950
Der französische Außenminister schlägt in einer Rede vor, die Kohle- und Stahlindustrie gemeinsam zu verwalten.

25. März 1957
Deutschland, Frankreich, Italien, Belgien, die Niederlande und Luxemburg gründen in Rom die Europäische Wirtschaftsgemeinschaft (EWG).

7. Februar 1992
Gründung der Europäischen Union (EU)

b Temporale Konjunktionen und Präpositionen – Ordnen Sie zu. Zu a–f passen zum Teil zwei der Satzanfänge 1–9.

1. Während des 2. Weltkriegs …
2. Der 2. Weltkrieg ging von 1939 bis 1945.
3. Nachdem die EU gegründet worden war, …
4. Nach Gründung der EU …
5. Seit der Öffnung der Grenzen …
6. Seitdem die Grenzen geöffnet sind, …
7. Die Grenzen zwischen Ost- und Westeuropa sind in den Neunzigerjahren geöffnet worden.
8. Vor dem 26. März 1995 sind …
9. Bevor das Schengener Abkommen in Kraft trat, sind …

a) sind viele osteuropäische Staaten der EU beigetreten.
b) gab es an allen Grenzen Passkontrollen.
c) Zu der Zeit waren Deutschland und die meisten europäischen Länder Feinde.
d) Seitdem sind viele osteuropäische Staaten der EU beigetreten.
e) hat sich die EU kontinuierlich erweitert.
f) waren Deutschland und die meisten europäischen Länder Feinde.

c Lesen Sie die Sätze in b noch einmal. Wo passen die markierten Verbindungswörter in der Tabelle?

Konjunktion + Nebensatz	Satzadverb/Ausdrücke	Präposition
als	damals, da	bei (+ D)
während	gleichzeitig, …	… (+ G)
seit, …	seitdem, von da an	seit (+ D), von … an
nachdem	dann, danach, anschließend	…
…	zuvor, davor, vorher	…

3 Interviews mit Bürgerinnen und Bürgern der EU

CD 32 **a Wir haben einen Dolmetscher, eine Schülerin, einen Studenten und eine Rentnerin nach ihrer Meinung zur EU gefragt. Hören Sie die Aussagen und ordnen Sie die Sätze 1–4 zu.**

1. Die EU ist für mich etwas Abstraktes.
2. Ich lebe von der EU.
3. Man könnte noch einige Regeln verbessern.
4. Ich bin froh, dass es die EU gibt.

b Sprachmittlung: Wie würde die Antwort in Ihrem Heimatland ausfallen? Fragen Sie drei Bekannte und fassen Sie die Antwort auf Deutsch zusammen.

Europa ist spannend

Paulskirche
in Frankfurt am Main

Zehn Tage verbringt Lilian in diesem Sommer mit 220 anderen Schülern und Studenten in Frankfurt am Main. Sie alle gehören dem 64. Europäischen Jugendparlament (EYP*) an. In den
5 achtziger Jahren von einer französischen Lehrerin gegründet, will die Organisation Jugendliche für Europa begeistern. Mindestens einmal im Jahr lädt sie deswegen zu einer großen Parlamentssitzung ein, dazwischen gibt es kleinere Konferenzen
10 oder nationale Aktivitäten. Mindestens 16 Jahre alt müssen die Teilnehmer sein, sie kommen mittlerweile aus 34 Staaten, nicht nur aus der EU, auch aus Europaratsländern. Für Frankfurt mussten sie alle einen Auswahlwettbewerb bestehen. Nun
15 sind die meisten ziemlich stolz. dabei zu sein. „Wer hier mitmachen darf, sieht die Welt danach mit

*European Youth Parliament – www.eyp.de

anderen Augen", sagt Pina Akkor, eine Türkin. Sie schwärmt von „jeder Menge Spaß, dem Diskutieren mit Gleichgesinnten, dem gemeinsamen Lernen". Und von einem ganz besonderen »europäischen 20 Geist«, den man nicht beschreiben könne. Ganz offensichtlich gehören aber gute Partys, nette Leute und viele interessante Gespräche dazu. [...]

Die Versammlung in der Paulskirche 1848

Wie immer haben die Teilnehmer ihre Zeit auch in Frankfurt nach erprobten Regeln verbracht: Erst 25 wird gespielt und gelacht – damit sich alle kennenlernen, die Scheu vor dem Englischen und den anderen schwindet. Dann muss sich jeder für eines der Komitees entscheiden. Die tragen

4 Europäisches Jugendparlament

a   Was stellen Sie sich unter einem „Europäischen Jugendparlament" vor? Sammeln Sie.

b   Arbeiten Sie in drei Gruppen. Jede Gruppe bearbeitet die Aufgaben für einen Abschnitt. Wählen Sie auch 3–5 Wörter aus, die für das Verständnis wichtig sind, und erklären Sie sie auf Deutsch. Erklären Sie dann den anderen den Inhalt Ihres Abschnitts.

Gruppe 1: Zeile 1–23	Gruppe 2: Zeile 24–44	Gruppe 3: Zeile 45–71
Was ist das EYP?	Was machen die Teilnehmer?	Wie funktioniert die abschließende
Wer hat es gegründet?	Wie arbeiten Sie?	Generaldebatte? Wo findet sie statt?
Was sind die Aktivitäten?	Welche Erfahrungen sammeln sie?	Wer nimmt daran teil?
Wer darf daran teilnehmen?		Wie wird diskutiert?

c   Ihre Meinung: Was halten Sie von dem Europäischen Jugendparlament? Würden Sie gerne daran teilnehmen?

d   Schreiben Sie eine Zusammenfassung des Zeitungsartikels und formulieren Sie anschließend Ihre Meinung über das EYP.

Der Zeitungsartikel aus „Die Zeit" vom ...handelt von ...

30 Titel wie im EU-Parlament: „Menschenrechte", „Landwirtschaft", „konstitutionelle Angelegenheiten". Dort wird einige Tage über ein Thema debattiert und im Konsens eine Resolution geschrieben. Im besten EU-Stil und oft mit
35 unerwarteten Schwierigkeiten. „Man lernt schnell, dass es schwer ist, mit so vielen unterschiedlichen Kulturen zu einem gemeinsamen Ergebnis zu kommen. Kompromisse sind verdammt schwer. Hat man einen erreicht, bleibt ein tolles Gefühl", sagt
40 Ben English. Er kommt aus Irland und hält inzwischen viel davon, Minderheiten nicht mehr einfach zu überstimmen. Und er hat plötzlich Verständnis dafür, dass seine Regierung in Brüssel so oft Kompromisse eingehen muss.

Europäisches Jugendparlament in der Paulskirche

Die zweitägige Generaldebatte findet in der 45 Paulskirche statt. Der geschichtsträchtige Raum kann Profis einschüchtern, und auch das Jugendparlament wirkt bei der Eröffnung ziemlich gehemmt. Immerhin geht es los mit Jean-Claude Trichet, dem Chef der Europäischen Zentralbank, 50 es folgen andere gestandene Redner. Die Rituale des EYP lassen die Veranstaltung zu Beginn steif wirken. Erst kommen die formellen Worte der Präsidentin, dann geht es um Resolutionen, Paragrafen, Einsprüche: Nur streng nach Regeln darf hier 55 debattiert werden, die großen Redner sind vorher ausgesucht, höflich meldet man sich für kurze Kommentare per Sprechkarte. Die Redezeit wird pro Komitee vergeben, ein Präsidium wacht über die Länge. Schließt man einen Moment die Augen, 60 könnte man sich fast im Europäischen Parlament wähnen. Dort ist es genauso langweilig, nur wird da nicht fast ausschließlich Englisch gesprochen. Hier geschieht das ganz selbstverständlich; fröhlich radebrechend. Dann aber wird die Sache spritziger. 65 Aufgeregt verteidigen die Redner des Komitees für konstitutionelle Angelegenheiten ihre Resolution, andere greifen sie an. Und plötzlich entpuppen sich die strengen Zeitregeln als Wunderwaffe. Keiner kann abschweifen oder langweilen. Hier könnte 70 noch mancher echte Parlamentarier etwas lernen.

Quelle: Petra Pinzler, *Europa ist spannend*. DIE ZEIT, 15. 08. 2010

Projekte

Vorschlag 1: Ihr Land und Europa früher und heute – Sammeln Sie Informationen und berichten Sie.

Vorschlag 2: Model United Nations – Stellen Sie das UN-Projekt vor.

Wer kann daran teilnehmen? Was muss man tun? Wo findet es statt? Was macht man?

1 Sprechen

TD Sie nehmen an einem Seminar über die
Wirtschaftsentwicklung in Deutschland teil.
Die Seminarleiterin, Frau Bienzle, hat Ihnen
die folgende Grafik gegeben und bittet Sie,
die Grafik zu erläutern.

**Beschreiben Sie zunächst den Aufbau
der Grafik.**
**Fassen Sie dann die Informationen
der Grafik zusammen.**

Hinweis: Bei dieser Aufgabe sollen Sie
eine Grafik erläutern. Sie haben in der
Prüfung eine Minute Zeit, um sich die
Grafik anzusehen, danach sollen sie
eineinhalb Minuten darüber sprechen.

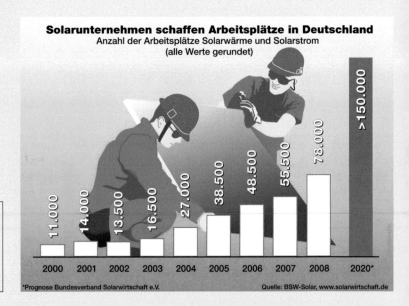

Solarunternehmen schaffen Arbeitsplätze in Deutschland
Anzahl der Arbeitsplätze Solarwärme und Solarstrom
(alle Werte gerundet)

2000	2001	2002	2003	2004	2005	2006	2007	2008	2020*
11.000	14.000	13.500	16.500	27.000	38.500	48.500	55.500	78.000	>150.000

*Prognose Bundesverband Solarwirtschaft e.V.   Quelle: BSW-Solar, www.solarwirtschaft.de

2 Lesen

DSD **Lesen Sie den Text und die Aufgaben 1–5 auf S. 109.
Notieren Sie bei jeder Aufgabe die richtige Lösung.**

Zweisprachigkeit – Chance oder Risiko?

Kinder, die mehrsprachig aufwachsen, haben eine
einmalige Chance. Das haben Hirnforscher
bestätigt. Sie lernen eine zweite oder auch dritte
Sprache mühelos und akzentfrei – zumindest wenn
5 sie in der frühen Kindheit damit beginnen. Und
dabei müssen sie sich noch nicht einmal besonders
anstrengen. Ihr Gehirn lernt nur durch Zuhören
die wichtigsten Strukturen ihrer Muttersprachen.

Sie sind etwas Besonderes. Kinder, die mit
10 mehreren Sprachen aufwachsen, können bereits in
jungen Jahren etwas, wofür andere ein Leben lang
brauchen. Scheinbar mühelos überwinden sie
Sprachbarrieren. Doch ist Zweisprachigkeit wirklich
ein Kinderspiel?

15 Forscher aus Basel gehen der Frage nach, was im
Gehirn von Menschen passiert, die zwei Sprachen
gleichzeitig lernen. Sie untersuchen zwei Gruppen
von Probanden. Die „frühen Mehrsprachigen", die
mit zwei Sprachen aufgewachsen sind und später
20 eine dritte gelernt haben. Und die „späten
Mehrsprachigen", die einsprachig aufgewachsen
sind, aber ebenfalls zwei weitere Sprachen sprechen.
Alle Probanden sollen sich verschiedene Tageszeiten
vorstellen und dann – nur in Gedanken - Freunden
25 dazu Geschichten erzählen. Die Forscher messen
dabei die Hirnaktivität.

Werden mehrere Sprachen gleichzeitig vor dem
dritten Lebensjahr erlernt, so ein Ergebnis der
Untersuchungen, legt das Gehirn sie im selben
neuronalen Netzwerk ab. Dort können sie leicht 30
abgerufen werden. Jede später erlernte Sprache
wird in das Netzwerk integriert. Dagegen müssen
Menschen, die einsprachig aufwachsen und später
Fremdsprachen erlernen, für jede Sprache ein
eigenes neuronales Netzwerk aufbauen. In den 35
meisten Fällen also nutzen die Gehirne von
Menschen, die zweisprachig aufwachsen, ein
neuronales Netzwerk für alle Sprachen. Ihr Gehirn
arbeitet damit effektiver. Leider geht diese Fähigkeit
schon ab dem dritten Lebensjahr allmählich 40
verloren.

In einem zweiten Schritt untersuchten die Schweizer Forscher, wieso zweisprachige Menschen ihre Sprachen so leicht trennen können. Die Antwort: ein eigenes Areal ordnet das Gehörte sofort der einen oder anderen Sprache zu. Zweisprachige Kinder sind offenbar geistig besonders flexibel. Sie sind kreativer, haben ein besseres Raumvorstellungsvermögen, sie lernen leichter zusätzliche Sprachen und haben ein besonders gutes Sprachempfinden. Alle diese Vorteile können die Kinder später in der Schule und in ihrem sozialen Leben nutzen.

Wie lernen Kinder richtig?

Damit mehrsprachige Kinder keine Fehler lernen, sollten sie ihre Muttersprachen nur von Muttersprachlern hören. Eine Erkenntnis, die besonders bei Kindern aus Familien mit Migrationshintergrund zum Tragen kommt. Mehrsprachigkeitsforscher empfehlen allen Eltern, stets nur in ihrer Muttersprache mit ihren Kindern zu sprechen. Die Sprache des Gastlandes erlernen kleine Kinder mit entsprechender Förderung leicht in der Kindertagesstätte bzw. im Kindergarten.

Sprachen sind etwas sehr Emotionales. Nicht selten fühlen sich zweisprachige Kinder mit einer ihrer Sprachen wohler. Kinder ahmen das Verhalten der Eltern nach, vor allem wenn diese viel zwischen den Sprachen hin- und herspringen. Wenn aber der Vater konsequent eine Sprache spricht – zum Beispiel Französisch – und die Mutter eine andere Sprache – zum Beispiel Deutsch – dann trennen auch die Kinder die Sprachen deutlich.

Gibt es Risiken bei einer zweisprachigen Erziehung?

Immer noch befürchten einzelne Ärzte und Erzieher, dass Mehrsprachigkeit Sprachstörungen auslösen kann. Neueste Forschungsergebnisse können diese Befürchtung jedoch nicht bestätigen. Etwa 5 % aller Kinder entwickeln ihre Sprache nicht altersgerecht – egal, ob sie mit einer, zwei oder drei Muttersprachen aufwachsen. Sprachstörungen wie Disgrammatismus, Artikulationsprobleme, Stottern oder Entwicklungsverzögerungen sind keine Folge besonderer Belastung und können meistens durch Logopäden therapiert werden.

Der Countdown ins Leben – auch mit zwei Sprachen muss er nicht schwieriger sein. Mehrsprachigkeit ist – gerade in Europa – eine einmalige Chance. Und das Schönste: Jedes Kind bringt die Voraussetzungen dafür mit.

Aus: HIPPOKRATES – Gesundheitsmagazin
ZDF/Arte G.E.I.E., 16.11.05

---

0. Wenn Kinder mehrsprachig aufwachsen,

Lösung: b

- [a] müssen sie sich sehr anstrengen.
- [X] lernen sie in der Schule leichter.
- [c] lernen sie die Sprache ihrer Mutter ohne Probleme.

1. Die Forscher in Basel haben
- [a] mehrsprachige Kinder untersucht.
- [b] verschiedene Gruppen verglichen.
- [c] Sprachbarrieren überwunden.

2. Wenn man als kleines Kind mehrere Sprachen lernt,
- [a] werden sie im Kopf an einer Stelle gespeichert.
- [b] braucht man viel Zeit.
- [c] verliert man viele Fähigkeiten.

3. Mehrsprachige Kinder
- [a] sind oft auch sehr einfallsreich.
- [b] können die Sprachen nicht trennen.
- [c] vergessen weitere Sprachen leicht wieder.

4. Am besten ist es, wenn die Eltern.
- [a] immer in ihrer jeweiligen Muttersprache mit den Kindern sprechen.
- [b] nur eine Sprache mit dem Kind sprechen.
- [c] beide Sprachen sprechen.

5. Mehrsprachigkeit ist
- [a] für viele eine gesundheitliche Gefahr.
- [b] ein schwieriger Start ins Leben.
- [c] ein großer Vorteil für die Kinder.

3

Hören

GI
CD 33

Hören Sie die Nachricht und korrigieren Sie während des Hörens die falschen Informationen oder ergänzen Sie die fehlenden Informationen. Hören Sie den Text einmal.

Blick auf Heidelberg vom Philosophenweg

Termin	vormittags	nachmittags	abends
Sonntag		Abholung – Treffpunkt: 16 Uhr Flughafen **Beispiel** Informationsschalter	Abendessen in den Familien
Montag	offizielle Begrüßung Treffpunkt: Foyer	Stadtrundgang Führung: Herr Meier	Treffpunkt: 19 Uhr an der Schule 1)
Dienstag	8 Uhr 2)	freie Zeit mit der Gastfamilie	Konzertbesuch Treffpunkt: Marktplatz
Mittwoch	Fahrt nach Heidelberg Treffpunkt: 8 Uhr vor der Schule	freie Zeit in Heidelberg	Rückkehr 3) , Abend in der Familie
Donnerstag	Unterricht mit den Gastschülern	freie Zeit mit der Gastfamilie	Sportabend Treffpunkt: Sportplatz
Freitag	Wanderung im Taunus. Treffpunkt: 9 Uhr am Bahnhof, Eingangshalle	Besichtigung der Saalburg	Abschlussparty „Goldener Hof" Adresse: 4)
Samstag	freie Zeit in der Gastfamilie	Fahrt zum Flughafen Treffpunkt: 16 Uhr vor der Schule	Abflug: 19:15 Uhr
Telefonnummer für Rückfragen:	5) 03651		

SCHWERPUNKT: Schreiben

GI In einer deutschen Zeitung lesen Sie folgende Meldung:

Berühmt sein

Sendungen im Fernsehen wie „Deutschland sucht den Superstar" sind unter Kindern und Jugendlichen sehr beliebt. Der Traum vieler ist es, daran teilzunehmen und berühmt zu werden. Für die Erfüllung ihres Ziels nehmen Jugendliche oft viel auf sich. Sie trainieren hart und lassen sogar Schönheitsoperationen an sich vornehmen, um ihre Chancen zu verbessern.

Häufig sind es auch die Eltern, die ihre Kinder – häufig schon in sehr jungen Jahren – zu Castingshows bringen, damit sie in der Film-, Pop- oder Modewelt berühmt werden.

Aber ist ein solches Leben im Rampenlicht wirklich erstrebenswert? Psychologen warnen vor den negativen Folgen, die das Leben in der Öffentlichkeit mit sich bringt. Und man darf nicht vergessen, dass nur ein kleiner Teil der Kinder und Jugendlichen, die Berühmtheit anstreben, tatsächlich Erfolg haben. Die anderen opfern viele Jahre ihres Lebens, ohne dafür den Lohn zu bekommen.

Schreiben Sie als Reaktion auf diesen Artikel an die Zeitung.

Sagen Sie,
– ob Sie an einer solchen Show bereits teilgenommen haben oder teilnehmen würden.
– ob Sendungen dieser Art in Ihrem Land populär sind.
– welche Maßnahmen Sie vorschlagen, um Kinder und Jugendliche zu schützen.
– wie sich Berühmtheit auf das alltägliche Leben und die Entwicklung von Kindern und Jugendlichen auswirkt.

Hinweise:
Vergessen Sie bitte nicht Anrede und Gruß.
Die Adresse der Zeitung brauchen Sie nicht anzugeben.
Bei der Beurteilung wird u. a. darauf geachtet,
– ob Sie alle vier angegebenen Inhaltspunkte berücksichtigt haben,
– wie korrekt Sie schreiben,
– wie gut Sätze und Abschnitte sprachlich miteinander verknüpft sind.
Schreiben Sie mindestens 180 Wörter.

Sprechtraining: Wörter werfen

Im Theater als Schauspieler ist es wichtig, so zu sprechen, dass auch die Zuschauer in der letzten Reihe alles verstehen können. Auch in einer mündlichen Prüfung ist es wichtig, dass die Prüfer Sie akustisch gut verstehen.
Um dieses Ziel zu erreichen, gibt es viele Übungen.
Eine Übung ist das „Wörter werfen".
– Sie brauchen einen kleinen Ball und genug Platz in einem Raum. Draußen funktioniert die Übung nicht.
– Stellen Sie sich zu zweit gegenüber im Abstand von ca. 3–4 Metern.
– Wählen Sie einen Satz oder ein paar Wörter aus, mit denen Sie üben, z. B. den ersten Satz der Theaterszene auf Seite 112: *Mit wem sprichst du?*
– A beginnt, nimmt Blickkontakt mit seinem Partner auf, wirft den Ball zum Partner, und wenn der Ball gerade angekommen ist, „wirft" er ein Wort mit Schwung hinterher.
– Sprechen Sie zunächst immer nur ein Wort und sprechen Sie das Wort ganz deutlich. Achten Sie besonders darauf, dass Sie das Ende des Wortes auch noch deutlich sprechen. Das ist besonders bei dem Wort „sprichst" nicht ganz einfach.

Für mein Portfolio

Eine Rolle/Aufgabe, mit der ich gerne berühmt werden würde.

6 Literatur und Poesie

CD 34–35 **Frank Schimmelpfennig: Die Frau von früher**

(Auszug: 1. und 2. Szene)

Der großzügige Wohnungsflur einer Altbauwohnung. Vier Türen, die von dem Flur abgehen: die Eingangstür mit zwei Flügeln, die Tür zum Bad, die Tür zum Zimmer des Sohnes, die Tür zum Schlafzimmer der Eltern.

Eventuell ein Durchgang oder eine weitere Tür zu Wohnzimmer und Küche. Viel Platz. Im Flur stehen bereits gepackte Umzugskartons – keine Möbel mehr oder Bilder.

1.

Frank an der geschlossenen Wohnungstür, Claudia, seine Frau, kommt in Bademantel und mit Handtuch um den Kopf aus dem Bad.

CLAUDIA	Mit wem sprichst du?
FRANK	Ich?
CLAUDIA	Ja, mit wem sprichst du?
FRANK	Mit – mit niemandem. Mit wem soll ich denn sprechen –
CLAUDIA	Ich dachte, ich hätte jemanden sprechen gehört – du hast doch mit jemandem gesprochen –
FRANK	Nein – wieso?
CLAUDIA	Weil ich Stimmen gehört habe.
FRANK	Stimmen –
CLAUDIA	Stimmen, ja, Stimmen –
FRANK	Aber du warst doch im Bad –
CLAUDIA	Ja, eben –
FRANK	Stimmen im Bad – kennt man doch, Stimmen aus den Rohren, aus den anderen Stockwerken –
CLAUDIA	Nein – ich meine Stimmen hier aus dem Flur.
FRANK	Hier – Stimmen –
CLAUDIA	Ja, Stimmen – hier aus dem Flur.

Kurze Pause.

FRANK	Hier ist niemand.

Kurze Pause.

CLAUDIA	Aber hier war jemand.

Kurze Pause.

FRANK	Es ist niemand hier.

Sie öffnet die Wohnungstür. Direkt vor der Tür steht Romy Vogtländer. Sie trägt einen kurzen Mantel. Pause.

CLAUDIA	Wer ist das?

Schweigen.

	Wer ist das?

Kurze Pause.

FRANK	Das –

Kurze Pause.

	Das ist Romy Vogtländer –

Kurze Pause.

	Das ist Romy Vogtländer, die ich vor 24 Jahren das letzte Mal gesehen habe.

Kurze Pause.

CLAUDIA	Warum sagst du mir nicht, daß diese Frau hier vor der Tür steht?

Pause.

	Warum sagst du mir das nicht?

Kurze Pause.

	Warum lügst du mich an –

Kurze Pause.

FRANK	Ihr Auftauchen überrascht mich selbst vollkommen.

Kurze Pause.

ROMY V.	Dieser Mann war vor 24 Jahren meine große Liebe.

Kurze Pause.

	Wir waren ein Paar, damals.

Kurze Pause.

	Und wir sind es noch heute.

Kurze Pause.

CLAUDIA	Was?
ROMY V.	Er und ich – wir waren ein Paar, damals, und wir sind es noch heute.

Claudia schlägt ihrem Mann Frank mit der flachen Hand ins Gesicht und knallt vor Romy die Tür zu.

2.

Zehn Minuten früher. Der leere Wohnungsflur. Duschgeräusche aus dem Bad. Es klingelt.
Frank tritt auf, geht an die Gegensprechanlage.

FRANK   Ja?

Nichts.

      Hallo? Hallo?

Nichts.

      Hallo?

Er geht. Erneutes Klingeln. Er kommt zurück, nimmt den Hörer der Gegensprechanlage ab.

      Hallo?

Nichts. Er legt auf, geht wieder. Es klopft an der Tür. Er hält inne. Stille. Erneutes Klopfen. Er geht zurück zur Tür.

      Hallo? Wer ist da?

Erneutes Klopfen.

      Hallo?

Stille.
Er öffnet plötzlich die Tür. Vor der Tür eine Frau in einem kurzen Mantel.

      Ja?

Schweigen.

      Ja, bitte?

Schweigen.

      Hören Sie –
ROMY V.   Ich habe dich gesucht – es war nicht einfach, dich zu finden –
FRANK   Ach ja – kann sein.

Er macht die Tür wieder zu, bleibt aber unbewegt stehen.
Pause.
Klopfen. Er öffnet die Tür wieder.

      Hören Sie, bitte –

Die Geräusche im Bad hören auf.

ROMY V.   Du – du erkennst mich nicht –
FRANK   Erkennen – *Lacht.* – nein, erkennen, tut mir leid – *Er will die Tür wieder zumachen.*
ROMY V.   Ich bin es, Romy – Romy Vogtländer.

Kurze Pause.

      Aber wenn du mich nicht erkennst, dann solltest du die Tür wohl wirklich wieder zumachen.
FRANK   Romy Vogtländer –
ROMY V.   Und du erkennst mich nicht.
FRANK   Romy – Romy Vogtländer …
ROMY V.   Weißt du –
FRANK   Ja, ja –

ROMY V.   Wir waren einen Sommer lang ein Paar –
FRANK   Romy Vogtländer …
ROMY V.   Vor 24 Jahren.
FRANK   Romy … damals.

Kurze Pause.

      Da waren wir siebzehn.
ROMY V.   Siebzehn, ja genau, ich war siebzehn, du warst zwanzig, und damals hast du mir geschworen, daß du mich immer lieben wirst.

Er lacht auf.

FRANK   Ja –
ROMY V.   Du lachst – und ich hab es dir auch geschworen. Daß ich dich immer lieben werde.

Kurze Pause.

      Weißt du noch?
FRANK   Ja – kann sein.
ROMY V.   Ich bin jetzt da, um dieses Versprechen einzulösen.

Pause.

FRANK   Was?
ROMY V.   Ich bin jetzt da, um dieses Versprechen einzulösen. Und ich bin da, um dich an dein Versprechen zu erinnern –
FRANK   An welches Versprechen –
ROMY V.   An das Versprechen – daß du mich immer lieben wirst, das hattest du gesagt.

Pause.

FRANK   Aber – aber –

Kurze Pause.

      Da war ich neunzehn.
ROMY V.   Zwanzig.
FRANK   Neunzehn oder zwanzig – das macht keinen Unterschied –

Kurze Pause.

      Was willst du hier?

Kurze Pause.

ROMY V.   Dich – was könnte ich sonst wollen.
      Ich bin gekommen, um dich zu erinnern.
FRANK   Erinnern –
ROMY V.   Daß wir uns ewig lieben werden – das hattest du gesagt.

Er überlegt. Das Geräusch im Schloß einer sich öffnenden Badezimmertür. Er schließt vor Romy die Wohnungstür. Hält inne. Claudia kommt in Bademantel und mit Handtuch um den Kopf aus dem Bad.

Aus: Roland Schimmelpfennig, *Die Frau von früher.*
Fischer Taschenbuch Verlag, Frankfurt am Main, 2004.

19 Sprache differenziert

★ Sprachgebrauch nach Situation unterscheiden
★ Einen Text zum Thema „Varietäten" verstehen
★ Über Jugendsprache sprechen
★ Beschwerden formulieren

1 Sprache im Kontext

a Überlegen Sie, wer die Personen auf dem Bild sein könnten.

eine Nonne • eine Lehrerin • ein Tourist • ein Bekannter, der böse auf Sie ist • Ihre kleine Schwester • ein älterer Nachbar • Ihr bester Freund • ein Polizist, auf den Sie böse sind

CD 36 **b Sie sind ICH. Diese Personen stehen Ihnen im Weg. Sie möchten, dass sie Sie vorbeilassen. Was sagen Sie zu wem? Lesen und hören Sie und stellen Sie Vermutungen an.**

1. Verzeihung, darf ich mal bitte durch?
2. Sei so lieb und lass mich durch.
3. Mensch, geh mal doch zur Seite!

4. Lässt du mich bitte mal durch?
5. Entschuldigung, ich möchte gern vorbei.
6. Kann ich mal durch?

c Hören Sie noch einmal. Wie spricht die Person mit wem? Ordnen Sie die Begriffe zu: formell, informell, höflich, unhöflich.

d Du oder Sie? – Lesen Sie 1–5. Wir würden sich die Personen jeweils ansprechen?

1. Zwei Kollegen sprechen miteinander. • 2. Zwei Studenten sehen sich das erste Mal und unterhalten sich. • 3. Der Chef spricht mit seinem Angestellten. • 4. Ein Lehrer spricht mit einem 18-jährigen Schüler. • 5. Ein Priester spricht einen jungen Mann auf der Straße an.

e Erklären Sie einem Deutschen, wie man in Ihrer Sprache zwischen formeller und informeller Anrede unterscheidet.

Unter Freunden / Bei Gleichaltrigen / Gegenüber älteren Menschen benutzt man ...
Wenn man mit den Eltern/Lehrern / seinem Chef spricht, ...
du/Sie • duzen/siezen • formelle/informelle Anredeform

② Varietäten

a Überfliegen Sie den Text. Wählen Sie in 1–4 die richtigen Antworten.

1. Das ist ein Text aus
   a) dem privaten Alltag.
   b) der Wissenschaft.
   c) der Literatur.

2. Die Sprache ist
   a) jugendlich.
   b) umgangssprachlich.
   c) formell.

3. In dem Text sind
   a) viele Definitionen.
   b) eigene Meinungen.
   c) persönliche Kommentare.

4. Die Sätze sind
   a) komplex.
   b) kurz.
   c) einfach.

Deutsch differenziert

Dass unsere Sprache nicht überall gleich ist, zeigt sich, wenn ein Norddeutscher Verständigungsprobleme in Bayern hat, wenn Senioren die Ausdrucksweise von Jugendlichen nicht verstehen oder wenn ein
5 deutscher Staatsbürger verwundert ein Interview im Schweizer Fernsehen verfolgt.

Deutsch zeichnet sich dadurch aus, dass es eine Vielzahl unterschiedlicher Varianten aufweist, die sich in Aussprache, Struktur und Wortschatz unterscheiden.
10 Die Varietäten werden nach bestimmten Dimensionen differenziert, z. B.
   – nach Sprachebenen (Standardsprache, Umgangssprache, Slang usw.), nach sozialen Gruppen (Frauensprache, Männersprache, Jugendsprache,
15 Sprache der Juristen …)
   – nach räumlichen Regionen (Dialekte, Regionalsprachen, Stadtsprachen …)
   – nach funktionalen Aspekten (Amtssprache, Vortragssprache, Schriftsprache …)

Dazu schreibt die Duden-Grammatik: „Die Verwen- 20
dung einer bestimmten Varietät signalisiert die Zugehörigkeit zu einer bestimmten sozialen Gruppe. Nach außen kann dies als Mittel zur sozialen Positionierung und Abgrenzung genutzt werden, nach innen dient die Verwendung einer Varietät der Vergemein- 25
schaftung und der Identitätsbildung. […] Die meisten Sprecher verfügen über mehrere Varietäten, von denen sie situationsspezifisch Gebrauch machen. Mit der Situation (Familie, Beruf, Öffentlichkeit) kann auch die verwendete Varietät (Dialekt, Fachsprache, 30
Standardsprache) wechseln.

Aber auch innerhalb eines Gesprächs oder Beitrags treten Wechsel zwischen Varietäten auf. Solche Varietätenwechsel (engl.: code-switching) haben vielfältige kommunikative Funktionen. Sie können 35
z. B. einen Rollenwechsel oder einen Wechsel der Gesprächsmodalität (Scherz – Ernst) signalisieren."
(Duden, Die Grammatik, Mannheim, 2005, S. 1252)

b Lesen Sie den Text. Wo finden Sie Antworten zu 1–4 im Text?

1. Welche konkreten Beispiele kann man für unterschiedliche Varietäten der deutschen Sprache nennen?
2. Wie werden die Varietäten beschrieben?
3. Welche Bedeutung hat die Auswahl einer Varietät für den Sprecher?
4. Wann und warum wechselt man zwischen Varietäten?

c Wie sind die Aussagen 1–5 im Text formuliert?

1. Unsere Sprache zeigt, welcher sozialen Gruppe wir angehören.
2. Die deutsche Sprache ist nicht einheitlich.
3. Es hängt von der Situation ab, welche Sprache wir benutzen.
4. Wir sprechen unterschiedlich, je nach Person und Situation.
5. Es gibt verschiedene Kriterien, nach denen man Varietäten unterscheiden kann.

3 Wortschatzarbeit: *sprechen*

a Finden Sie Wörter im Text, die zu der Wortfamilie „sprechen" gehören. Ergänzen Sie weitere Wörter.

b Sammeln Sie Synonyme zu dem Wort „sprechen". Schreiben Sie drei Beispielsätze.

kommunizieren, sich austauschen …

c Sehen Sie die Bilder an. Welche Verben passen zu welchem Bild: *erzählen, sich unterhalten, referieren …*
Welche Sprachvarietät aus dem Artikel passt zu welchem Bild?

4 Jugendsprache

CD 37 **a** Hören Sie den Anfang der Reportage: Wer wird interviewt? Wo findet das Interview statt?

b Hören Sie nun die ganze Reportage. Notieren Sie für 1–5 R (richtig) oder F (falsch).

1. Die Teenager benutzen die Jugendsprache, damit die Erwachsenen möglichst nichts verstehen.
2. Den Eltern erklären die Jugendlichen ihre Sprache nicht.
3. Die Jugendlichen benutzen oft Wörter, die sie aus Hip-Hop-Liedern kennen.
4. „Niveaulimbo" bedeutet, dass das Niveau eines Gesprächs oder einer Fernsehsendung schlechter wird.
5. Die neuen Wörter sind allen Jugendlichen in ganz Deutschland bekannt.

c Übersetzen Sie die Sätze 1–6 ins Standarddeutsch.

1. Checkst du nicht, worum es geht?
2. Bruces Freundin fährt gern in die Klappkaribik.
3. Hast du einen Sockenschuss?
4. Nach der Schule werde ich eine Stunde gruscheln.
5. Ich habe gerade jemanden kennengelernt und den muss ich schnell adden.
6. Kannst du mir simsen, wann du kommst?

d Kennen Sie Beispiele von Jugendwörtern in Ihrer Sprache? Woher kommen sie?

e Was meinen Sie: Aus welchen Gründen verändert sich die Jugendsprache schnell?

Relativsätze mit *was, worüber* ...

a   Lesen Sie die Kommentare zu der Reportage. Worauf beziehen sich die markierten Wörter?

1. Jugendliche wollen sich auch sprachlich von ihren Eltern abgrenzen, *worüber* ich mich nicht wundere.
2. Die Jugendsprache verändert sich sehr schnell, *was* mich nicht überrascht.
3. Die Erwachsenen schmunzeln oft über den Jugendslang, *worüber* ich mich immer ärgere.
4. Jugendliche haben tolle Ideen für neue Wörter, *wovon* Sprachwissenschaftler begeistert sind.

Junge Leute erfinden neue Wörter. **Das** finde ich interessant.

Junge Leute erfinden neue Wörter, **was** ich interessant finde.

Junge Leute erfinden neue Wörter, **worüber** ich nicht überrascht bin.

---

b   Und was meinen Sie? Schreiben Sie Sätze.

1. Eltern wollen die Sprache ihrer Kinder verstehen, …	was mich überrascht.
2. Auch kleine Kinder bilden neue Wörter, …	worüber ich mich sehr freue.
3. Eltern korrigieren ihre Kinder dauernd, …	worüber ich mich immer ärgere.
4. …	was ich verständlich finde.
	was/worüber/wovon/woran …

Eine Beschwerde – zwei Varianten

a   Lesen Sie die Texte. Welche Elemente in beiden Texten haben die gleiche Funktion?

Gespräch mit dem Hausmeister:

> Tag, Herr Seidler. Also ... ich muss mal mit Ihnen über meinen Nachbarn sprechen. Der Herr Krause hört seine Musik so laut, dass ich nicht schlafen kann. Jeden Abend geht das so, ja, jeden Abend, sag ich Ihnen. Ich hab ja nichts gegen gute Musik und man kann sie auch mal laut hören. Aber der macht das dauernd. Der stört die ganze Nachbarschaft. Ich wollt' schon mit ihm sprechen, aber der macht ja die Tür nie auf! Ich dachte, vielleicht könnten Sie ja mal mit ihm reden ...

Brief an den Hausmeister:

Sehr geehrter Herr Seidler,

heute wende ich mich an Sie mit einer Beschwerde. Mein Nachbar, Herr Krause, hört abends immer sehr laut Musik, was regelmäßig meinen Schlaf stört. Ich höre selbst oft gute Musik. Ich glaube aber, dass man damit nicht die ganze Nachbarschaft stören darf. Mehrmalige Gesprächsversuche meinerseits blieben erfolglos, da Herr Krause das Gespräch mit mir vermeidet. Ich bitte Sie darum, diese Angelegenheit mit Herrn Krause zu regeln.

Mit freundlichen Grüßen
Hans Albrecht

Gespräch
Tag, Herr Seidler ...

Brief
Sehr geehrter Herr Seidler,
...

b   In Ihrem Feriendeutschkurs gibt es Probleme. Sie beschweren sich. Spielen Sie den Dialog mit einem Freund (informell) und mit dem Leiter (formell).

Probleme: schlechtes Essen, unbequeme Betten, zu wenige Rollenspiele, zu lange Pausen …

c   Schreiben Sie einen Beschwerdebrief an die Organisatoren des Deutschkurses. Berücksichtigen Sie folgende Punkte in einer sinnvollen Reihenfolge.

– Beispiele für Ihre schlechten Erfahrungen im Feriensprachkurs
– Fordern Sie einen Teil Ihres Geldes zurück

– Ihre Erwartungen an einen Feriensprachkurs
– Grund des Schreibens

★ Texte zum Tourismus verstehen und schreiben
★ Erstaunen ausdrücken
★ Gespräche beim Reisen verstehen und führen

 Fünf besondere Orte

Lesen Sie die fünf Texte schnell. Welches Foto und welche Überschrift passen? Warum?

Amazonas in Deutschland

Das achte Weltwunder in Deutschland

Galapagos in Deutschland

Disneyland in Deutschland

Wilde Tiere in Deutschland

1

Mit ihren tausend Seen bewahrt diese außergewöhnliche Landschaft im Nordosten der Bundesrepublik, unmittelbar vor den Toren Berlins, einen Schatz, wie es ihn in Europa kein zweites Mal gibt: Die Mecklenburgische Seenplatte ist das Paradies für Wassersportbegeisterte. Ihnen eröffnen sich hier Möglichkeiten, auf die nur ein Begriff zutrifft: grenzenlos. Kanufahrten, Segeln, Surfen, Wasserski, Floßfahrten, Angeln und Tauchen oder einfach Badengehen. Wer das kleine Abenteuer sucht, ist auf den Hausbooten richtig, mit denen sich die Seenlandschaft vom Wasser aus entdecken lässt – auch ohne Bootsführerschein. Rundfahrten, romantische Mondscheintouren und Mehrtagesausflüge mit dem Fahrgastschiff runden das Angebot auf und am Wasser ab. Historische Altstädte, pittoreske Häfen und jede Menge Museen machen die Seenplatte auch zu Lande interessant. Gut beschilderte Wege laden zu Wanderungen und Radtouren durch den Nationalpark ein.
Wer im Kanu die Peene hinunterpaddelt, trifft auch nach Stunden auf kein Dorf, dafür aber auf viele selten gewordene Tiere. An einem der letzten naturbelassenen Flüsse Europas gibt es eine unglaubliche Artenvielfalt.

2

Einer der sonnenreichsten Plätze der Bundesrepublik ist Deutschlands einzige Hochseeinsel: Helgoland. Auf hoch aus dem Meer ragenden roten Felsen ist der Ort gebaut, baden kann man auf der benachbarten Insel „Düne". Helgolands Wahrzeichen ist der freistehende Felsen „Lange Anna", wo Tausende Seevögel ihre Heimat haben. In der ersten Junihälfte findet hier, im kleinsten Naturschutzgebiet der Welt, ein eindrucksvolles Naturschauspiel statt: der Lummensprung. Die noch flugunfähigen Jungvögel stürzen sich aus bis zu 60 Metern in die Tiefe und kommen unbeschadet unten an. Auf der Badeinsel kann man zwischen zwei Stränden wählen: Der Südstrand präsentiert sich familienfreundlich mit ruhigem Wasser, während man am Nordstrand die Wellen genießen kann. Eine besondere Attraktion sind die vielen Seehunde, die gemeinsam mit den Badegästen in der Sonne liegen und neben ihnen im Wasser schwimmen.

3

Bären und Wölfe nachts in ihrem natürlichen Lebensraum beobachten: Dieses besondere Erlebnis können Sie im „Alternativen Bärenpark® Worbis" in Thüringen haben. Hier gibt es einen Platz, wo gequälte Bären einen angenehmen Lebensabend verbringen können. Denn überall dort, wo es Bären gibt, gibt es auch den Missbrauch der Bären, die oft als Zirkusbär, Tanzbär und in Zoos in viel zu kleinen Käfigen gehalten werden.
Mit einer Größe von vier Hektar ist der Bärenpark Worbis die modernste Anlage für diese Tiere in Europa. Sie entspricht dem natürlichen Lebensraum von Bären und Wölfen, die gemeinsam gehalten werden, um ihnen die Langeweile zu vertreiben.
Aber auch für den Touristen wird einiges geboten: Während eines drei- bis fünftägigen Aufenthalts kann man im Indianerzelt leben, am Lagerfeuer kochen, Romantik erleben und Tiere beobachten.
Tausende Besucher haben den Tierpark bisher kennengelernt und finanzieren mit ihren Eintrittsgeldern dieses einzigartige Tierschutzprojekt, das 2010 den Titel „Ausgewählter Ort" erhielt.

4

Im Dreiländereck Deutschland, Frankreich, Schweiz bei Freiburg gelegen, ist der Europa-Park in Rust mit einer Gesamtfläche von rund 700 000 qm einer der größten und besucherstärksten Freizeitparks Deutschlands. Neben den über 120 Sensationen, Shows und Erlebniswelten, die Spaß und Abenteuer für Jung und Alt bieten, beeindrucken vor allem die zwölf Themenbereiche zu verschiedenen Ländern und Regionen, in denen landestypische Architektur und Spezialitäten präsentiert werden.
Durch die authentisch wirkenden Gebäude und Kostüme können die Besucher gleichsam an einem Tag eine Reise durch ganz Europa machen und einen lebendigen Eindruck von dessen Vielfalt gewinnen. Erwähnenswert sind außerdem die zahlreichen Feste und Events.
Vorträge über Umweltschutz und Naturheilkunde gehören genauso zum reichhaltigen Programm wie spannende Einblicke in die Welt der Wissenschaft und Technik.
Nervenstarke können in einer der zehn Achterbahnen ein atemberaubendes Erlebnis haben, während Ängstlichere sich z. B. in einem isländischen Dorf an einem Wasserfall entspannen können.

5

Dramatisch war sein Leben und ebenso dramatisch wie unwirklich erscheint sein Schloss: Neuschwanstein ist das Märchenschloss König Ludwigs II. von Bayern (1845–1886), der als der „Märchenkönig" unsterblich geworden ist. Man spürt den Zauber von Deutschlands achtem Weltwunder! Im Schloss flüchtete sich Ludwig II. in seine Traumwelt, die poetische Welt des Mittelalters. Die war in Neuschwanstein allerdings nur eine Fassade, denn hinter dem altertümlichen Aussehen verbargen sich modernste Technik und höchster Komfort. Die Räume des Palastes wurden über eine Heißluft-Zentralheizung erwärmt. In allen Stockwerken stand fließendes Wasser zur Verfügung, im dritten und vierten Obergeschoss gab es sogar Telefonanschlüsse. Zwischen Wohnzimmer und Arbeitszimmer liegt das wohl ungewöhnlichste Zimmer des Schlosses: die Grotte. Ein Raum mit kleinen Wasserfällen und bunter Beleuchtung. Sieben Wochen nach dem geheimnisvollen, nie geklärten Tod Ludwigs II. im Starnberger See wurde Neuschwanstein im Jahr 1886 für das Publikum geöffnet. Es gehört heute zu den meistbesuchten Schlössern Europas.

Für aktuelle Informationen und Fotos zu besonderen Orten in Deutschland: www.germany.travel/de/

2 **Über einen besonderen Ort berichten**

a **Arbeiten Sie in Gruppen. Lesen Sie in Ihrer Gruppe einen der Texte genau und notieren Sie die interessantesten Informationen.**

b **Tauschen Sie Ihre Informationen mit jemandem aus einer anderen Gruppe aus. Notieren Sie die wichtigsten Informationen, die Sie bekommen.**

c **Setzen Sie sich wieder mit Ihrer Gruppe zusammen. Berichten Sie über das, was Sie von den anderen erfahren haben. Welche Informationen finden Sie besonders interessant?**

Ich habe nicht gewusst, dass es in Deutschland …
Ich hätte nicht gedacht, dass …
Stell dir vor, man kann mit Seehunden baden!
Ein Wasserfall im Schloss? Das wundert mich!

3 N-Deklination

a Lesen Sie die Beispiele. Ergänzen Sie dann die Sätze mit den Nomen der N-Deklination.

Nominativ	Akkusativ	Dativ	Genitiv
der Bär	den Bären	dem Bären	des Bären
der Tourist	den Touristen	dem Touristen	des Touristen

Chinese · Tourist · Kollege · Journalist · Schwede · Biologe · Junge · Mensch · Student

1. Ich möchte mit einem … Urlaub machen.
2. Der Europapark ist interessant für jeden …
3. Die Reise des … nach Helgoland war langweilig.
4. Viele … besuchen Neuschwanstein.
5. Mein Mitreisender ist ein …

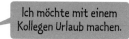

Ich möchte mit einem Kollegen Urlaub machen.

b Sortieren Sie diese Nomen mit N-Deklination in Gruppen. Welche Gruppen finden Sie?
Achten Sie auf Artikel und Endung.

der Jung**e**, der Journal**ist**, der Aff**e**, der Nam**e**, der Autom**at**, der Stud**ent**, der Kolleg**e**, der Praktik**ant**, der Präsid**ent**, der Tour**ist**, der Pati**ent**, der Pol**e**, der Neff**e**, der Diplom**at**, der Schwed**e**, der Liefer**ant**, der Löw**e**, der Chines**e**, der Poliz**ist**, der Has**e**, der Kund**e**

4 Wortschatz trainieren: Tourismus-Wörter

a Wählen Sie einen Text von den Seiten 118–119 aus. Suchen Sie Ausdrücke und Wörter aus dem Bereich Tourismus, die den Ort positiv beschreiben.

Text 3: außergewöhnlich, ein Schatz, kein zweites Mal …

b Machen Sie gemeinsam ein Lernplakat mit den Wörtern und Ausdrücken aus 4a.

Adjektive	Nomen	Was kann man machen?	Was kann man sehen?	sonstige Ausdrücke
außergewöhnlich	der Schatz	romantische Mondscheintour	historische Altstadt	kein zweites Mal

5 Superlativ-Plätze

a Lesen Sie das Beispiel und schreiben Sie Sätze.

1. Helgoland ist: sonnenreich / Insel (die) / Deutschland
2. Der Europapark ist: groß / Freizeitpark (der) / Deutschland
3. Die Mecklenburgische Seenplatte ist: schön / Gegend (die) / Deutschland
4. Die Zugspitze ist: hoch / Berge (Pl.) / Alpen (Pl.)
5. Der Bodensee ist: groß / See (der) / Europa
6. Tirol ist: schön / Region (die) / Österreich

Das Schloss Neuschwanstein ist eines der schönsten Schlösser der Welt.

b Formulieren Sie Sätze mit Beispielen aus Ihrem Land.

 Projekt: Reiseführer

Wählen Sie einen Ort, der Ihnen gefällt. Sammeln Sie Informationen: Wo liegt der Ort? Was ist das Besondere? Was kann man sehen? Was kann man da machen?
Schreiben Sie dann einen Text für einen Reiseführer.

6 Touristen in Berlin

CD 38–40 **a Hören Sie die drei Gespräche und beantworten Sie die Fragen.**

1. Wie lange bleiben die Leute in Berlin?
2. Welche Orte auf den Fotos werden erwähnt?

CD 38 **b Hören Sie das Telefongespräch noch einmal: Was ist richtig, was falsch?**

1. Jan kennt Herrn Weber persönlich.
2. Jan möchte gerne bei Familie Weber übernachten.
3. Herr Weber möchte gerne eine Stadtrundfahrt machen.
4. Jan und seine Freundin möchten lieber alleine von der Pension aus zu Webers fahren.

CD 39 **c Hören Sie das erste Gespräch in der Touristeninformation noch einmal: Was ist richtig?**

1. Jan und seine Freundin
a) haben Pläne, was sie in Berlin machen wollen.
b) wissen, was sie nicht in Berlin machen wollen.
c) finden beide die Fahrt mit dem Bus 100 gut.

3. Jans Freundin
a) interessiert sich für Museen.
b) möchte in Berlin nur spazieren gehen.
c) freut sich auf das Essen bei Webers.

2. Jan
a) möchte gerne den Checkpoint Charlie besuchen.
b) möchte die Berlin-Welcome-Card nehmen.
c) findet Potsdam uninteressant.

4. Was ist die Berlin-Welcome-Card?
a) Eine Karte, mit der man billig Bus fahren kann.
b) Eine Karte, die man kostenlos verschicken kann.
c) Eine Karte für Busse und Bahnen, mit der man auch Ermäßigung in Museen usw. bekommt.

CD 40 **d Hören Sie das zweite Gespräch in der Touristeninformation noch einmal.**

1. Welche Wünsche äußern Jan und seine Freundin?
2. Welche Orte empfiehlt die Frau in der Touristeninformation und warum?
3. Werden Jan und seine Freundin wohl die Berlin-Card kaufen? Warum (nicht)?

e Wählen Sie Situationen aus. Sammeln Sie Redemittel. Spielen Sie die Dialoge.

– Jemand will einen Besucher durch die Stadt begleiten, der Besucher lehnt das höflich ab.
– Zwei Personen planen mit Hilfe eines Einheimischen, was sie in der Stadt machen wollen.
– Suche nach einem bestimmten Laden.

Empfehlungen geben	Wünsche äußern	Service-Sätze
Ich würde Ihnen … empfehlen … lohnt sich wirklich … müssen Sie gesehen haben	Uns geht es vor allem um … Für mich wäre es schön, …	Was kann ich für Sie tun? Kann ich Ihnen sonst noch irgendwie helfen?

Weitere Situationen:
Ein Tourist kann sein Hotel nicht wiederfinden.
Beim Einchecken im Flughafen: Ihr Koffer wiegt mehr als 25 kg.
Sie haben Ihren Zug verpasst.

21 Unternehmen

* Kurzvorträge halten
* Texte über Geschäftsideen verstehen
* Eine Grafik interpretieren
* Ein Unternehmen vorstellen

 Geld verdienen

a Sprechen Sie über die Bilder. Welche Form Geld zu verdienen finden Sie am besten? Warum?

b Wie möchten Sie in Zukunft gerne arbeiten? Bereiten Sie einen Kurzvortrag über ein Berufsfeld vor, das Sie interessiert.

selbstständig/freiberuflich arbeiten • angestellt sein / eine feste Stelle haben …

> Am sichersten verdient man sein Geld, wenn …
> Ich bin der Meinung, dass man als … am besten verdienen kann.
> Dass man als … nicht viel verdient, stimmt schon, aber man kann auf diese Weise …
> Die Möglichkeit selbständig zu arbeiten, finde ich …

CD 41–44   **c** Im Internet Geld verdienen – Lesen Sie 1–5 und hören Sie zu. Welche Aussage passt zu Jan, Sarah und Bastian? Zwei Sätze passen zu keinem.

1. Man kann eigene Sachen online verkaufen.
2. Über das Internet kann man eine feste Stelle bekommen.
3. Eine einzige Idee reicht manchmal aus, um über das Netz reich zu werden.
4. Wenn man Umfragen beantwortet, kann man Gutscheine für Kleidung oder Bücher bekommen.
5. Es kann sich lohnen, auf der eigenen Homepage Werbung für Produkte zu machen.

d Welche Arten des Geldverdienens im Internet kennen Sie?

2 Online zum Millionär

a   Lesen Sie den Text und notieren Sie für 1–6 die richtigen Antworten.

Müsli-Millionäre im Netz

Dass man im Netz viel Geld verdienen kann, ist längst bekannt. Dass das auch mit Müsli funktioniert, ist allerdings ungewöhnlich. Das Konzept heißt Müsli 2.0.

Hubertus Bessau, Philipp Kraiss und Max Wittrock, drei bayerische Studenten, sind auf eine simple, aber geniale Idee gekommen. Sie heißt *mymuesli.de*. Anstatt jeden Tag in den Supermarkt zu laufen, kann sich jeder entspannt sein ganz persönliches Müsli im Internet zusammenmixen und nach Hause liefern lassen. Gummibärchen, Macadamia-Nüsse oder Schokoraspel – insgesamt stehen 75 verschiedene Zutaten zur Auswahl. Diese lassen sich zu 566 Billiarden verschiedenen Variationen kombinieren. 575 Gramm kosten um die fünf Euro. Das ist nicht viel mehr, als ein Supermarktmüsli kostet. Die Firma hat den Anspruch, Bioware anzubieten. Die biologischen Zutaten sind zertifiziert. Dafür mussten entsprechende Kontrollverträge unterschrieben werden.

„Im Internet – vor allem im Web 2.0 – können User schon lange selbst über die Inhalte bestimmen, warum nicht auch auf dem Frühstückstisch?", erklären die drei Unternehmensgründer aus Passau. Die Geschichte der Firma hat mit einer Autofahrt begonnen: Als die drei Studenten auf dem Weg zum Bodensee waren, hörten sie den Radiospot einer bekannten Müslifirma. Ein paar Stunden später waren sie sich einig, dass sie nicht nur bessere Radiowerbung machen könnten, sondern auch ein besseres Müsli. Damit entdeckten sie eine Marktlücke und ohne viel nachzudenken, gründeten sie eine Firma. Am 30. April 2007 gingen sie mit *mymuesli* online. Die Angst, anfangs Verluste zu machen, war groß. Aber sie hatten eine perfekte Kalkulation des Verkaufspreises gemacht und auch die Qualität der Waren erfüllte die Erwartungen der Kunden: Nach zwei Wochen war alles ausverkauft.

Anfangs haben alle Gründer alles gemacht. Die Müslis wurden sogar von den dreien gemischt. Inzwischen ist das Unternehmen aber stark gewachsen, denn die Firma hat schnell Anerkennung gefunden. Der Erfolg wurde schon 2007 mit verschiedenen Preisen belohnt. Die Müslimacher gewannen den Gründerpreis der Financial Times Deutschland, enable2start, den Bayern-Online-Preis, einen Multimedia-Gründerpreis des Bundeswirtschaftsministeriums und wurden von einer Jury bei Deutsche Start-ups zum Start-up des Jahres 2007 gewählt. Seitdem entwickelte sich die Firma schnell weiter: 2008 expandierte das Unternehmen in die Schweiz und nach Österreich. In Binningen bei Basel wurden ein zweites Büro und eine kleinere Manufaktur eröffnet. 2009 eroberte die Firma den niederländischen Markt. Wie die Macher betonen, wollen sie schon bald in andere europäische Länder expandieren und den Kunden neue Zutaten zur Verfügung stellen.

1. Die Internet Firma verkauft Müsli
a) mit fünf Zutaten.
b) zum selbst Zusammenstellen.
c) an Supermärkte.

2. Die Studenten kamen auf die Idee
a) beim Radiohören.
b) beim Frühstücken.
c) beim Baden im Bodensee.

3. Am Anfang
a) machte die Firma Verluste.
b) machte man Radiowerbung.
c) machten die Gründer alles selbst.

4. Im Jahr 2007
a) expandierte man nach Österreich.
b) bekam die Firma einige Preise.
c) wurde ein zweites Büro gegründet.

5. Die Firma verkauft Müsli
a) nur in Deutschland.
b) in mehreren Ländern.
c) in ganz Europa.

6. Der Text zeigt, dass
a) man im Netz Erfolg haben kann.
b) es sich lohnt zu studieren.
c) Müsli immer beliebter wird.

b Wie sind 1–5 im Text von Seite 123 formuliert? Notieren Sie die Nomen-Verb-Verbindungen.

1. Schon bald bietet die Firma den Kunden neue Zutaten.
2. Die Firma findet es wichtig, Bioware anzubieten.
3. Die Angst, anfangs Geld zu verlieren, war groß.
4. Sie hatten den Verkaufspreis perfekt kalkuliert.
5. Die Firma wurde schnell anerkannt.

1. etwas zur Verfügung stellen

3 **Tipps für Unternehmensgründer**

a Lesen Sie die Faktoren, die bei einer Unternehmensgründung eine Rolle spielen. Welche waren für die mymuesli-Gründer besonders wichtig? Machen Sie eine Hitliste von 1–16 und begründen Sie Ihre Wahl.

Flexibilität

Dickhäutigkeit

günstige Kredite

Kreativität

Teamfähigkeit

guter Zeitpunkt

Sparksamkeit

kompetente Beratung

Fleiß

Ehrgeiz

Glück

Hartnäckigkeit

gutes Aussehen

reiche Eltern

Wirtschaftsstudium

Beziehungen

b Lesen Sie die Beispiele und schreiben Sie dann die Sätze 1–5.

Anstatt dass	man in den Supermarkt läuft, kann jeder sein Müsli im Internet zusammenmixen.
Anstatt	in den Supermarkt **zu** laufen, kann jeder sein Müsli im Internet zusammenmixen.
Ohne dass	sie viel nachgedacht haben, gründeten sie eine Firma.
Ohne	viel nach**zu**denken, gründeten sie eine Firma.

1. Die Firma hat sich schnell entwickelt.
2. Die Studenten haben eine Firma gegründet, …
3. Sie finden Kunden überall, …
4. Mymuesli liefert individuelles Müsli, …
5. Die Studenten haben eigenes Geld investiert.

Die Firma hat keine Verluste gemacht.
Sie haben nicht lange überlegt.
Sie geben nicht viel Geld für Werbung aus.
Sie produzieren nicht für Supermärkte.
Sie haben keinen Kredit aufgenommen.

1. Die Firma hat sich schnell entwickelt, ohne Verluste zu machen.
Ohne Verluste zu machen, hat sich …
Die Firma hat sich schnell entwickelt, ohne dass sie …

c Geben Sie Tipps für Unternehmensgründer.

Gründen Sie eine Firma, ohne …

Absolvieren Sie ein Praktikum im Ausland, anstatt …

4 **Die beliebtesten Unternehmen aus den deutschsprachigen Ländern**

a Welche dieser Unternehmen kennen Sie? Wofür sind sie bekannt? Sammeln Sie.

Miele → Herstellung von Haushaltsgeräten

b Betrachten Sie die Grafik. Schreiben Sie fünf Fragen dazu auf.

Welchen Titel hat die Grafik?

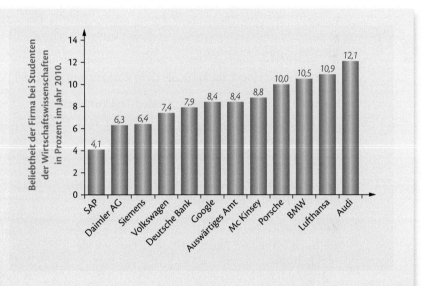

Deutschlands beliebteste Arbeitgeber

20 000 deutsche Studenten verrieten, bei welchem Unternehmen sie am liebsten arbeiten würden. Unter den Favoriten der angehenden Wirtschaftswissenschaftler sind einige übliche Firmen, aber auch Überraschungen, unerwartete Absteiger und ein neuer Erstplatzierter.
(Handelsblatt, 25.5.2010)

c Beschreiben Sie die Grafik.

> Die Grafik mit dem Titel ... stammt aus ... und bezieht sich auf das Jahr ...
> Die Werte sind in ... angegeben. Für die Grafik wurden ... befragt, ...
> Unter den Favoriten sind ...
> Einen guten Ruf hat auch ...

d Bei welchem Unternehmen aus der Grafik würden Sie am liebsten arbeiten? Begründen Sie Ihre Wahl.

5 **Ein Unternehmen vorstellen**

a Was muss man bei der Vorbereitung und beim Halten eines Vortrags beachten?
Sammeln und ordnen Sie die wichtigsten Punkte.

b Sammeln Sie Infos zu folgenden Punkten und bestimmen Sie die Reihenfolge für Ihre Präsentation.

Zukunftsperspektiven • Preise und Auszeichnungen • Konzept • Entwicklung • allgemeine Informationen • Firmengründung

c Gestalten Sie Folien für Ihren Vortrag.

22 Der Spaziergang ...

In dieser Einheit lesen Sie Ausschnitte aus der Erzählung „Der Spaziergang von Rostock nach Syrakus" von F. C. Delius. Die ausgewählten Abschnitte geben Ihnen einen Überblick über die Erzählung, die auf einer wahren Geschichte basiert.

1 Deutsche Geschichte

Sehen Sie sich die Fotos an und sammeln Sie Informationen zu den historischen Ereignissen.

2 Der Anfang der Erzählung

a Suchen Sie auf einer Landkarte die Orte Rostock und Syrakus.

b Lesen Sie bis Zeile 31 und fassen Sie den Text zusammen.

In der Mitte seines Lebens, im Sommer 1981, beschließt der Kellner Paul Gompitz aus Rostock, nach Syrakus auf der Insel Sizilien zu reisen. Der Weg nach Italien ist versperrt durch die höchste
5 und ärgerlichste Grenze der Welt, und Gompitz ahnt noch keine List, sie zu durchbrechen. Er weiß nur, dass er Mauern und Drähte zweimal überwinden muss, denn er will, wenn das Abenteuer gelingen sollte, auf jeden Fall nach Rostock zu-
10 rückkehren.
　　An einem wolkenarmen Augustabend im Hafen von Wolgast auf der „Seebad Ahlbeck", einem Schiff der Weißen Flotte, fällt der Entschluss, dem Fernweh endlich nachzugeben und das Land, um
15 bleiben zu können, einmal zu verlassen. Gompitz ist müde, er hat den ganzen Tag die Urlauber

zwischen Rügen und Usedom bedient mit Kaffee, Bier, Bockwurst, Käsekuchen. Die Abrechnung ist fertig, die Tische sind gewischt, er schaut auf das Wasser, Feierabend. Alles ist wie immer, nur im 20 Kopf eine stürmische Klarheit.
　　„Ja!" sagt er laut, geht in seine Kabine im Vorschiff, packt die schmutzige Wäsche in einen Koffer, verabschiedet sich beim Kapitän, läuft durch den Hafen und steigt in sein Auto. Nach drei 25 Wochen Arbeit drei Tage Pause, die Frau wartet in Rostock, genug Trinkgeld in der Tasche, der Tank ist voll, es ist alles geregelt. Er verdient so gut, dass er nach fünf Monaten Saison im Winter nicht arbeiten muss, besser als ihm geht es nicht 30 vielen ...　　　　　　　　　　　　　(S. 7–8)

c Sprechen Sie im Kurs: Was wissen Sie nun über das Problem des Reisens in der DDR? Kennen Sie ähnliche Probleme aus anderen Ländern?

d Literarische Formulierungen: Zu welchen Stellen im Text passen 1–5?

1. Er ist etwa 40 Jahre alt.
2. Die DDR erlaubt nicht, dass ihre Bürger ins Ausland reisen.
3. Er weiß noch nicht genau, wie er es machen soll.
4. Er lebt gern in der DDR, aber er möchte reisen dürfen.
5. Es hat sich nichts geändert, aber er weiß jetzt sicher, was er will.

3 **Vor der Flucht**

a **Lesen Sie die Textzusammenfassung und dann den folgenden Textabschnitt.**
Wie verhält sich Gompitz und wie verhalten sich die Stasi-Leute?

Gompitz versucht zunächst, eine offizielle Reiseerlaubnis zu bekommen. Aber er hat keine Verwandten in der BRD, deshalb darf er nicht reisen. Er hofft, dass die DDR die Grenze öffnet, aber es passiert nichts. Schließlich überlegt er, wie er aus der DDR illegal ausreisen kann. Er beschafft sich Westgeld (DM) und versucht, es in die BRD bringen zu lassen. Dort soll es eine Cousine für ihn aufbewahren. Ende 1982 beschließt er, die DDR über die Ostsee zu verlassen und mit einem Segelboot nach Dänemark zu fliehen. Aber das ist kompliziert, denn die Grenze wird auch auf der Ostssee streng kontrolliert.

Stasi = Staatssicherheit	Eine Art Geheimpolizei der DDR, die hauptsächlich zur (politischen) Kontrolle der eigenen Bürger da war.
Willy Brand (1918–92)	1957–66 Bürgermeister von Berlin (West), 1969–1972 Bundeskanzler.
FKK-Strand (FKK = Freikörperkultur)	Ein Strand, an dem nackt (ohne Badekleidung) gebadet wird.
Antifaschistischer Schutzwall	So nannte die DDR offiziell die Mauer um Berlin.
Deutschlandfunk/Deutschlandsender	Ein Radiosender der BRD / ein Radiosender der DDR
13. August 1961	An diesem Tag begann die DDR-Regierung mit dem Bau der Mauer in Berlin.
Insel der Lotophagen	Hier sollen die Männer des Odysseus (Held der griechischen Sage) Lotosblüten gegessen und dadurch die Erinnerung an die Heimat verloren haben.

Am 25. Jahrestag des Mauerbaues liegt er im Sand, weit von den wenigen andern Badegästen entfernt, und hört den Reden aus Berlin zu, abwechselnd die Jubelreden aus der Hauptstadt
5 samt Militärparade, und, etwas leiser, die Trauerreden aus Westberlin. Während er den Worten Willy Brandts lauscht, kommen drei Kerle von Süden angestiefelt, splitternackt am FKK-Strand, er sieht ihnen sofort an, daß es Stasileute sind, die
10 sonst mit der Pistole herumlaufen. Er wechselt vom Deutschlandfunk zum Deutschlandsender. Einer der drei erhält einen Wink, dreht ab und steigt über den Dünenübergang. Paul steht auf und sieht zu, wie der Nackte das Gestrüpp durch-
15 sucht, vielleicht nach einer versteckten Luftmatratze, Luftmatratzen gelten als mögliches Fluchtmittel und sind am Meer verboten. Paul legt sich, um nicht lachen zu müssen, wieder hin, die Männer drücken sich in seiner Nähe herum,
20 finden aber nichts Verdächtiges. Endlich richtet einer, offenbar der Offizier, das Wort an ihn: „Schön hier, was?"

Paul erhebt sich. „Schön, sagen Sie? Nein, mein Herr, das ist mehr als schön, das ist das Paradies! Die Männer des Odysseus werden damals, als 25 sie auf der Insel der Lotophagen waren, nicht anders gedacht haben als ich hier: Es gibt keinen schöneren Ort als diesen. Dieser einmalige Blick hier auf dem Dornbusch! Das weite Meer, die strahlende Sonne, der herrliche Strand die stolzen 30 Vögel in der Luft, ich möchte ewig hier bleiben in dieser Perle der Natur. Kein Auto, kein Lärm, keine Hektik! In dieser wunderbaren, reizvollen Landschaft entdecke und genieße ich die ganze Welt." 35
Kaum hat Paul Gompitz seine Eloge beendet, schnarrt der nackte Stasimann im militärischen Ton: „Also, Ihnen gefällts hier? Wiedersehen!" und zieht mit den beiden andern im Laufschritt ab.

40 Mittags sieht Paul eine ganze Flotte von Küstenwachbooten vor der Ausfahrt zwischen Hiddensee und Zingst patrouillieren. Sie versperren genau die von ihm gewählte Route. Die Grenztruppen lassen offenbar alles an Waffen und 45 Männern heraus, was Häfen und Kasernen hergeben, gerade am Jubiläumstag des Antifaschistischen Schutzwalls wollen sie nicht von einem Grenzdurchbrecher blamiert werden. Paul merkt, dass der Wind dreht, und abends ist es 50 sicher: An diesem 13. August weht zum erstenmal der richtige Wind, auf den er monatelang gewartet hat. Auch der Seewetterbericht ist günstig, der Nord-Nordost soll 24 Stunden bleiben. Der Hafen halbwegs leer, in dieser Nacht könnte er ent- 55 wischen. In dieser Nacht würde er die Schleife um den Süden der Insel herum schaffen. In dieser Nacht würde er den Bewachern direkt vor die Kanonen segeln.

Der Sommer geht vorüber, Nordostwinde sind 60 nicht häufig auf Hiddensee. Er muss sich ein-

gestehen, erleichtert zu sein, sein Leben in diesem Jahr nicht riskiert zu haben. Manchmal fühlt er sich von einem vorausspringenden Heimweh gefangen. Am schönsten Ort der ganzen DDR führt er das bequemste Leben, das Geld reicht, er kann 65 nach Laune schwimmen, segeln, lesen, wandern oder ein Mädchen gewinnen. Im Westen wird er es nie so gut haben wie hier. Nie. Die Rede an den nackten Offizier ist nicht geheuchelt gewesen. Warum hier liegen und lauern, bis ein passender 70 Wind die Flucht aus dem Paradies erlaubt? Warum das Leben aufs Spiel setzen, wenn es nichts Schöneres gibt? Ihm fehlt nichts, außer der übrigen Welt. Nichts, außer einem Ziel, Italien. Nichts, außer dem zweiten Ziel, von Italien wieder zu- 75 rückzukehren nach Hiddensee und Rostock und Dresden und den Kumpels sagen zu können „Nu, Alter, da bin ich wieder zurück aus Syrakus." [...]
(S. 63–65)

b Hierbleiben oder gehen – Sprechen Sie über die Widersprüche, die Gompitz in sich selbst erlebt. Wie entscheidet er sich?

c Literarische Sprache – Wie könnte man diese Ausdrücke aus dem Text in der Alltagssprache formulieren?

„Manchmal fühlt er sich von einem vorausspringenden Heimweh gefangen."

„Im fehlt nichts außer der übrigen Welt."

4

Der letzte legale Versuch

a Was sagt Gompitz über die Reiselust der „einfachen Leute"?

„Wegen fehlender Reisegründe müssen wir den Antrag ablehnen. Der Anlass ist kein konkreter und kein familiärer, sondern ein touristischer, das können wir nicht genehmigen, wir sind erst dabei, 5 Richtlinien für den touristischen Verkehr zwischen der DDR und der BRD auszuarbeiten, das wird noch etwas dauern."

Als aller Widerspruch, in Ruhe und geziemendem Vokabular vorgetragen, an dem Flachkopf 10 abgeprallt ist, schreit Gompitz los: „Mensch, merken Sie denn nicht, dass die einfachen Leute auch

endlich mal raus wollen, einmal nur raus! Sie haben mir Solingen abgelehnt, Sie haben mir Karlsruhe abgelehnt und jetzt Bremen, eine Einladung vom Bürgermeister persönlich! Was haben 15 Sie bloß für eine dämliche Angst, dass ich nicht wiederkomme! Ich komme wieder! Ich will hier leben! Aber nicht immer eingesperrt sein! Lassen Sie mich doch einmal im Leben nach Bremen."
(S. 70) 20

Sommer 1988: Gompitz schickt sein letztes Westgeld (DM) in den Westen. Er will nun so schnell wie möglich illegal ausreisen. Er schreibt einen Brief an den Sekretär des ZK der SED.

Sekretär des ZK der SED	Sekretär des Zentralkomitees der Sozialistischen Einheitspartei Deutschlands: Das war zu DDR-Zeiten der mächtigste Mann der DDR.
Ständige Vertretung	Da die BRD die DDR nicht als Staat anerkannte, gab es keine offiziellen Botschaften. Da aber praktische Probleme geregelt werden mussten, gab es eine Art Ersatzbotschaften.

b   Gompitz schreibt an den Parteichef der SED. Lesen Sie seinen Brief. Was möchte er vom Parteichef?

> Sehr geehrter Herr Sekretär des ZK der SED!
>
> Nach Jahren vergeblichen Bemühens, auf legalem Weg eine Deutschland- und Italienreise machen zu können, versuche ich heute Nacht mit meiner Segeljolle nach Dänemark zu gelangen. Ich versichere Ihnen, dass ich die Grenze meines Vaterlandes DDR nicht in verräterischer Absicht zu durchbrechen versuche, sondern allein um meine persönlichen Reise- und Bildungsambitionen zu befriedigen. Sollte mein Grenzdurchbruch gelingen, so bitte ich Ihre Behörde nachträglich, meinen Verzweiflungsschritt zu legalisieren und mir bei der Ständigen Vertretung der DDR in der BRD einen Reisepass zu hinterlegen, damit ich im Mai 1989 legal und diskret in die DDR zurückkehren kann. Sollte ich aber aufgebracht werden, so sehen Sie bitte dieses mein Schreiben als einen Antrag auf Entlassung aus der Staatsbürgerschaft der DDR an. Aber nur dann!!
>
> Hochachtungsvoll,
>
> Paul Gompitz.

(S. 72–73)

5   Die Flucht und die Ankunft in der BRD

a   Sehen Sie sich die Zeichnungen an und lesen Sie dann.

Es ist Viertel vor elf, der Himmel im Westen noch zu hell. Er kriecht in die Jolle*, er testet alles durch … im Heck sind Taschenlampe, Nachtsicht-fernglas, Konserven, Dokumente, Zeugnisse,
5 300 DM, 299 Mark der DDR und die DDR-Flagge verstaut. Zwischen den beiden Schwertkästen kann man eine Luftmatratze ausbreiten und schlafen. Paul legt sich hin, aber er schläft nicht, darf nicht schlafen, er hört den Gleichtakt der
10 Wellen am Rumpf… Viele tausend Mark investiert, Hunderte von Segelstunden, jetzt hängt alles von seiner Geschicklichkeit, der Tüchtigkeit des Materials und vom großen Glück ab.

das Boot vom Ufer ab und segelt mit südlichem Kurs dem fernen Ziel entgegen. [...]

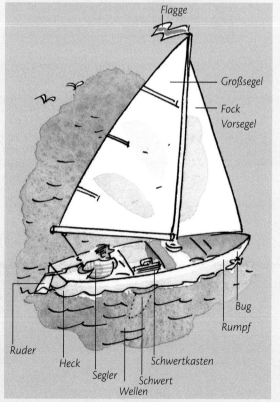

Gegen halb zwölf sind auch im Westen die
15 letzten hellen Streifen in grauer Schwärze versunken. Kein Sternenhimmel, alles beruhigend finster und diesig. Er löst die Bändsel der Persenning** von innen, rafft die Persenning zusammen, stopft sie in den Seesack, bindet den an
20 der Jolle fest, zieht das schwere Großsegel hoch, dann die Fock, wirft die Achterleine*** los, stößt

*Jolle: ein Segelboot
**Persenning: ein Stück fester Stoff zum Abdecken des Bootes
***Achterleine: Seil, mit dem man ein Boot vom Heck aus an Land festmacht

(S. 82–83)

b   Lesen Sie weiter und notieren Sie Gompitz' erste Erfahrungen im Westen.

Die Flucht gelingt. In der BRD will ihm zunächst niemand glauben, dass er nicht „geflohen" ist, sondern die DDR nur verlassen hat,
um eine Reise zu machen. Paul Gompitz kommt nach Lübeck.

Am Samstag kann man in Lübeck und Umgebung eine längere Story von einem Gastwirt
aus Rostock lesen, der unbedingt nach Italien
reisen will. Das Foto zeigt ihn mit Telefonhörer.
5 Es steht nichts Falsches in dem Artikel, Paul findet
jedoch die westdeutsche Sprache fürchterlich, am
meisten ärgert ihn, dass sie seine „Bildungs- und
Pilgerreise" in eine „Traumreise" umgelogen
haben. Aber das Wichtigste steht nun gedruckt:

dass er Geld verdienen, nach Italien bis Syrakus 10
und dann wieder nach Rostock will. Er kauft sich
fünf Zeitungen und schickt, um seine Absicht den
zuständigen Stellen mitzuteilen, einen Ausschnitt
an die Ständige Vertretung der DDR in Bonn,
einen an die Adresse des Stellvertretenden Staats- 15
ratsvorsitzenden Egon Krenz nach Berlin, einen
an den Anwalt in Rostock. [...]

(S. 100–101)

Gompitz lernt die soziale Wirklichkeit der BRD kennen. Bei seiner ersten
Arbeitstelle als Kellner betrügt ihn sein Arbeitgeber um den Lohn. Er reist
durch Norddeutschland, besucht die Cousine in Solingen und fährt nach Bonn
(damals Regierungssitz der BRD). Er will in der Ständigen Vertretung der DDR
über seine Rückkehr in die DDR verhandeln.

Bonn am Rhein,
Regierungssitz der
Bundesrepublik Deutschland
von 1949–1999

CD 45   **c   Hören Sie das Gespräch. Was will Gompitz, was bietet der DDR-Beamte an?**

Man lässt ihn nicht lange warten, ein Mann
mittleren Alters mit braunem Anzug unter dem
verschlossenen Gesicht, Paul ordnet ihn vor-
sichtshalber der Stasi zu, bittet ihn in ein enges
5 Zimmer.

„So, Sie wollen nach Italien? Sie sind illegal aus-
gereist über die Ostsee mit dem Segelboot, das ist
schwerer Grenzdurchbruch, Herr Gompitz, Sie
wissen wahrscheinlich, was das kostet."

„Entschuldigen Sie, aber es war kein schwerer, 10
sondern einfacher Grenzdurchbruch, weil ich
weder in Gruppe noch mit falschen Papieren noch
unter Mitführung gefährlicher Gegenstände noch
im Wiederholungsfalle und auch nicht mit Be-
schädigung von Grenzsicherungsanlagen meine 15
illegale Ausreise bewerkstelligt habe."
„Das werden wir prüfen. Wissen Sie, für uns ist
die ganze Sache vergessen, wenn Sie sofort zu-
rückreisen, dann sage ich Ihnen jetzt hier ohne
weiteres Straffreiheit zu." 20
„Nee, das geht nicht. Ich muss erst mal nach
Italien. Deshalb hab ich das alles doch gemacht!"
„Italien können Sie vergessen."
„Ich gehe nur dann sofort zurück, wenn Sie mir
hier einen Pass mit Visum für Österreich und 25
Italien geben, dann brauch ich nicht durch die
BRD, dann kann ich im Herbst in aller Ruhe wie
der alte Johann Gottfried Seume von Sachsen und
Böhmen über Österreich nach Italien."
„Seien Sie froh, Herr Gompitz, wenn ich Ihnen 30
hier Straffreiheit zusichere, aber Italien können
Sie sich wirklich abschminken."

(S. 106–107)

6 Die Reise

a Reisen 1802 und heute. Lesen Sie weiter und vergleichen Sie.

Anfang September 1988 hat Gompitz alles getan, was er in der BRD tun wollte. Am 11. September ist er in Wien. Von dort folgt er den Spuren Johann Gottfried Seumes, dessen Buch „Spaziergang nach Syrakus im Jahre 1802" Vorbild für die Reise von Paul Gompitz ist.

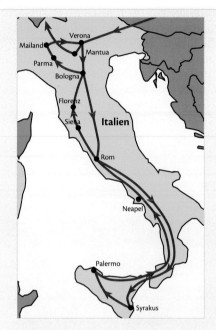

Nach einer in Aufregung halb durchwachten, halb unruhig durchträumten Nacht fährt er mit dem frühesten Zug, dem EuroCity „Romulus", ins Gebirge hinein. Regenwetter, von den Alpen ist
5 nicht viel zu sehen. Ein freundlicher Inder aus England sitzt im Abteil, die Fragen nach dem Woher und Wohin in dürftigem Englisch sind rasch erledigt, und Paul sieht sich in seiner gespannten Müdigkeit allein mit dem Reisegefährten
10 Seume unterwegs. Für die Strecke von Wien durch die Ostalpen nach Triest im Januar 1802 hat der

ganze 24 Tage gebraucht. Er schämt sich fast dafür, das erste Ziel bequem sitzend, in achteinhalb Stunden zu erreichen. Du weißt, Seume, murmelt er vor sich hin, während der Zug durch die Wolken 15 auf den Semmering steigt, ich wäre auch gern so gelaufen wie du, zwei Jahre Zeit und das Geld dazu, aber ...

Seumes Route hat er genau im Kopf, eingebrannt seit Jugendzeiten, er will ihr nach Möglichkeit 20 folgen. Dank Seume findet er sich ausreichend vorbereitet und verzichtet auf die teuren, dicken Reiseführer. Die einzige Landkarte, die er mitführt, ist eine billige Werbekarte des ADAC, auf der man die Eisenbahnstrecken mit der Lupe 25 suchen muss. Eine Broschüre „Italienisch für Anfänger" soll im Notfall helfen, ein paar Höflichkeitsformeln, die Frageworte und Zahlen hat er in Hamburg gepaukt.

b Noch eine Grenze – Stellen Sie Unterschiede und Ähnlichkeiten fest.

Der Himmel klart auf, an der Grenzstation Tarvisio hat er endlich den ersehnten freien Blick die Gipfel hinauf, Schneemuster auf Steilfelsen

auf dem Hintergrund eines blendenden Blaus. Carabinieri mit Maschinenpistolen und finstere 5 Zivilisten mit Fahndungszetteln stapfen durch den Zug, Paul reißt die Abteiltür auf und probiert seinen ersten Satz in italienischer Sprache: „Buon giorno, bella Italia!" Ein Polizist lächelt und sagt „Grazie!", ein anderer wirft einen kurzen Blick 10 auf den Hamburger Ausweis, und der Rostocker Sachse, das permanente Opfer aller sozialistischen Kontrolleure, hat das letzte Grenzhindernis hinter sich. Dafür richten die Bewaffneten allen Verdacht auf den Inder, prüfen seinen Pass, durchwühlen 15 sein Gepäck, drehen ihn zur Wand, tasten ihn ab und fragen ihn aus.

(S. 112–113)

Gompitz besucht Triest und Venedig und kommt schließlich in Rom an. Die Eindrücke der Reise überwältigen ihn.

c Gompitz hat sein Ziel fast erreicht, aber er ist nicht glücklich. Lesen Sie und sprechen Sie über seine Probleme.

Er schläft wenig in der heißen Nacht. Die Grenztruppen überlisten, überlegt er, das ist eigentlich relativ einfach gewesen, du musstest dich nur in ihre Psyche und ihre Technik hineindenken. Und
5 einfach war es, sich das Scheitern vorzustellen, wenn sie dich geschnappt und in den Knast geschmissen hätten, auch darauf warst du vorbereitet, ruhig bleiben, keine Angst zeigen, damit du nicht durchdrehst. Schwieriger ist es schon, seit
10 du es gepackt hast, mit der Furcht, die Frau und die Freunde und die Heimat zu verlieren. Tag und Nacht von der Frage belästigt werden: Wie kommst du wieder zurück? Das ist anstrengender als du dachtest, aber damit war zu rechnen. Nur auf ein
15 Problem warst du nicht vorbereitet: Wenn du kein Problem mehr hast. Wie sieht es in deiner Psyche aus, wenn du es gepackt hast? Wenn du monatelang weg bist von zu Hause? [...] Und je weiter es weggeht von Rostock, desto schwerer werden dir die Schritte, desto unangenehmer das Gefühl in 20 der Herzkruste, dich immer weiter von dir selbst zu entfernen, das alles war nicht geplant.

Nach dem Aufwachen beschließt er, Rom in 24 Stunden zu verlassen und die Italienreise so schnell wie möglich hinter sich zu bringen. In der 25 Frühe im Forum geht es ihm besser, er fühlt sich am Geburtsort des Abendlandes, denkt an Cicero und all die berühmten Römer, die zwischen diesen Steinen gelebt haben. [...]

(S. 122–123) 30

Am 26. September 1988 erreicht Paul Gompitz das Ziel seiner Reise. Er schreibt an seine Frau:

Liebe Helga!
Seit zwei Tagen bin ich am Ziel meiner Reise in Syrakus. Syrakus und die Insel Sizilien sind nicht nur das Armenhaus im wohlhabenden EG-Staat
5 Italien, sie sind für mich auch über Jahrtausende überkommenes Hellas, Griechenland in seiner kulturellen Blüte ...
Mein Liebes, ich bin mit meinem unschuldigen Trip hier in einen Ameisenhaufen getreten, der meine
10 Verarbeitungsfähigkeit von neuen Eindrücken einfach überfordert. 'Das Land der Griechen mit der Seele suchen', war im vorigen Jahrhundert ein geflügeltes Wort bei den Reisenden in den levantinischen Raum. Nun erkenne ich, dass dies mehr erfordert, als aus
15 der DDR heraus eine Italienreise zu ertrotzen. Das hier braucht Zeit und völlige Ausgeglichenheit. Beides habe ich nicht! [...]

(S. 124)

Alle Freunde in der DDR kriegen eine Ansichtskarte, auch die Cousine und die westdeutschen Bekannten. Eine besonders kitschige hat er für 20 den Mann aus der Ständigen Vertretung der DDR in Bonn ausgewählt: „Ich bin am Ziel meiner Reise, leider nicht mit einem Pass der DDR. Viele herzliche Grüße aus Syrakus."

(S. 130)

 Rückkehr in die DDR

a Paul Gompitz wird verhaftet und verhört. Notieren Sie Fragen, die Sie von einem „Vernehmer" erwarten, und lesen Sie dann.

Am 19. Oktober fährt Gompitz mit dem Zug zurück in die DDR. Seine größte Angst ist, dass ihn die DDR nicht mehr ins Land lassen könnte.

Er merkt, wie ihm leichter wird, je weiter er nach Norden kommt, je kürzer die Entfernung zu Rostock wird. Das große Ziel ist erreicht, nun wird er für den Rest seines Lebens etwas zu erzählen
5 haben: Ich war in Syrakus! (S. 132)

Gegen 15 Uhr hält der Zug am Grenzübergang Herrnburg. Stiefelabsätze im Gang wie eine zackige Heimatmelodie. Paul Gompitz reicht seinen Personalausweis dem ersten grauen Genossen.
10 „Ach Herr Gompitz, Sie sind wieder da? Dann kommen Sie mal mit!" (S. 141)

Der Vernehmer schreibt nicht mit, macht sich nur manchmal Notizen, als sei er von der Harmlosigkeit des Verhörten bereits überzeugt. [...]

Bald ist nur noch von Italien die Rede, Paul schildert auch die Szene auf der Piazza in Mantua mit 5 der Rigoletto Ouvertüre, verschweigt sogar seine Tränen nicht und sieht auf einmal die Augen des Vernehmers feucht werden, was den Erzähler wiederum zu einer zerquetschten Träne rührt. Es fehlt bloß noch, dass der Stasimann ausspricht, 10 was sein Gesicht sagt: Mensch, so eine Reise muss ich endlich auch mal machen! Ehe dieser Augenblick für beide peinlich wird, sagt Paul: „Ja, so ist die Welt!"

(S. 146) 15

b **Gompitz kommt ins Gefängnis. Warum spricht er von der „kleinen DDR"?**

Verschiedene Zonen seien zu beachten, eine Zone, in der man sich frei bewegen dürfe, eine zweite Zone, für die man eine Erlaubnis brauche, und eine dritte, die nur für das Personal zugänglich 5 sei. Er könne arbeiten, Laubfegen für 3 Mark die

Stunde, er habe jederzeit für Gespräche mit der Leitung bereit zu sein, telefonieren erlaubt.

Da bin ich ja in einer richtigen kleinen DDR gelandet, denkt Paul, als er sein Bett bezieht.

(S. 149) 10

c **Gompitz wird 1989 entlassen. Warum ist der Chef des Lagers optimistisch bezüglich Gompitz' Reiseplänen?**

„Sie werden jetzt in die DDR entlassen", sagt ein Offizier, offenbar der Chef des Lagers ... Aber eins würde ich gern noch wissen, Herr Gompitz, wie haben Sie sich Ihr Leben nun vorgestellt, haben 5 Sie denn so was wieder mal vor?"

„Natürlich mach ich so was nicht mehr, so nicht, aber eigentlich möchte ich gern in meinem Leben noch mal nach Großbritannien. Das wollte ich jetzt schon machen, aber das ging leider nicht 10 wegen meiner Frau."

„Na, was dachten Sie denn, wann haben Sie das denn vor mit Britannien?"

„Ich dachte, wenn ich 50 bin, im Frühjahr 91."

„Ach, dann erst", meint der Chef und winkt ab, „bis dahin brauchen Sie sich keine Sorgen zu 15 machen. Bis dahin wird das schon gehen!"

Da muss es aber böse aussehen im Land, denkt Paul, wenn sie einem Grenzdurchbrecher schon so freundlich die nächste Reise anbieten!

(S. 152–153) 20

Alle Textzitate aus: F.C. Delius, *Der Spaziergang von Rostock nach Syrakus*, Rowohlt Taschenbuch Verlag, Reinbek bei Hamburg, 1998.

8 **Abschlussgespräche**

Hier sind einige Ideen für Abschlussgespräche. Wählen Sie aus.

Was wäre gewesen, wenn ...
... Gompitz schon auf der Ostsee erwischt worden wäre?
... er in Syrakus eine Italienerin kennengelernt hätte?
... die DDR ihn 1989 nicht mehr ins Land gelassen hätte?

Was ist wohl aus der Reise nach Großbritannien geworden?

Hat sich die Reise gelohnt?
Wie hat die Frau von Gompitz seine Reise erlebt?
Wie sieht die Zukunft von Gompitz aus?

Projekt

Vorschlag 1: Bedeutet Freiheit zu allererst die Freiheit zu reisen, wohin man will?

Vorschlag 2: Stellen Sie andere deutschsprachige Schriftsteller/innen vor.

Vorschlag 3: Stellen Sie einen deutschsprachigen Film vor.

1 Sprechen

TD In Ihrem Seminar zum Thema „Medien" geht es heute um die Nutzung des Internets durch Jugendliche. Frau Dr. Picht, Ihre Dozentin, hat dazu eine Grafik verteilt, aus der hervorgeht, in welcher Weise Jugendliche in Deutschland das Internet nutzen. Frau Picht bittet Sie, Beispiele für die Nutzung des Internets durch Jugendliche zu geben und die Auswirkungen auf die Entwicklung der Jugendlichen darzustellen.

Nennen Sie Beispiele für die verschiedenen Nutzungsbereiche.
Stellen Sie mögliche Auswirkungen der Internetnutzung auf die Jugendlichen dar.
Verwenden Sie dabei die Informationen aus der Grafik.

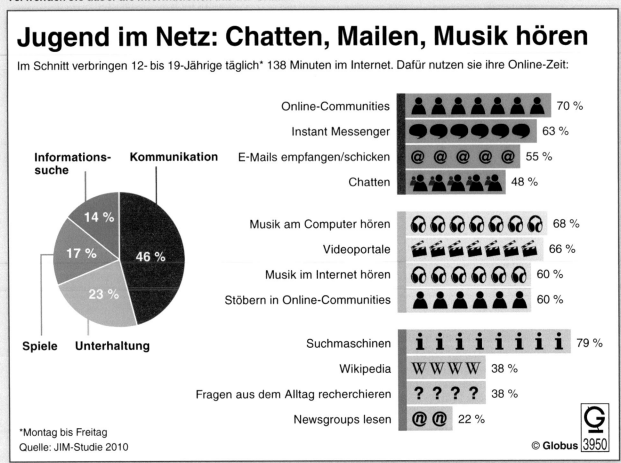

Jugend im Netz: Chatten, Mailen, Musik hören

Im Schnitt verbringen 12- bis 19-Jährige täglich* 138 Minuten im Internet. Dafür nutzen sie ihre Online-Zeit:

Online-Communities 70 %
Instant Messenger 63 %
E-Mails empfangen/schicken 55 %
Chatten 48 %

Musik am Computer hören 68 %
Videoportale 66 %
Musik im Internet hören 60 %
Stöbern in Online-Communities 60 %

Suchmaschinen 79 %
Wikipedia 38 %
Fragen aus dem Alltag recherchieren 38 %
Newsgroups lesen 22 %

Informations-suche 14 %
Kommunikation 46 %
Spiele 17 %
Unterhaltung 23 %

*Montag bis Freitag
Quelle: JIM-Studie 2010

© Globus 3950

TIPP

Stellen Sie sich vor, Sie sind Student/in in einem Seminar. Sie sprechen zu Ihrem Dozenten / Ihrer Dozentin und den Mitstudierenden. Das ist eine eher formelle Situation. Sie sollen in Ihrem Kurzvortrag anhand der Grafik Hypothesen bilden und diese begründen.

Hinweis: In der Prüfung haben Sie drei Minuten Vorbereitungszeit und sollen dann zwei Minuten sprechen. In der Prüfung bekommen Sie nur die Grafik vorgelegt. Alle anderen Informationen kommen in der Prüfung von der CD.

2 Lesen

DSD **Sie finden auf Seite 135 einen Lesetext. Dieser Text hat fünf Lücken (Aufgaben 1–5).**
Ordnen Sie aus der Satzliste (A–G) den richtigen Satz für jede Lücke zu.
Zwei Sätze bleiben übrig.

Austauschschüler und Gastfamilien als Brückenbauer in Europa

Eine Diskussionsrunde zum Beitrag des Schüleraustauschs zur Ausbildung einer europäischen Bürgerschaft

Im Europäischen Haus in Berlin trafen sich Schüler und Schülerinnen aus 23 europäischen und 9 nichteuropäischen Ländern mit Vertretern aus Politik und Wirtschaft und diskutierten über „Europa im Alltag".

5   (0)

Viele Jugendliche aus ganz Europa – aber auch von den anderen Kontinenten – kommen für ein Jahr zu uns nach Deutschland. Sie leben in Gastfamilien und besuchen eine deutsche Schule. (1) In Europa ist es
10 genau dieser Austausch, der die Basis dafür legt, dass wir unser europäisches Gemeinwesen zusammen gestalten können. Die Schüler und Schülerinnen werden mit ihren Erfahrungen zu Brückenbauern und Botschaftern zwischen ihrem Heimatland und dem Gast-
15 land. Dadurch kann sich langfristig ein europäisches Bewusstsein herausbilden. So würdigte Professor Dr. Pascal Hector vom Auswärtigen Amt den Beitrag des internationalen Schüleraustauschs zur auswärtigen Kulturpolitik. Ausdrücklich dankte er auch den Gast-
20 familien für ihre Bereitschaft, einem Jugendlichen aus einem anderen Land ein neues Zuhause auf Zeit zu geben. (2) Professor Hector gab eine kurze historische Rückschau über die Entwicklung Europas und insbesondere auch die innereuropäischen Konflikte in den
25 letzten Jahrhunderten. Er leitete daraus die Bedeutung von Europa als überstaatlichem Gemeinwesen ab und betonte die zentrale Rolle der Bürgerinnen und Bürger bei der Gestaltung Europas. Seine Thesen wurden in den folgenden Diskussionsrunden angeregt diskutiert.

30 In den Diskussionen wurden die vielen unterschiedlichen Perspektiven deutlich, mit denen die Teilnehmerinnen und Teilnehmer „Europa im Alltag" erleben. Sie zeigten auch, wie wichtig es jungen Menschen ist,
sich einzubringen und an der Gestaltung Europas mitzuwirken. 35

Die Perspektive auf Europa verändert sich mit dem Abstand, den man zu Europa einnimmt – darin waren sich die Diskutierenden einig. (3) Man müsse schon nah herankommen, um seine vielen Unterschiede und die kulturelle Vielfalt zu erkennen, berichtete ein ja- 40 panischer Schüler von seinen Erfahrungen. Eine junge Türkin hingegen beschrieb ihre Motivation, ein Jahr in Deutschland zu verbringen, mit dem Wunsch, die deutsche (nicht die europäische) Kultur kennen lernen zu wollen. Europa sei eine pluralistische Einheit mit 45 vielen unterschiedlichen Kulturen. (4)

Zum Abschluss der Diskussionsrunde wünschten sich die Teilnehmenden für die Zukunft noch mehr Möglichkeiten für die Menschen innerhalb Europas, zusammenzukommen und voneinander lernen zu 50 können. (5) Durch den längeren Aufenthalt in einem fremden Land kann man lernen, die unterschiedlichen Kulturen und Verhaltensweisen der Menschen zu akzeptieren und wertzuschätzen. Dabei sollte man sich stärker auf das Verstehen von Unterschieden konzen- 45 trieren und nicht unbedingt Gemeinsamkeiten identifizieren wollen.

Quelle: www.aja-org.de

Z Der langfristige Schüleraustausch war ein zentrales Thema.

0 + Z

A Das ermöglicht einen intensiven Austausch zwischen Menschen fremder Kulturen.

B Das Erlernen der Landessprache ist für einen erfolgreichen Aufenthalt wichtig.

C Ihr ehrenamtliches Engagement mache den internationalen Jugendaustausch erst möglich.

D Der langfristige Schüleraustausch ist dafür eine einzigartige Gelegenheit.

E Aus der Ferne betrachtet, wirkt Europa sehr homogen.

F Darin liege sein ganz besonderer Wert, den es zu schätzen und zu pflegen gelte.

G Er sprach über die gemeinsamen europäischen Werte.

3 **Hören**

TD Sie hören ein Gespräch mit Frau Orlinski zum Thema „Auslandsstudium".
Hören Sie dieses Gespräch zweimal.

Lesen Sie jetzt die Aufgaben 1–7.
CD 46 **Hören Sie nun den Text ein erstes Mal.**
Beantworten Sie beim Hören die Fragen 1–7 in Stichworten.

Auslandsstudium

0. Warum sind Auslandssemester ein Pluspunkt?
1. Was sollte sich jeder Student vor einem Auslandssemester fragen?
2. Warum werden Auslandserfahrungen während des Studiums immer wichtiger?
3. Was sagt Frau Orlinski in Bezug auf die Fachrichtungen und die Auslandserfahrungen?
4. In welchem Fall ist ein Aufenthalt in englischsprachigen Ländern besonders sinnvoll?
5. Inwiefern ist die Auslandserfahrung bei einer Bewerbung wichtig?
6. Was sagt Frau Orlinski über die Rolle von Englisch in großen Unternehmen?
7. Warum kann es sinnvoll sein, auch zwei Auslandsaufenthalte zu machen?

• wird von Arbeitgebern gewünscht
• persönliche Erfahrung

Ergänzen Sie jetzt Ihre Stichwörter. Hören Sie dann den Text ein zweites Mal.
Überprüfen Sie Ihre Lösungen.

4 **SCHWERPUNKT: Schreiben**

DSD **Schreiben Sie einen zusammenhängenden Text zum Thema „Arbeiten in der Zukunft".**
Bearbeiten Sie in Ihrem Text die folgenden drei Punkte:

– Arbeiten Sie wichtige Aussagen aus dem Text und der Grafik heraus.
– Erörtern Sie Vor- und Nachteile der Globalisierung.
– Welche Auswirkungen hat die Globalisierung in Ihrem Land, in Ihrer Region und wie stehen Sie persönlich dazu?

Sie haben insgesamt **120 Minuten** Zeit.

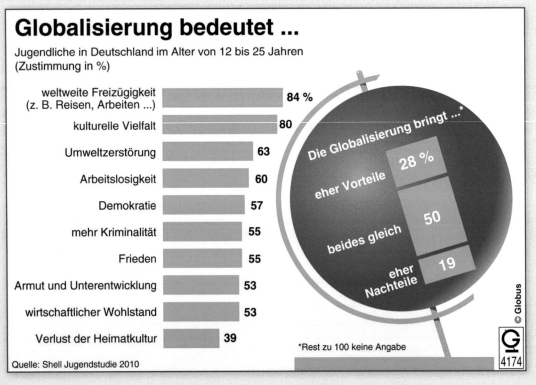

Globalisierung bedeutet ...

Jugendliche in Deutschland im Alter von 12 bis 25 Jahren
(Zustimmung in %)

weltweite Freizügigkeit (z. B. Reisen, Arbeiten ...)	84 %
kulturelle Vielfalt	80
Umweltzerstörung	63
Arbeitslosigkeit	60
Demokratie	57
mehr Kriminalität	55
Frieden	55
Armut und Unterentwicklung	53
wirtschaftlicher Wohlstand	53
Verlust der Heimatkultur	39

Quelle: Shell Jugendstudie 2010

Die Globalisierung bringt ...*
eher Vorteile 28 %
beides gleich 50
eher Nachteile 19

*Rest zu 100 keine Angabe

© Globus
4174

Globalisierung: Kommunikation und Welthandel

Überall wird über die „Globalisierung" diskutiert. Doch was ist mit dem Begriff eigentlich gemeint? Er bezeichnet, genau genommen, die Gesamtheit der Beziehungen der Menschen untereinander auf der ganzen Welt. Diese betreffen den Handel, aber auch die persönlichen Verbindungen zwischen den Menschen. Globalisierung bedeutet also, dass die Menschen auf der Erde miteinander handeln, sich gegenseitig austauschen und auch voneinander profitieren können – in Politik, Wirtschaft, Wissenschaft, Kultur, Gesellschaft, Technik und Umwelt.

Globalisierung ist kein neues Phänomen. Schon seit Beginn der Hochseeschifffahrt können Menschen verschiedener Kontinente miteinander Handel treiben. Beschleunigt wurde der Prozess im 19. Jahrhundert durch verschiedene Erfindungen. Exemplarisch sei hier die Erfindung der Telegrafie genannt, die es erstmals ermöglichte, Informationen elektronisch zu verbreiten. Von nun an konnten sich Menschen in weit entfernten Erdteilen zeitnah austauschen.

Das Wort „Globalisierung" wird jedoch erst seit etwa 1990 für das Zusammenwachsen der Welt verwendet. Die Ursachen für die schnelle Verbreitung des Begriffes waren die Entwicklung des Internets auf der einen Seite und die Entstehung eines echten Weltmarktes mit weltweiter industrieller Arbeitsteilung auf der anderen.

Ähnlich wie der Telegraf, beschleunigte das Internet die Kommunikation der Menschen untereinander. Während per Telegraf aber nur wenige kurze Sätze verschickt werden konnten, jagen wir täglich Millionen Texte, Bilder und Töne ebenso wie Dollar, Euro, Yuan und andere Währungen durch das Internet.

Über das Für und Wider dieses Prozesses wird heftig gestritten und beide Seiten haben gute Argumente. Im Grunde geht der Streit aber um die Steuerung des Prozesses. Um es mit einem Bild zu sagen: Man kann einen Fluss nur schwer aufhalten, aber man kann seine Bahn so lenken, dass er möglichst wenig Schaden anrichtet und allen Menschen größtmöglichen Nutzen bringt. Ob das bei der Globalisierung gelingt, ist nicht sicher.

(Zeilenmarkierungen: 5, 10, 15, 20, 25, 30, 35, 40, 45)

Sie haben schon viele Tipps zum Thema „Schreiben" gelesen.
Deshalb hier ein kleines Quiz. Welche Lösung, A, B oder C, ist jeweils richtig?

TIPP

Das Schreib-Tipp-Quiz

1. Beim Schreiben ist es wichtig
   A dass man möglichst schnell mit dem Schreiben beginnt, weil man wenig Zeit hat.
   B dass man schnell einen Entwurf schreibt und diesen dann intensiv überarbeitet.
   C dass man den Text zuerst genau plant.

2. Der erste Schritt zum Text ist
   A kurze Absätze zu formulieren.
   B eine Stichwortsammlung zu machen.
   C eine Gliederung zu formulieren.

3. Nach dem ersten Schritt
   A beginnen Sie sofort zu schreiben.
   B machen Sie einen Plan für Ihren Text.
   C Kontrollieren Sie, ob die Stichwörter richtig geschrieben sind.

4. Beim Schreiben
   A achten Sie besonders auf die Rechtschreibung.
   B achten Sie darauf, dass ihr Text gut gegliedert ist.
   C lassen Sie sich von Ihrer spontanen Kreativität leiten.

5. Nach dem Schreiben kontrollieren Sie
   A zuerst den Inhalt.
   B zuerst die Form.
   C Form und Inhalt gleichzeitig.

6. Wenn Sie die Form kontrollieren, denken Sie
   A vor allem an Ihre häufigsten Fehler.
   B besonders an die Adjektivdeklination.
   C an gar nichts, weil Sie jetzt sowieso zu müde sind.

 Für mein Portfolio
Wo werde ich in fünf Jahren sein und wie wird mein Weg dahin sein?

Liste der unregelmäßigen Verben

In dieser Liste finden Sie alle unregelmäßigen Verben aus **prima**. Wir haben meistens nur die Verben ohne Vorsilben aufgenommen. Die Formen der Verben mit Vorsilben finden Sie bei den jeweiligen Verben.

Beispiele: vorlesen ⇨ lesen; versprechen ⇨ sprechen; bekommen ⇨ kommen

Infinitiv	Präsens – 3. Pers. Sg. er/es/sie	Präteritum – 3. Pers. Sg. er/es/sie	Perfekt – 3. Pers. Sg. er/es/sie
backen	bäckt/backt	backte/buk	hat gebacken
beginnen	beginnt	begann	hat begonnen
beißen	beißt	biss	hat gebissen
betrügen	betrügt	betrog	hat betrogen
beweisen	beweist	bewies	hat bewiesen
sich bewerben	bewirbt sich	bewarb sich	hat sich beworben
bewerfen	bewirft	bewarf	hat beworfen
bieten	bietet	bot	hat geboten
binden	bindet	band	hat gebunden
bitten	bittet	bat	hat gebeten
bleiben	bleibt	blieb	**ist** geblieben
brechen	bricht	brach	hat/**ist** gebrochen
brennen	brennt	brannte	hat gebrannt
bringen	bringt	brachte	hat gebracht
denken	denkt	dachte	hat gedacht
dürfen	darf	durfte	hat gedurft / hat dürfen
empfangen	empfängt	empfing	hat empfangen
empfehlen	empfiehlt	empfahl	hat empfohlen
empfinden	empfindet	empfand	hat empfunden
entscheiden	entscheidet	entschied	hat entschieden
essen	isst	aß	hat gegessen
fahren	fährt	fuhr	**ist** gefahren
fallen	fällt	fiel	**ist** gefallen
fangen	fängt	fing	hat gefangen
finden	findet	fand	hat gefunden
fliegen	fliegt	flog	**ist** geflogen
fliehen	flieht	floh	**ist** geflohen
fließen	fließt	floss	**ist** geflossen
fressen	frisst	fraß	hat gefressen
frieren	friert	fror	**ist** gefroren
geben	gibt	gab	hat gegeben
gefallen	gefällt	gefiel	hat gefallen
gehen	geht	ging	**ist** gegangen
gelingen	gelingt	gelang	**ist** gelungen
genießen	genießt	genoss	hat genossen
gewinnen	gewinnt	gewann	hat gewonnen
greifen	greift	griff	hat gegriffen
haben	hat	hatte	hat gehabt
halten	hält	hielt	hat gehalten

Infinitiv	Präsens – 3. Pers. Sg. er/es/sie	Präteritum – 3. Pers. Sg. er/es/sie	Perfekt – 3. Pers. Sg. er/es/sie
hängen	hängt	hing	hat gehangen
heißen	heißt	hieß	hat geheißen
helfen	hilft	half	hat geholfen
kennen	kennt	kannte	hat gekannt
klingen	klingt	klang	hat geklungen
kommen	kommt	kam	**ist** gekommen
können	kann	konnte	hat gekonnt / hat können
laden	lädt	lud	hat geladen
lassen	lässt	ließ	hat gelassen / hat lassen
laufen	läuft	lief	**ist** gelaufen
leiden	leidet	litt	hat gelitten
leihen	leiht	lieh	hat geliehen
lesen	liest	las	hat gelesen
liegen	liegt	lag	hat gelegen
meiden	meidet	mied	hat gemieden
mögen	mag	mochte	hat gemocht
müssen	muss	musste	hat gemusst / hat müssen
nehmen	nimmt	nahm	hat genommen
nennen	nennt	nannte	hat genannt
raten	rät	riet	hat geraten
reißen	reißt	riss	hat/**ist** gerissen
reiten	reitet	ritt	**ist** geritten
rennen	rennt	rannte	**ist** gerannt
riechen	riecht	roch	hat gerochen
rufen	ruft	rief	hat gerufen
scheinen	scheint	schien	hat geschienen
schlafen	schläft	schlief	hat geschlafen
schlagen	schlägt	schlug	hat geschlagen
schließen	schließt	schloss	hat geschlossen
schmelzen	schmilzt	schmolz	hat/**ist** geschmolzen
schneiden	schneidet	schnitt	hat geschnitten
schreiben	schreibt	schrieb	hat geschrieben
schreien	schreit	schrie	hat geschrien
schweigen	schweigt	schwieg	hat geschwiegen
schwimmen	schwimmt	schwamm	hat/**ist** geschwommen
schwinden	schwindet	schwand	**ist** geschwunden
schwingen	schwingt	schwang	hat/**ist** geschwungen
schwören	schwört	schwor	hat geschworen
sehen	sieht	sah	hat gesehen
sein	ist	war	**ist** gewesen
singen	singt	sang	hat gesungen
sinken	sinkt	sank	**ist** gesunken
sitzen	sitzt	saß	hat gesessen
sollen	soll	sollte	hat gesollt / hat sollen
spinnen	spinnt	spann	hat gesponnen
sprechen	spricht	sprach	hat gesprochen

Liste der unregelmäßigen Verben

Infinitiv	Präsens – 3. Pers. Sg. er/es/sie	Präteritum – 3. Pers. Sg. er/es/sie	Perfekt – 3. Pers. Sg. er/es/sie
springen	springt	sprang	**ist** gesprungen
stehen	steht	stand	hat gestanden
steigen	steigt	stieg	**ist** gestiegen
sterben	stirbt	starb	**ist** gestorben
streiten	streitet	stritt	hat gestritten
tragen	trägt	trug	hat getragen
treffen	trifft	traf	hat getroffen
treiben	treibt	trieb	hat getrieben
trinken	trinkt	trank	hat getrunken
tun	tut	tat	hat getan
vergessen	vergisst	vergaß	hat vergessen
vergleichen	vergleicht	verglich	hat verglichen
verlieren	verliert	verlor	hat verloren
verraten	verrät	verriet	hat verraten
wachsen	wächst	wuchs	**ist** gewachsen
waschen	wäscht	wusch	hat gewaschen
weisen	weist	wies	hat gewiesen
wenden	wendet	wendete/wandt	hat gewendet/gewandt
werben	wirbt	warb	hat geworben
werden	wird	wurde	**ist** geworden
werfen	wirft	warf	hat geworfen
wiegen	wiegt	wog	hat gewogen
winden	windet	wand	hat gewunden
wissen	weiß	wusste	hat gewusst
wollen	will	wollte	hat gewollt / hat wollen
ziehen	zieht	zog	hat gezogen

Verben mit Präpositionen

ändern	an	An dieser Situation kann man etwas ändern.
denken	an	Ich denke oft an meine Zukunft.
sich erinnern	an	Franziska kann sich nicht an den Film erinnern.
sich gewöhnen	an	Ich habe mich an den Lärm gewöhnt.
glauben	an	Kinder glauben an den Osterhasen.
liegen	an	Es liegt am Wetter, dass ich Kopfschmerzen habe.
scheitern	an	Er scheiterte immer an den Verben mit Präpositionen.
teilnehmen	an	Ich nehme auch an dem Projekt teil.
sich wenden	an	Sie hat sich an einen Psychologen gewandt.
zunehmen	an	Der Präsident hat an Bedeutung zugenommen.
zweifeln	an	Ich habe nie an deiner Ehrlichkeit gezweifelt.

achten	auf	Sebastian achtet sehr auf sein Aussehen.
ankommen	auf	Es kommt darauf an, dass man weiß, was man will.
antworten	auf	Antworte bitte auf meine Frage.
aufpassen	auf	Du musst besser auf deinen Hund aufpassen.
sich auswirken	auf	Seine Müdigkeit wirkt sich auf seine Leistung aus.
sich beziehen	auf	Ich beziehe mich auf Ihren Brief vom 23. März.
sich einlassen	auf	Er hat sich nicht auf das Angebot eingelassen.
sich freuen	auf	Wir freuen uns auf die Ferien.
hinweisen	auf	Wir weisen darauf hin, dass das Geld bis Montag bezahlt werden muss.
hoffen	auf	Wir hoffen auf einen schönen Sommer.
kommen	auf	Wie bist du auf diesen Vorschlag gekommen?
sich konzentrieren	auf	Ich will mich ganz auf mein Studium konzentrieren.
lauern	auf	Ich hatte das Gefühl, dass sie auf Fehler von mir lauerte.
reagieren	auf	Wir müssen schnell auf seine Frage reagieren.
stellen	auf	Stell den Schalter auf Stufe 3.
sich verlassen	auf	Du kannst dich auf mich verlassen.
verzichten	auf	Viele Jugendliche würden für die Umwelt auf etwas verzichten.
sich vorbereiten	auf	Wir müssen uns auf den Test vorbereiten.
warten	auf	Fabian wartet auf seinen Vater.
wirken	auf	Er wirkt auf mich sympathisch und kompetent.
zukommen	auf	Ich sehe ein Unwetter auf uns zukommen.

bestehen	aus	Ein Triathlon besteht aus Schwimmen, Fahrradfahren und Laufen.
herauskommen	aus	Die Spieler sind aus ihren Kabinen herausgekommen.
sich zurückziehen	aus/von	Er hat sich aus der/von der Politik zurückgezogen.
sich zusammensetzen	aus	Das Wort ‚Bionik' setzt sich aus ‚Biologie' und ‚Technik' zusammen.

sich auszeichnen	durch	Sie zeichnet sich durch Genauigkeit aus.
beeindrucken	durch	Er beeindruckte die Klasse durch sein Können.
ersetzen	durch	Wir müssen Herrn Tilp durch einen anderen Lehrer ersetzen.

sich abmühen	für	Ich habe mich sehr für ihn abgemüht.
ausgeben	für	Ich gebe viel Geld für Kosmetik aus.
sich begeistern	für	Er konnte sich nicht für Sport begeistern.
sich einsetzen	für	Manche Jugendliche setzen sich aktiv für den Klimaschutz ein.
sich engagieren	für	Ich engagiere mich für das Jugendtheater in unserer Stadt.
sich entscheiden	für	Sie hat sich für den billigeren Rock entschieden.
sich entschuldigen	für	Ich entschuldige mich für diesen Fehler.
sich erwärmen	für	Als er die neue CD hörte, erwärmte er sich für Mozart.
halten	für	89 % halten den ‚Klimawandel' für das Top-Thema.
sich interessieren	für	Viele Menschen interessieren sich wenig für Politik.
kämpfen	für	Seitdem kämpft sie für die Anerkennung ihrer Sportart.
stimmen	für	Viele stimmten für den neuen Plan.
tun	für	Das Interesse, selbst etwas für den Klimaschutz zu tun, ist groß.
sich durchsetzen	gegen	Du musst dich gegen deine Schwester durchsetzen.
kämpfen	gegen	Wir müssen gegen Rassismus und Intoleranz kämpfen.
protestieren	gegen	10 000 Schüler protestierten gegen die Schulpolitik der Regierung.
stimmen	gegen	Einige stimmten gegen den Plan.
tun	gegen	Du solltest etwas gegen deine Erkältung tun.
sich verteidigen	gegen	Er hat sich gegen die Vorwürfe verteidigt.
sich hineinversetzen	in	Ich kann mich gut in den Lehrer hineinversetzen.
(sich) integrieren	in	Er hat sich gut in die Klasse integriert. / Er ist gut in der Klasse integriert.
investieren	in	Der Staat sollte mehr in erneuerbare Energien investieren.
liegen	in	Rom liegt in Italien.
nachlassen	in	Er hat in seinen Leistungen leider sehr nachgelassen.
übereinstimmen	in	Die Schüler stimmten in diesem Punkt überein.
umrechnen	in	Die Bank hat die Dollars in Euros umgerechnet.
sich abmühen	mit	Mit Physik habe ich mich immer sehr abgemüht.
anfangen	mit	Wann fängst du mit der Arbeit an?
assoziieren	mit	Mit Krankenhaus assoziiert er ungute Gefühle.
aufhören	mit	Hör endlich mit dem Gejammer auf!
sich austauschen	mit	Sie haben sich miteinander über ihre Erfahrungen ausgetauscht.
beeindrucken	mit	Er beeindruckte die Klasse mit seinem Können.
sich befassen	mit	Mit diesem Problem habe ich mich noch nicht befasst.
beginnen	mit	Wann beginnst du mit deiner Arbeit?
(sich) belohnen	mit	Sie belohnte sich für ihre Leistung mit Schokolade.
sich beschäftigen	mit	Die Philosophie beschäftigt sich mit der Frage nach dem „Warum".
besprechen	mit	Georg bespricht das Problem mit seiner Freundin.
kombinieren	mit	Der Autor hat Zitate mit eigenen Texten kombiniert.
konkurrieren	mit	Wir konkurrieren mit Produzenten aus dem Ausland.
mischen	mit	Man mischt Mehl und Backpulver mit Eiern und Zucker.
rechnen	mit	Ich habe schon nicht mehr mit dir gerechnet.

schimpfen	mit	Bitte schimpf nicht mit mir! Ich kann nichts dafür!
sprechen	mit	Mit wem sprichst du?
sich streiten	mit	Er streitet sich oft mit ihr.
telefonieren	mit	Er telefoniert oft mit Jitka.
sich treffen	mit	Heute treffen wir uns mit guten Freunden.
verbinden	mit	Können Sie mich bitte mit dem Sekretariat verbinden?
vergleichen	mit	Vergleichen Sie die Statistik mit dem Text.
verseuchen	mit	Schiffe haben die Meere mit Öl verseucht.
sich verstehen	mit	Sie versteht sich gut mit ihm.
verwechseln	mit	Oh Entschuldigung, ich habe Sie mit einem Freund verwechselt.
sich zerstreiten	mit	Er hat sich mit seiner Freundin zerstritten.
zurechtkommen mit	mit	Sie kommt mit Fremdsprachen gut zurecht.
zusammenarbeiten	mit	Frau Goetzens arbeitet mit anderen Ärzten und Schwestern zusammen.
fragen	nach	Yvonne hat mich nach meinen Plänen für die Zukunft gefragt.
riechen	nach	Hier riecht es nach deinem Parfüm.
rufen	nach	Er rief nach dem Kellner, aber der kam nicht.
schmecken	nach	Dieses Eis schmeckt nach Apfel.
sehen	nach	Ich sehe mal schnell nach dem Kuchen im Ofen.
sich ärgern	über	Ich ärgere mich über intolerante Menschen.
sich austauschen	über	Sie haben sich mit den Kollegen über ihre Erfahrungen ausgetauscht.
sich beklagen	über	Die Nachbarn haben sich über den Lärm beklagt.
beraten	über	Wir müssen uns über diesen Plan beraten.
berichten	über	Der Polizist berichtet über den Unfall.
sich beschweren	über	Er beschwerte sich über den Lärm.
diskutieren	über	Sie diskutieren immer über dasselbe Problem.
sich freuen	über	Fredo freut sich über jeden Sieg vom 1. FC Köln.
hinauskommen	über	Er ist über eine Drei nicht hinausgekommen.
sich informieren	über	Ich lese Zeitung, um mich über die Politik zu informieren.
lächeln	über	Sie lächelt über den Witz.
lachen	über	Die Leute lachen über den Clown.
nachdenken	über	Ich habe lange über den Vorschlag nachgedacht.
reden	über	Ich will nicht immer nur über Lehrer reden.
referieren	über	Sie referierte über Maßnahmen zum Umweltschutz.
schimpfen	über	Sie schimpfte über den Lärm.
schmunzeln	über	Sie musste über die Art, wie er sie ansah, schmunzeln.
sprechen	über	Ich spreche fast nie über Politik.
streiten	über	Wir streiten oft über Kleinigkeiten.
verfügen	über	Am Ende des Jahres verfügten sie über 20 Mio. Euro Gewinn.
sich wundern	über	Er wundert sich über seine guten Leistungen.
sich bemühen	um	Ich habe mich sehr um einen Studienplatz bemüht.
sich bewerben	um	Ich habe mich um einen neuen Job beworben.

bitten	um	Sophie bittet ihre Freundin um einen Tipp.
gehen	um	In diesem Buch geht es um einen Mann, der eine falsche Handynummer bekommen hat.
sich handeln	um	Ich möchte Sie sprechen. Es handelt sich um den neuen Job.
konkurrieren	um	Viele Firmen konkurrieren um Marktanteile.
sich kümmern	um	In vielen Familien kümmern sich die Frauen um den Haushalt.
leiden	unter	Unter dem hohen Energieverbrauch leidet auch die Umwelt.
sich entfernen	von	Er entfernte sich rasch vom Tatort.
sich erholen	von	Sie hat sich gut von dem Unfall erholt.
erzählen	von	Eine Wissenschaftlerin hat mir von ihrem Beruf erzählt.
halten	von	Schreib, was du von der Idee hältst.
handeln	von	Der Film handelt von einem Pianisten, der das KZ überlebt hat.
hören	von	Ich habe schon viel von Ihnen gehört.
sich losreißen	von	Das Buch war so spannend, dass ich mich kaum davon losreißen konnte.
profitieren	von	Tom hat von dem Nachhilfeunterricht sehr profitiert.
reden	von	Alle reden nur noch von diesem Film.
träumen	von	Ich träume von der Zukunft.
sich trennen	von	Du solltest dich von ihm trennen.
sich unterscheiden	von	Er unterscheidet sich stark von seinem Vater.
sich verabschieden	von	So, jetzt muss ich mich von dir verabschieden.
wissen	von	Weißt du schon von unserem Plan?
sich zurückziehen	von	Dr. Gutt hat sich von der Politik zurückgezogen.
sich erstrecken	von – bis (nach)	Die Alpen erstrecken sich von Frankreich bis (nach) Slowenien.
flüchten	vor	Sie flüchteten vor dem Regen.
sich fürchten	vor	50 % der Jugendlichen fürchten sich vor der Klimaerwärmung.
schützen	vor	Diese Jacke schützt vor dem Regen.
warnen	vor	Ich warne dich vor diesem Mann.
beitragen	zu	Sie hat viel zum Erfolg der Mannschaft beigetragen.
drängen	zu	Sie drängte ihn zum Einverständnis.
einladen	zu	Der Präsident hat 1000 Journalisten zum Pressefest eingeladen.
sich entwickeln	zu	Er hat sich zu einem guten Schüler entwickelt.
führen	zu	Diese Diskussion führt zu keinem Resultat.
gehören	zu	Gehörst du auch zu dieser Klasse?
gratulieren	zu	Ich gratuliere dir zum Geburtstag.
kommen	zu	Wegen des Nebels kam es zu vielen Unfällen.
meinen	zu	Was meinst du zu meinem Vorschlag?
passen	zu	Welche Fähigkeiten von Ihnen passen zu diesem Beruf?
wählen	zu	Michaela Koenig wurde gestern zur Kirschkönigin gewählt.

Ihre Wörter

Diese Wortliste enthält den **Lernwortschatz** von **prima B2** nach Einheiten aufgebaut. Bei den Nomen sind die Artikel angegeben. Bei Nomen, die man meist im Plural verwendet, steht (*Pl.*), bei Nomen, die man meist im Singular verwendet, steht (*Sg.*). Die Wortakzente sind mit _ (langer Vokal) und . (kurzer Vokal) markiert. Die alphabetische Wortliste mit dem gesamten Wortschatz des Lehrwerks **prima** (A1 bis B2) finden Sie unter www.cornelsen.de

■■ Einheit 1 ■■

das Genie, -s   6/1a
das Chaos (*Sg.*)   6/1c
die Anstrengung, -en   6/1c
verbinden, verband, hat verbunden mit + D   6/1c
der Fortschritt, -e   7/2a
nutzen + A   7/2a
schwerfallen, fiel schwer, ist schwergefallen + D   7/2a
leichtfallen, fiel leicht, ist leichtgefallen + D   7/2a
zurechtkommen, kam zurecht,
    ist zurechtgekommen mit + D   7/2a
kontrollieren + A   7/2b
anwenden + A   7/3a
die Notiz, -en   7/3a
angeboren   8/4b
scheinbar   8/4b
mühelos   8/4b
beherrschen + A   8/4b
zur Diskussion stehen   8/4b
der Faktor, -en   8/4b
hinauskommen, kam hinaus,
    ist hinausgekommen über + A   8/4b
das Gehirn, -e   8/4b
eine Untersuchung anstellen   8/4b
zur Einsicht kommen   8/4b
strukturieren + A   8/4b
die These, -n   8/4b
in Zweifel ziehen + A   8/4b
aufgrund + G   8/4b
die Beobachtung, -en   8/4b
die Begabung, -en   8/4b
die Sprachbegabung (*Sg.*)   8/4b
genetisch veranlagt   8/4b
sich uneins sein   8/4b
der Einfluss, "-e   8/4b
die Voraussetzung, -en   8/4b
die Wirkung, -en   8/4b
die Integration (*Sg.*)   8/4b
sich integrieren   8/4b
sich einlassen, ließ sich ein,
    hat sich eingelassen auf + A   8/4b
entscheidend   8/4b
scheinen, schien, hat geschienen   8/4b

bewusst   8/4b
verbal – nonverbal   8/4b
notwendig   8/4b
speichern + A   8/4b
feststellen + A   8/4b
unendlich   8/4b
sich auswirken auf + A   9/5a
beeinflussen + A   9/5a
vereinfachen + A   9/5b
zitieren + A   9/6

■■ Einheit 2 ■■

der Migrationshintergrund, "-e   10/1a
der Migrant, -en   10/1a
der Mittelpunkt, -e   10/1a
im Mittelpunkt stehen   10/1a
die Herkunft (*Sg.*)   10/1a
veröffentlichen + A   10/1a
die Staatsbürgerschaft, -en   10/1a
insgesamt   10/1a
prägen + A   10/1a
der Mitbürger, –   10/1a
die Mitbürgerin, -nen   10/1a
mittlerweile   10/1a
betragen, betrug, hat betragen   10/1a
die Rezension, -en   10
erweitern + A   10/2b
stammen aus + D   12/3a
der Vorfahre, -n   12/3a
sich niederlassen, ließ sich nieder,
    hat sich niedergelassen in + D   12/3a
die Abstammung, -en   12/3a
bedrohen + A   12/3a
die Kindheit (*Sg.*)   12/3a
sich verteidigen   12/3a
nebenbei   12/3a
darüber hinaus   12/3a
der Nationalspieler, –   12/3b
global   12/3b
das Verhältnis, -se   12/3b
einschätzen + A   12/3b
kommentieren + A   12/3c
live   13/4a

miterleben + A   13/4a

sich begeistern für + A   13/4a

die Melodie, -n   13/4a

diesmal   13/4a

außergewöhnlich   13/4a

durchhalten, hielt durch, hat durchgehalten   13/4a

von ganz alleine   13/4a

todkrank   13/4a

widmen + D + A   13/4a

sich wenden an + A   13/4a

bewegen   13/4a

das Fazit (Sg.)   13/4a

verzaubern + A   13/4a

das Album, Alben   13/4a

der Profimusiker, –   13/4b

das Erscheinungsjahr, -e   13/5a

entstehen, entstand, ist entstanden   13/5a

gefühlvoll   13/5b

dynamisch   13/5b

die Stimme, -n   13/5c

aufnehmen, nahm auf, hat aufgenommen + A   13/5b

■ Einheit 3 ■■

die Ernährung (Sg.)   14

das Wohlbefinden (Sg.)   14/1b

definieren + A   14/1a

die Definition, -en   14/1b

die Konstitution (pol.: Verfassung), -en   14/1b

die Konstitution (Gesundheitszustand), (Sg.)   14/1

völlig   14/1b

seelisch   14/1b

sich fit halten   14/2

der Geist (Sg.)   14/2a

verbessern + A   14/2a

der Ausgleich (Sg.)   14/2a

die Hektik (Sg.)   14/2a

die Basis (Sg.)   14/2a

vielseitig   14/2a

vollwertig   14/2a

beitragen, trug bei, hat beigetragen zu + D   14/2a

die Stellungnahme,-n   15/2b

indem   15/3a

ausreichend   15/4a

die Flüssigkeit, -en   15/4a

das soziale Netz   15/4a

die Lebenseinstellung, -en   15/4a

optimieren + A   16/5a

die Pille, -n   16/5b

die Leistungsfähigkeit (Sg.)   16/5b

steigern + A   16/5b

gewünscht   16/5b

laut + D   16/5b

die Studie, -n   16/5b

laut einer Studie   16/5b

durchführen + A   16/5b

repräsentativ   16/5b

die Daten (Pl.)   16/5b

liefern + A   16/5b

der Gruppenzwang, "-e   16/6a

der soziale Druck   16/6a

erhöhen + A   16/6b

die Persönlichkeit, -en   16/6b

die Auswirkung, -en   16/6c

■ Einheit 4 ■■

die Wohngemeinschaft, -en / die WG, -s   24/a

das Studentenwohnheim, -e   24/a

interpretieren + A   24

argumentativ   24

das Netzwerk, -e   24

das soziale Netzwerk   24

der/die Abiturient/in, -en/-nen   24/1b

der/die Studienanfänger/in, -/-nen   24/1b

vielfältig   24/2a

die Untermiete (Sg.)   24/2a

zur Untermiete wohnen   24/2a

erstaunen   25/2b

sich wundern über + A   25/2b

trotz + G   25/3a

der/die Mitbewohner/in, -/-nen   25/3a

das Semester, -   25/3b

das Internetforum, -foren   26/5a

mobben + A   26/5a

peinlich   26/5a

auftauchen   26/5b

die Privatsphäre, -n   26/5b

rechnen mit + D   26/5b

real   26/5b

das Privatleben, -   26/5b

das Detail, -s   26/5b

online   26/5b

preisgeben, gab preis, hat preisgegeben + A   26/5b

hauptsächlich   26/5b

rumreisen   26/5b

sich aufhalten, hielt sich auf, hat sich aufgehalten   26/5b

klingen, klang, hat geklungen   26/5b

es klingt   26/5b

logisch – unlogisch   26/5b

vorkommen, es kommt mir vor …, kam mir vor,
     ist mir vorgekommen   26/5b

schädlich   26/5b

empfinden, empfand, hat empfunden + A   27/6b

berücksichtigen + A   27/6b

das Profil, -e   27 / Projekt a

Einheit 5

die Methode, -n   28/1a
assoziieren + A   28/1b
kombinieren + A   28/1b
die Werbeagentur, -en   28/1c
die Werbekampagne, -n   28/1c
hinzufügen + A   29/2a
die Cafeteria, -s   29/2a
ausleihen, lieh aus, hat ausgeliehen + A   29/2a
der Freizeitbereich, -e   29/2a
zweifeln an + D   29/2b
realisierbar   29/2c
erschaffen, erschuf, hat erschaffen + A   30
der Nutzen (Sg.)   30
erwachsen   30
nachlassen, ließ nach, hat nachgelassen   30
systematisch   30
der Umgang (Sg.)   30
der Teufelskreis (Sg.)   30
die Malerei (Sg.)   30
der Prozess, -e   30
der Ablauf, "-e   30
unterteilen in + A   30
die Phase, -n   30
die Illusion, -en   30
zufliegen, flog zu, ist zugeflogen   30
nötig   30
die Fertigkeit, -en   30
sich aneignen + A   30
das Unterbewusstsein (Sg.)   30
in Verbindung bringen mit + D   30
weiterkommen, kam weiter, ist weitergekommen   30
kooperativ   30/4
der Abschnitt, -e   30/4b
spontan   30/4c
der Einfall, "-e   30/4c
anbieten, bot an, hat angeboten (+ D) + A   30/4c
der Gedankenblitz, -e   31
wachsen, wuchs, ist gewachsen   31
zum Vorschein kommen   31
absurd   31
erscheinen, erschien, ist erschienen   31
mitteilen + A   31
motivieren + A   31
zutrauen +D + A   31
der Anspruch, "-e   31
zu Recht   31
mithalten können   31
aushalten, hielt aus, hat ausgehalten + A   31
die Inspiration, -en   31

Einheit 6

die Beschwerde, -n   32
entgegennehmen, nahm entgegen,
    hat entgegengenommen + A   32
die Rezeption, -en   32/1b
einchecken – auschecken   32/1b
relativ   32/1b
vor allem   32/1b
die Reinigung, -en   32/1b
sorgfältig   32/1b
unauffällig   32/1b
die Verwaltung, -en   32/1b
das Marketing (Sg.)   32/1b
unterbringen, brachte unter, hat untergebracht + A   32/1b
die Leitung, -en   32/1b
das Personal (Sg.)   32/1b
die Buchhaltung (Sg.)   32/1b
die Werbemaßnahme, -n   32/1b
der Internetauftritt, -e   32/1b
gestalten + A   32/1b
ansprechend   32/1b
versorgen + A   32/1b
kommunikationsfreudig   32/1b
zuständig sein für + A   32/1
verärgert über + A   32/2
das Handicap, -s   34/3a
der Dienstleistungsbereich, -e   34/3a
beispielsweise   34/3a
die Branche, -n   34/3a
behindert   34/3a
beweisen, bewies, hat bewiesen + A   34/3a
expandieren   34/3a
integrativ   34/3b
die Solidarität (Sg.)   34/3b
das Bedürfnis, -se   34/3b
der/die Vorsitzende, -n/-n   34/3c
solidarisch mit + D   34/3c
anerkennen, erkannte an, hat anerkannt + A   34/3c
professionell   35/3e
die Betreuung (Sg.)   35/3e
die Einrichtung (Institution), -en   35/3e
der Sponsor, -en   35/3e
wirtschaftlich   35/3e
gehörlos   35/5a
taub   35/5a
stumm   35/5a
behindert   35/5a
geistig behindert   35/5a
körperbehindert   35/5a
gelähmt   35/5a
das Zitat, -e   35/5c
Stellung nehmen   35/5c

■■ Einheit 7 ■■■

günstig   42/1a
der Zufall, "-e   42/1a
die Unzufriedenheit (Sg.)   42/1a
das Glücksspiel, -e   42/1b
das Eheglück (Sg.)   42/1b
das Mutterglück (Sg.)   42/1b
glücklicherweise   42/1b
der Glücksbringer, -   42/1b
zum Glück   42/1b
Lotto   42/1c
wie auf Wolken gehen   42/1c
das Kompliment, -e   42/1c
die Gegenwart (Sg.)   43/2a
verschlafen, verschlief, hat verschlafen   43/2a
multiplizieren + A   43/2a
der Philosoph, -en   43/2a
der Genuss, "-e   43/3a
auffallen, fiel auf, ist aufgefallen   43/3b
der Glaube (Sg.)   44/4a
die Partnerschaft, -en   44/4a
die Hilfsbereitschaft (Sg.)   44/5a
ansprechen, sprach an, hat angesprochen + A   44/5c
vorbeikommen, kam vorbei, ist vorbeigekommen   44/5c
der Bauer, -n   45/5c
stecken   45/5c
die Kontrolle verlieren   45/5c
abkommen, kam ab, ist abgekommen von + D   45/5c
vollkommen   45/5c
das Wunder, -   45/5c
das Wrack, -s   45/5c
der Schock (Sg.)   45/5c
antik   45/5c
das Kunstwerk, -e   45/5c
ausstatten + A + mit + D   45/5c

■ Einheit 8 ■■■

die Impression, -en   46
satirisch   46
klettern   46/2b
multikulturell   46/2b
provinziell   46/2b
friedlich   46/2b
die Volksabstimmung, -en   46/2b
diesseits – jenseits   47/3a
weltberühmt   47/3a
entdecken + A   47/3a
besteigen, bestieg, hat bestiegen + A   47/3a
oberhalb – unterhalb   47/3a+b
tödlich   47/3a
legendär   47/3a
die Wiese, -n   47/4a

der Bach, "-e   47/4a
die Ebene, -n   47/4a
die Bergspitze, -n   47/4a
der Hügel, -   47/4a
die Alm, -en   47/4a
der Hang, "-e   47/4a
der Graben, "-   48/5a
die Geschäftsleute (Pl.)   48/5b
die Vielfalt (Sg.)   48/5c
flach   49/6a
der Skilift, -e   49/6a
die Bergstation, -en – die Talstation, -en   49/6a
ratlos   49/6a
der Ski, -er   49/6a
der Schlitten, -   49/6a
verschneit   49/6a
rasch   49/6a
nass   49/6a
mühsam   49/6a
aufhorchen   49/6a
beschließen, beschloss, hat beschlossen + A   49/6a
verpacken + A   49/6a
das Sprichwort, "-er/-e   49/6a
knirschen   49/6a
krachen   49/6a
sich losreißen, riss sich los, hat sich losgerissen + A   49/6a
die Aussicht, -en   49/6a
sich abmühen mit + D   49/6a

■ Einheit 9 ■■■

der Buchdruck (Sg.)   50
das MP3-Format (Sg.)   50
herausragend   50
die Relativitätstheorie (Sg.)   50
die Innovation, -en   50
die Strahlen (Röntgenstrahlen) (Pl.)   50
revolutionieren + A   50
medizinisch   50
die Radioaktivität (Sg.)   50
sich zerstreiten, zerstritt, hat sich zerstritten   50
profitieren von + D   51/1
das Bakterium, Bakterien   51/2b
die Forschung, -en   52/4a
die Atombombe, -n   52/4a
die Kernspaltung (Sg.)   52/4a
die Energiegewinnung (Sg.)   52/4a
die Materie (Sg.)   52/4a
die Funktionsweise, -n   52/4a
das Nervensystem, -e   52/4a
die Entstehung, -en   52/4a
der Stern, -e   52/4a
die Galaxie, -n   52/4a

die Grundlagenforschung, -en   52/4a

gesellschaftlich   52/4a

demographisch   52/4a

die Menschheitsgeschichte (Sg.)   52/4a

die Sterblichkeit (Sg.)   52/4a

die Veranlagung, -en   52/4a

aufwachsen, wuchs auf, ist aufgewachsen   52/4a

konkurrieren mit + D   52/4a

die Jagd (Sg.)   52/4a

etwas statistisch auswerten   52/4a

ungeklärt   52/4a

das Phänomen, -e   52/4a

existieren   52/4a

austauschen + A   52/4a

nachrechnen + A   52/4a

grundlegend   52/4a

innovativ   52/4a

interdisziplinär   52/4a

vernetzt   52/4a

die Demografie (Sg.)   53/4b

das Merkmal, -e   53/4b

■■ Einheit 10 ■■■

etwas gezielt einsetzen   60

überlebensgroß   60

die Skulptur, -en   60

die Konferenz, -en   60/1d

das Schweigen (Sg.)   60/1d

die Harmonie, -n   60/1d

als ob / als wenn   61/2a

die Tischdecke, -n   61/2a

trauern um + A   61/2a

wiedergeben, gab wieder, hat wiedergegeben + A   61/3a

schildern + A   61/3c

vorherrschend   61/3c

etwas anfangen können mit + D   61/3c

beeindrucken + A   61/3c

pervers   62/4b

der Luxus (Sg.)   62/4b

die Premiere, -n   62/4b

um die Welt jetten   62/4b

das Lebewesen, -n   62/4b

gestalten + A   62/4b

insbesondere   62/4b

irritieren + A   62/4b

verwirren + A   62/4b

porträtieren + A   63/5b

die Form, -en   63/5b

die Sozialkunde (Schulfach)   63/6

streichen, strich, hat gestrichen + A   63/6

■■ Einheit 11 ■■■

der Sachtext, -e   64

beurteilen + A   64

die Erkenntnis, -se   64/1b

sich hineinversetzen in + A   64/1b

die Empfindung, -en   64/1b

führen zu + D   64/1b

gut tun   65/1b

die Befragung, -en   65/1b

unmittelbar   65/1b

verspüren + A   65/1b

bezeichnen + A   65/1b

die Euphorie (Sg.)   65/1b

schmerzstillend   65/1b

andauern   65/1b

innere Ruhe   65/1b

ehrenamtlich   65/1b

der Wendepunkt, -e   65/1b

der/die Alkoholiker/in, -/-nen   65/1b

das Selbstwertgefühl (Sg.)   65/1b

veranlassen + A   65/1b

die Empathie (Sg.)   65/1b

das Gegenüber (Sg.) (Person)   65/1b

herauskommen, kam heraus, ist herausgekommen   65/1b

in besonderem Maße   65/1b

angewiesen auf + A   65/1b

die Unterstützung, -en   65/1b

die Überwindung (Sg.)   65/1b

süchtig nach + D   65/1b

verankert   65/1b

die Nachahmung, -en   65/1b

belohnen + A   65/1b

wertschätzen + A   65/1b

wenigstens   66/2a

der Kabarettist, -en   66/2a

der Humor (Sg.)   66/2a

die Chancengleichheit (Sg.)   66/2a

benachteiligt   66/2a

ins Leben rufen   66/2a

der/die Obdachlose, -n/-n   66/2a

obdachlos   66/2a

überleben   66/2a

steuern + A   66/2a

zur Verfügung stellen + A   66/2a

der Bestseller, -   66/2a

hilfsbedürftig   66/2a

■■ Einheit 12 ■■■

der Zukunftstrend, -s   68

die Landwirtschaft (Sg.)   68/1a

der Bau (Sg.)   68/1a

der Verwaltungsbeamte, -n   68/1a

die Verwaltungsbeamtin, -nen   68/1a
der/die Bankangestellte, -n/-n   68/1a
der/die Akademiker/in, -/-nen   68/2a
die Sekundärqualifikation, -en   68/2a
die Motivation, -en   68/2a
der Studiengang, "-e   68/2a
sinken, sank, ist gesunken   68/2a
eine Entscheidung treffen   68/2a
angehen, ging an, ist angegangen + A   69/2a
der Geburtenrückgang, "-e   69/2a
bei Weitem   69/2a
die Fachkraft, "-e   69/2a
der Maschinenbauer, -   69/2a
der Betriebswirtschaftler, -   69/2a
die Globalisierung (Sg.)   69/2a
der Handel (Sg.)   69/2a
die Logistik (Sg.)   69/2a
gefragt sein   69/2a
der/die Genetiker/in, -/-nen   69/2a
anspruchsvoll   69/2a
die Flexibilität (Sg.)   69/2a
das Schlüsselwort, "-er   69/2a
die Internationalisierung (Sg.)   69/2a
zeitweise   69/2a
sich befassen mit + D   69/2a
anderswo   69/2a
das Tabuthema, -themen   69/2a
die Kleiderordnung, -en   69/2a
die Leidenschaft, -en   69/2a
das Examen, -   69/2a
voraussichtlich   70/2b
erreichen + A   70/3d
der Strukturwandel (Sg.)   71/4c
das Industriezeitalter (Sg.)   71/4c
die Wissensgesellschaft (Sg.)   71/4c
erwerben, erwarb, hat erworben + A   71/4d
die Realität, -en   71/4e
der Zugang, "-e   71/4e
die Hierarchie, -n   71/4e
emotional   71/4e
die Verarbeitung, -en   71/5
das Einkommen, -   71/6
die Folie, -n   71/6

Einheit 13

die Erörterung, -en   78
sich verlassen, verließ sich,
   hat sich verlassen + auf + A   78/1c
auf den ersten Blick   79/2a
jmd. nicht riechen können   79/2a
die Sympathie, -n – die Antipathie, -n   79/2a
die Gleichgültigkeit (Sg.)   79/2a

das Desinteresse (Sg.)   79/2a
zwischenmenschlich   79/2a
tragfähig   79/2a
belastbar   79/2a
vertrauensvoll   79/2a
die Verletzlichkeit (Sg.)   79/2a
die Offenheit (Sg.)   79/2a
anziehend   79/2a
einleuchten + D   79/2a
angreifbar   79/2a
vertiefen   79/2a
die Chemie stimmt   79/2a
nachvollziehen + A   79/2a
der Klick, -s   79/2a
Klick machen   79/2a
sich etw. zunutze machen + A   79/2a
die Bekanntschaft, -en   80/3
zeitgemäß   80/4b
die Scheidungsrate, -n   80/4b
vor kurzem   80/4b
sich trauen lassen   80/4b
das Drama, Dramen   81/5
adelig   81/5
beunruhigt   81/5
auf sich zukommen sehen + A   81/5
der Ruhm (Sg.)   81/5
glänzend   81/5
das Schicksal, -e   81/5

Einheit 14

der Aspekt, -e   82
sanft   82
der Massentourismus (Sg.)   82/1
das Skispringen, -   82/1
Abfahrtski   82/1
Langlaufski   82/1
der Stock, "-e   82/1
idyllisch   82/1
Schlange stehen   82/1
die Piste, -n   82/1
die Region, -en   83/3a
die Einnahmen (Pl.) – die Ausgaben (Pl.)   83/3a
die Devisen (Pl.)   83/3a
hochwertig   83/3a
generell   83/3a
im Schnitt (Durchschnitt)   83/3a
an der Spitze stehen   83/3a
knapp   83/3a
der Ertrag, "-e   83/3a
erwirtschaften + A   83/3a
Mrd. (Abk. Milliarden)   83/3a
umsetzen (erwirtschaften) + A   83/3a

der Umsatz, "-e   83/3a
nachhaltig   83/3a
jahrzehntelang   83/3a
das Wachstum (Sg.)   83/3a
das Wachstumspotenzial (Sg.)   83/3a
vergleichsweise   83/3a
der Zuwachs, "-e   83/3a
zusammenschließen, schloss zusammen,
    hat zusammengeschlossen + A   83/3a
verfügen über + A   83/3a
das Budget, -s   83/3a
umrechnen + A   83/3a
die Mittel (Geld) (Pl.)   83/3a
die Vermarktung (Sg.)   83/3a
die Reichweite   83/3a
anstreben + A   83/3a
buchbar   83/3a
die Buchbarkeit (Sg.)   83/3a
sich erstrecken über + A   83/3a
Anteil haben an + D   85/6c
bedeutend   85/6c
liegen, lag, hat gelegen   85/6c

▧ Einheit 15 ▧▧

unberührt (Natur)   86/2b
missachten + A   86/2b
industriell   86/2b
die Fischerei (Sg.)   86/2b
der Fischbestand, "-e   86/2b
die Lebensgrundlage, -n   86/2b
die Energiebilanz, -en   86/2b
katastrophal   86/2b
die Meeresströmung, -en   86/2b
der Meeresspiegel, -   86/2b
überfluten + A   86/2b
zugleich   86/2b
die Mülldeponie, -n   86/2b
spektakulär   86/2b
der Tankerunfall, "-e   86/2b
die Ölplattform, -en   86/2b
das Abwasser, "-   86/2b
einsam   86/1a
der Dreck (Sg.)   86/1a
der Sauerstoff (Sg.)   87/2b
die UV-Strahlen (Pl.)   87/2b
die Atmosphäre (Sg.)   87/2b
der Kreislauf, "-e   87/2b
das Gleichgewicht (Sg.)   87/2b
zerbrechen, zerbrach, ist zerbrochen   87/2b
die Hitzeperiode, -n   87/2b
die Eiszeit, -en   87/2b
der Ozean, -e   87/2b

leerfischen + A   87/2b
verschmutzen + A   87/2b
(sich) regenerieren   87/2b
konsumieren + A   87/2b
um … willen   87/2b
missverstehen + A   87/2b
schuld sein (an + D)   88/5
das Opfer, -   88/5
im Einklang mit + D   88/5
gnadenlos   88/5
vernichten + A   88/5
die Tat, -en   89/7a
der Täter, -   89/7a
verseuchen + A   89/7b
das Dreieck, -e   89/8
die Ökologie (Sg.)   89/8
die Ökonomie (Sg.)   89/9
die Bahn (Weg/Strecke), -en   89/9
rudern   89/9

▧ Einheit 16 ▧▧

das Gerücht, -e   96
das Gebiet (Arbeitsgebiet), -e   96/1
der Teenie, -s / Teenager, -   97/2a
durchaus   97/2a
hinweisen, wies hin, hat hingewiesen auf + A   97/2a
der Zeitgenosse, -n   97/2a
verachten + A   97/2a
die Präsenz (Sg.)   97/2a
die Demütigung, -en   97/2a
der Geltungsdrang (Sg.)   97/2a
ausgeprägt sein   97/2a
die treibende Kraft   97/2a
drängen + A   97/2a
der Glanz (Sg.)   97/2a
das Ansehen (Sg.)   97/2a
die Achtung (Respekt) (Sg.)   97/2a
das Lob (Sg.)   97/2a
erfreuen + A (mit + D)   97/2a
nahestehend   97/2a
verwechseln + A (mit + D)   97/2a
die Popularität (Sg.)   97/2a
ein zweischneidiges Schwert   97/2a
frisch gebacken   97/2a
ausnutzen + A   97/2a
hartgesotten   97/2a
sich beklagen über + A   97/2a
der Verlust, -e   97/2a
idiotisch   97/2a
sich benehmen, benahm sich, hat sich benommen   97/2a
tags darauf   97/2a
unbeobachtet   97/2a

das Image *(Sg.)*   97/2b
der Ruf *(Sg.)*   97/2b
respektieren + A   97/2b
sich bemühen um + A   97/2b
vertragen, vertrug,
   hat vertragen (etwas aushalten) + A   98/4d
das Unrecht *(Sg.)*   98/4d
zauberhaft   98/4d
das Privileg, -ien   99/5a
synonym   99/5b
der Nachfahre, -n   99/5b
der Nachkomme, -n   99/5b
der Nachfolger, -   99/5b
zu Schrott fahren + A   99/6b
schlagen, schlug, hat geschlagen + A   99/6b
rauswerfen, warf raus, hat rausgeworfen + A   99/6b
zunehmen, nahm zu, hat zugenommen   99/6b

■ Einheit 17 ■■

die Medien (Fernsehen, Zeitungen, …) *(Pl.)*   100/1a
die Medienlandschaft, -en   100/1a
das Instrument, -e   100/1b
der Sender, -   100/1b
der Empfänger, -   100/1b
ursprünglich   100/1b
komplex   100/1b
audiovisuell   100/1b
während   101/2a
die Nachrichten (Fernsehsendung) *(Pl.)*   101/2a
der Kongress, -e   102/3b
sich einig sein   102/3b
nach wie vor   102/3b
die Recherche, -n   102/3b
die Ausgabe, -n   102/3b
führend   102/3b
die Einigkeit *(Sg.)*   102/3b
es herrscht Einigkeit   102/3b
es führt kein Weg vorbei an   102/3b
die Gewichtung, -en   102/3b
die Ansicht, -en   102/3b
sich zurückziehen, zog sich zurück,
   hat sich zurückgezogen   102/3b
zuversichtlich   102/3b
sich zuversichtlich zeigen   102/3b
hochwertig   102/3b
loyal   102/3b
qualitativ   102/3b
meinungsbetont   102/3b
verlässlich   102/3b
stellvertretend   102/3b
hierzulande   102/3b
jedoch   102/3b

der Journalismus *(Sg.)*   102/3b
das Layout, -s   102/3b
das Design, -s   102/3b
aktualisieren + A   102/3b
die Orientierung, -en   102/3b
die Rubrik, -en   102/3b
beleuchten + A   102/3b
die Differenz, -en   102/3b
sichern + A   102/3b
recherchieren + A   102/3c
werben für + A   103/4
digital   103/5a
ständig   103/5a
verzichten auf + A   103/6

■ Einheit 18 ■■

die Kohleindustrie, -n   104/1c
die Stahlindustrie, -n   104/1c
die Währungsunion *(Sg.)*   104/2a
der/die Abgeordnete, -n/-n   104/2a
die Währung, -en   104/2a
temporal   105/2b
in Kraft treten   105/2b
beitreten, trat bei, ist beigetreten + D   105/2b
der Feind, -e   105/2b
kontinuierlich   105/2b
der/die Dolmetscher/in, -/-nen   105/3a
abstrakt   105/3a
die Parlamentssitzung, -en   106/4
dazwischen   106/4
dabei sein   106/4
der/die Gleichgesinnte, -n/-n   106/4
offensichtlich   106/4
erproben + A   106/4
die Scheu *(Sg.)*   106/4
schwinden, schwand, ist geschwunden   106/4
das Komitee, -s   106/4
die Menschenrechte *(Pl.)*   107/4
abschließend   107/4
der Konsens, -e   107/4
die Resolution, -en   107/4
überstimmen mit + D   107/4
einen Kompromiss eingehen   107/4
einschüchtern + A   107/4
gehemmt   107/4
das Ritual, -e   107/4
steif   107/4
formell   107/4
der Paragraf, -en   107/4
der Einspruch, "-e   107/4
das Präsidium, Präsidien   107/4
ausschließlich   107/4

die Bioware, -n   123/2a
zertifiziert   123/2a
entsprechend   123/2a
bestimmen + A   123/2a
die Marktlücke, -n   123/2a
online gehen   123/2a
anfangs   123/2a
der Verlust, -e   123/2a
die Kalkulation, -en   123/2a
die Erwartungen erfüllen   123/2a
ausverkauft   123/2a
Anerkennung finden   123/2a
das Start-up-Unternehmen, -   123/2a
erobern + A   123/2a
zusammenstellen + A   123/2a
günstig   124/3a
der Kredit, -e   124/3a
die Sparsamkeit (Sg.)   124/3a
dickhäutig   124/3a
die Dickhäutigkeit (Sg.)   124/3a
der Zeitpunkt, -e   124/3a
hartnäckig   124/3a
die Hartnäckigkeit (Sg.)   124/3a
kompetent   124/3a
der Ehrgeiz (Sg.)   124/3a
anstatt   124/3b
individuell   124/3b
absolvieren + A   124/3c
verraten + A   125/4b
üblich   125/4b
der Absteiger, -   125/4b
der Wert, -e   125/4c
der Favorit, -en   125/4c
die Auszeichnung, -en   125/5b

▦ **Einheit 22** ▦■

versperren + A   126/2b
ahnen + A   126/2b
überwinden, überwand, hat überwunden + A   126/2b
gelingen, gelang, ist gelungen + D   126/2b
der Entschluss, "-e   126/2b
das Fernweh (Sg.)   126/2b
das Trinkgeld, -er   126/2b
der Feierabend (Sg.)   126/2b
der Tank, -s   126/2b
offiziell   127/3a
sich beschaffen + A   127/3a
aufbewahren + A   127/3a
die Geheimpolizei (Sg.)   127/3a
nackt   127/3a
das Gestrüpp (Sg.)   127/3a
verdächtig   127/3a

die Route, -n   128/3a
die Waffe, -n   128/3a
sich etwas eingestehen   128/3a
erleichtert über + A   128/3a
heucheln   128/3a
lauern   128/3a
übrig   128/3a
genehmigen + A   128/4a
die Richtlinie, -n   128/4a
der Widerspruch, "-e   128/4a
einsperren + A   128/4a
illegal   128/4a
das Vaterland (Sg.)   129/4b
verräterisch   129/4b
der Verrat (Sg.)   129/4b
die Verzweiflung (Sg.)   129/4b
die Welle, -n   129/5a
geschickt   129/5a
die Geschicklichkeit (Sg.)   129/5a
finster   129/5a
betrügen, betrog, hat betrogen + A   130/5b
das Hindernis, -se   131/6b
scheitern   132/6c
der Knast, "-e   132/6c
die Furcht (Sg.)   132/6c
belästigen + A   132/6c
sich entfernen von + D   132/6c
ausgeglichen   132/6c
die Ausgeglichenheit (Sg.)   132/6c
kitschig   132/6c
verhören + A   132/7a
harmlos, (die Harmlosigkeit)   133/7a
verschweigen, verschwieg, hat verschwiegen + A   133/7a
die Träne, -n   133/7a
zugänglich   133/7b

Redemittel

Vermutungen
Vielleicht ist/kann/will/muss …
Wahrscheinlich …
Ich vermute/glaube / nehme an, dass …
Es kann/könnte sein, dass …

Gefühle
Du gefällst mir sehr. / Sie gefällt ihm sehr. / Er gefällt ihr sehr.
Ich habe das Gefühl, dass …
Es tut mir so leid, dass …
Ich bin sehr glücklich/froh/enttäuscht/traurig.
Ich bin total fertig.

Unsicherheit und Angst
Ich kann nicht mehr schlafen, seit …
Ich kann mich nicht mehr konzentrieren, weil …
Ich weiß noch nicht, was ich machen will, vielleicht …
Ich habe Angst, dass …
Ich habe Angst vor …
Ich fürchte, dass …

Konflikte und Streit
Das darf doch nicht wahr sein …
Das ist doch nicht mein Problem, das ist deins.
Du nervst/spinnst.

Bitte hör mir doch zu.
Lass uns doch darüber reden.
Ich will dir das erklären.
Reg dich doch nicht so auf.
Ganz ruhig bleiben.
Das ist ein Missverständnis.

Er/Sie wirft … vor, dass er/sie immer …
Sie streiten über …
Er behauptet, dass die anderen …
Sie streiten miteinander, weil …

Ratschläge und Tipps
Du solltest/könntest/musst …
Am besten ist es …
Auf keinen Fall solltest du …
An deiner Stelle würde ich …
Wenn du mich fragst, dann …
Ich schlage vor …
Es ist sinnvoll/nützlich/besser, wenn …

Wichtigkeit
Es ist sehr wichtig, dass …
Ich finde es wichtig, dass …
Ganz wichtig ist, dass man …
… ist … am wichtigsten.
Man muss vor allem …
Wir sollten/müssen unbedingt, …
Wir dürfen auch nicht vergessen, …
Du musst auf jeden Fall …

Wünsche und Pläne
Ich hätte/würde gern …
Nach der Schule möchte ich zuerst … und dann …
Ich habe Lust, … zu …
Ich wünsche mir, …
Ich hoffe, dass ich …

Stärken und Schwächen
Ich kann gut …
Ich bin (nicht) sehr genau.
In … bin ich gut / nicht so gut.…
Ich habe Erfahrungen bei … gemacht.
Zu meinen Stärken gehört …

Erfahrungen
Wir haben (ziemlich) gute/schlechte Erfahrungen gemacht mit …
Mir ging es ganz ähnlich, als …
Bei mir war das damals so: …
Wir haben oft bemerkt, dass …
Ich habe andere Erfahrungen gemacht.
Das ist doch ein Vorurteil, nicht alle …

Zukunft und Vorhersagen
Was wirst du in zehn Jahren machen?
Ich glaube, ich werde …
In zehn Jahren wirst du …
Was meinst du, wie wird …
Es wird wahrscheinlich …
Die Menschen werden …
Keiner weiß, wie …

Personen
Er/Sie ist (ungefähr) … Jahre alt.
Er/Sie trägt …
Die Brille steht ihm/ihr sehr gut.
In der Hose sieht er/sie gut aus.
Er/Sie trägt braune Schuhe, die zu seiner Hose passen.

Fotos, Bilder, Kunstwerke

Auf dem Foto/Bild sieht man …
Im Hintergrund / Im Vordergrund …
In der Mitte / Mitten im Bild / Mitten im Foto …

Ich habe das Bild/Foto gewählt, denn …
Damit verbinde ich, dass …
Es erinnert mich daran, dass …
… ist ein Symbol für Freiheit/Chaos/Ordnung …

Die Skulptur / Das Gemälde von … trägt den Titel …
Man sieht …
Die vorherrschenden Farben sind …
Mir gefällt …, weil ich die Farben/Formen mag.
Ich finde es eigentlich hässlich, aber interessant, weil …
Auf mich wirken die Personen, als ob …
Man hat das Gefühl, dass der Künstler / die Künstlerin …
Die Szene sieht so ähnlich aus wie …
Die Szene erinnert mich daran, dass …
Man könnte glauben, dass …
Das sieht so aus, als wenn …
Mich beeindruckt die Skulptur, weil …
Ich kann wenig mit dem Werk anfangen, denn/aber/obwohl …

Wenn man ein Wort nicht findet

Das ist wie … wie sagt man … wie ein/eine …
… wie heißt das?
… wie kann man das sagen?
Das ist so ungefähr wie ein …

Grafiken/Statistiken

Die Grafik zeigt …
Der Titel der Grafik ist …
Die Grafik besteht aus einem … und …
Die Begriffe in der Mitte / oben/unten … stehen für …

Für die Untersuchung wurden … Personen zwischen … und … Jahren befragt.
Die Untersuchung ist von … durchgeführt worden.
… Menschen haben an der Umfrage teilgenommen.
An erster Stelle mit … Prozent steht/stehen …
Auf Platz drei kommt …
Vor hundert Jahren haben in der Hälfte der/des …
Heute leben durchschnittlich 2,1 Personen …
Nur vier Prozent der/des …
Am wenigsten/meisten …
…. Prozent der Studenten …
(fast) ein Viertel / Drittel / die Hälfte der …
(gut) ein Viertel / Drittel / die Hälfte der …

Grafiken/Statistiken interpretieren

Mich wundert/erstaunt/überrascht (nicht) dass …
Ich habe (nicht) erwartet, dass …
Ich finde interessant, dass …
Ich weiß es nicht genau, aber ich vermute/glaube, dass …
Bei uns in … ist die Situation gleich/ähnlich/anders.
Dass mehr als die Hälfte …., liegt wohl daran, dass …

Vermutungen

Ich vermute, dass …
Ich nehme an, dass …
… % werden wohl … genannt haben.
Für … % wird wahrscheinlich/vermutlich … am wichtigsten sein.

Beschwerden

Ich möchte mich über … beschweren.
Ich möchte mich darüber beschweren, dass …
In Ihrem Prospekt schreiben Sie, dass …
Wir sind davon ausgegangen, dass …
Wir sind sehr enttäuscht von …
Wir möchten mit dem Manager sprechen.

Das tut mir leid. Ich kann Ihren Ärger verstehen.
Ich kann mir gut vorstellen, dass Sie verärgert sind.
Selbstverständlich, ich werde mich sofort darum kümmern, dass …
Wir bedauern den Fehler, den wir gemacht haben.
Wir können Ihnen anbieten, dass …

Service-Sätze / Empfehlungen

Was kann ich für Sie tun?
Kann ich Ihnen sonst noch irgendwie helfen?
Ich würde Ihnen … empfehlen.
… lohnt sich wirklich.
… müssen Sie gesehen haben.

Sprachenlernen und Mehrsprachigkeit

Sprachen lernen fällt mir leicht/schwer, denn/weil/obwohl …
Ich lerne leichter, wenn …

In unserem Land gibt es mehr als …
Die Vielfalt der Sprachen ist einerseits … aber andererseits …
Obwohl die meisten Menschen … sprechen …
… trotzdem verstehen sie …

Vorschläge machen

Ich würde gerne …
Wie wär's, wenn …?
Wir könnten doch …
Hast du / Habt ihr / Haben Sie (nicht) Lust, … zu …?
Sollen wir …

Über Vorschläge diskutieren

Die Idee, ... zu machen, finde ich toll.

Ich bin mir nicht sicher, ob ...

Das ist nicht/bestimmt realisierbar.

Die Idee ist schön, aber ...

Um das zu machen, muss man / müssen wir ...

Das Wichtigste/Beste ist ..., danach kommt für mich ...

... ist auch gut, aber wichtiger finde ich ...

Ich könnte mir vorstellen, ...

Einen Text / eine Rede wiedergeben

Der Text informiert über ...

Der Text handelt von ...

Der Text führt einige Beispiele an.

Der Autor / Die Autorin führt aus, dass ...

Am Ende betont der Autor, dass ...

Er sagt/behauptet/stellt fest/betont, er habe/sei/wolle/könne ...

Sie schrieb/beklagte, sie würde ...

Über Erfindungen sprechen

Meiner Meinung nach ist ... die wichtigste Erfindung der letzten 200 Jahre.

Im Jahre ... erfand ...

Die Idee kam dem Erfinder in ...

Ein besonders Merkmal ist ...

Die Erfindung zeichnet sich durch ... aus.

Diese Erfindung bildet weltweit die Grundlage für ...

Ich finde diese Erfindung sehr wichtig, weil ...

Über Tourismus sprechen

Das Land ist von ... besucht worden.

Der Tourismus ist ein wichtiger Wirtschaftsfaktor.

Der Trend geht zu ... Angeboten.

In meiner Heimat ist im Tourismus viel Geld erwirtschaftet worden.

Das Angebot an ... ist verbessert worden.

◼◼ Diskussionen ◼◼

Diskussionsleitung

Unsere Diskussion hat heute das Thema ...

Ich möchte zuerst die Gruppe ... bitten, ...

Möchten Sie / Möchtest du dazu etwas fragen/sagen/anmerken ...

Meinungen/Argumente formulieren

Ein wichtiges Argument ist für mich, dass ...

... ist ein wichtiges Argument für ...

Man muss auch bedenken ...

... zeigt doch, ...

Ich denke/meine/glaube/finde, dass ...

Meiner Meinung nach ...

Ich bin davon überzeugt, dass ...

Ich bin der Meinung, dass ...

Für mich ist es wichtig, dass ...

Ich bin dafür, dass ..., weil ...

Ich fände es wichtig, dass ...

Ich bin begeistert von ...

Ich bin begeistert davon, ... zu ...

Ich halte nichts von ...

Ich halte nichts davon, ... zu ...

Widersprechen

Ich bin da ganz anderer Meinung.

Ich bin dagegen, denn ...

Das wäre ganz falsch, denn ...

Sie haben / Du hast schon recht, trotzdem meine ich ...

Natürlich stimmt es, dass ..., aber das heißt ja noch nicht, dass ...

Ich glaube, das ist nicht richtig. Meiner Erfahrung nach ...

Da bin ich ganz anderer Meinung, man kann doch nicht ...

Zustimmung

Das glaube/finde/meine ich auch.

Ich bin ganz deiner/Ihrer Meinung.

Da hast du / haben Sie völlig recht.

Ich finde, ... hat recht, wenn er/sie sagt, dass ...

Zweifel

Also, ich weiß nicht, ob ...

Stimmt das wirklich?

Es ist unwahrscheinlich, dass ...

Ich bin mir da nicht sicher.

Meinst du / Meinen Sie wirklich ...

Ich frage mich, warum/wie ...

Ich kann mir (nicht) vorstellen, dass ...

Gegensätze

Während …, ist/wird/hat …
Im Gegensatz zu …
Anders als … ist …

Vorteile/Nachteile

Ein großer Vorteil … liegt darin, dass …
Ich finde es einen Nachteil, dass …
Andererseits muss man aber auch berücksichtigen, dass …

Unterbrechungen

Entschuldigen Sie, wenn ich Sie unterbreche, …
Darf ich dich mal kurz unterbrechen …
Lassen Sie / Lass mich bitte ausreden.
Dürfte ich dazu bitte auch etwas sagen?
Ich möchte dazu etwas sagen/fragen/ergänzen/anmerken.
Kann ich dazu bitte auch einmal etwas sagen?
Ich verstehe das schon, aber …
Ja, aber …
Glauben/Meinen Sie wirklich, dass …?

Referate

Die Einleitung

Das Thema meines Vortrags/Referats lautet …
Ich spreche heute über …
Heute möchte ich über … sprechen.
Ich möchte Ihnen/euch … vorstellen.
Ich werde euch einen Überblick geben, …

Die Gliederung

Mein Vortrag besteht aus drei Teilen: …
Zuerst spreche ich über…,
… dann komme ich im zweiten Teil zu …,
zum Schluss werde ich dann …
Mein Referat ist in drei Teile geteilt.
Im ersten Teil erzähle ich …
Im zweiten Teil geht es um … und im dritten Teil um …
Wenn ihr Fragen habt, dann wartet doch bitte jeweils das Ende von einem Teil ab. Ich werde dann gerne auf Fragen eingehen.

Die Teile

Ich komme jetzt zum zweiten/nächsten Teil.
Hier spreche ich über …
Ich möchte jetzt erklären/darstellen, warum/wie …

Der Schluss

Ich komme jetzt zum Schluss.
Zusammenfassend möchte ich sagen, …
Abschließend möchte ich noch erwähnen, …
Ich hoffe, es war interessant/hilfreich für euch.
Zum Schluss möchte ich noch sagen, dass …
Für Fragen stehe ich Ihnen/euch gerne zur Verfügung.
Vielen Dank für Ihre/eure Aufmerksamkeit.

Formeller Brief ■■

Selma Tritsch
Bertolt-Brecht-Straße 7
18106 Rostock

Firma
Alma Petersen & Töchter
Trajanstraße 49
68526 Ladenburg

Rostock, den 30. 11. 2012

Anfrage für ein Praktikum

Sehr geehrte Frau Petersen,

mit großem Interesse habe ich Ihre Anzeige in der letzten Ausgabe der Zeitschrift NEO gelesen.
…
Über eine Einladung zu einem persönlichen Gespräch würde ich mich freuen.

Mit freundlichen Grüßen
Selma Tritsch

Anlagen
– Lebenslauf
– Abiturzeugnis

Bildquellen Titelbild © Corbis, Ocean (RF) **S. 6** A: © iStockphoto, J. Alden (RF); B: © shutterstock, B & T Media Group Inc.; C: © pixelio, Fooody; D: © Cornelsen Verlag, H. Herold; E: © Cornelsen Verlag, L. Rohrmann; F: © iStockphoto, A. Solovyova;Vincent; G: © fotolia, diavoletto; H: © iStockphoto, B. Lang | **S. 8** © Wikipedia, gemeinfrei | **S. 10** © getty-images, A.Rentz (RM) | **S. 11** © Cornelsen Verlag, H. Herold | **S. 12** oben: © picture-alliance, A. Pessenlehner, APA/picturedesk.com (RM); unten links: © picture-alliance / ZB (RM); unten rechts: © shutterstock, cinema festival | **S. 13** © naidoo records GmbH | **S. 14** A: © fotolia, I. Fischer; B: © fotolia, toolklickit; C: © fotolia, manu; D: © Bildunion | **S. 15** links © corbis, R. Gomez (RF); rechts: © fotolia, Y. Arcurs; unten: © Cornelsen Verlag, H. Herold | **S. 16** © fotolia, Volker | **S. 17** © Cornelsen Verlag, H. Herold | **S. 20** © Cornelsen Verlag, S. Rohrmann | **S. 23** fotolia, P. Atkins | **S. 24** A: © Colourbox; B-D: © Cornelsen Verlag, H. Herold | **S. 25** © Cornelsen Verlag, H. Herold | **S. 26** © iStockphoto, M. Karahan | **S. 27** © Cornelsen Verlag, H. Herold | **S.28** © pixelio, N. Leipold | **S. 29** Cornelsen Verlag, H. Herold | **S. 32** B, C, F: © Stadthaushotel Hamburg, W. Schmidt | **S. 36** oben, unten: Cornelsen Verlag, L. Rohrmann; Mitte: Cornelsen Verlag, J. Zotz | **S. 37** Cornelsen Verlag, H. Herold | **S. 38** oben: shutterstock, W. Goldswain; unten links: © fotolia, rawstyle-pictures; unten rechts: © fotolia, L. Lorenz | **S. 39** © picture-alliance, dpa infografik | **S. 41** © Wikipedia, gemeinfrei | **S. 42** A: © shutterstock, O. Gekman; B: © fotolia, J.-M. Richard; C: © fotolia, by-studio; E: shutterstock, ; F: © fotolia, C. Chabal **S. 46** A: © pixelio, berggeist007; B: © fotolia, G. Sanders; E: © iStockphoto, mariofoto; F: © picture-alliance, Keystone, M. Ruetsch (RM); G: © pixelio, K. Michel; H: © fotolia, J. Jandric; I: © iStockphoto, L.A. Thompson | **S. 47** © fotolia, Michael00001 | **S. 48** oben links, a © fotolia, danielk; oben rechts, a: iStockphoto, JacobH; oben rechts, b: Wikipedia, gemeinfrei; unten links: © shutterstock, A. Chaikin; unten rechts: © Cornelsen Verlag, L. Rohrmann | **S. 50** A: © fotolia, D. Vereshchagin; © B: shutterstock, Pokomeda; C: © shutterstock, runzelkorn; D: © shutterstock, fstockfoto; E: © Dark Vectorangel; F: © Cornelsen Verlag, L. Rohrmann | **S. 52** links: © iStockphoto, dundanim; rechts: © shutterstock, Vlue | **S. 53** © fotolia, Kaarsten; © pixelio, Aka; © fotolia, Spectral-Design; © iStockphoto, I. Cholakov; © shutterstock, J. van den Heuvel; © shutterstock; © pixelio, R. Sturm; © shutterstock, A. Kolupayev | **S. 56** © fotolia, godfer; | **S. 57** © picture-alliance, dpa-infografik | **S. 58** © Claus Ast | **S. 59** © picture-alliance, G. Belly (RM) | **S. 61** © Cornelsen Verlag, H. Herold | **S. 62**, oben und unten links © Wikipedia, gemeinfrei; unten rechts: © corbis images, T. Schwarz (RM) | **S. 63** Wikipedia, gemeinfrei **S. 64** A: © Der Tagesspiegel, M. Wolff D: © Cornelsen Verlag, H. Herold | **S. 68** links: © picture-alliance, dpa-infografik; rechts: © picture-alliance, Globus Infografik | **S. 69** © PantherMedia; © iStockphoto, ryasick; © iStockphoto, pidjoe; © fotolia, Tsian; © fotolia; © fotolia, T. Prokop; © iStockphoto, kryczka; © digitalstock, philipz; © fotolia, fotofrank; © fotolia, S. Winters; © iStockphoto, S. Kashkin; © iStockphoto, B. Fatur; © iStockphoto, SimplyCreativePhotography; © adpic, R. Brenner; © fotolia, Gynex; © shutterstock, R. Razyan; © fotolia, J. Dancette; © fotolia, S. Erika; © iStockphoto, R. Legg; © digitalstock, O. Graf; © iStockphoto, Neustockimages | **S. 72** oben: © Wikipedia, gemeinfrei; unten, 3. von links: © Wikipedia, gemeinfrei; unten rechts: © picture-alliance, dpa (RM) | **S. 73** © Cornelsen Verlag, H. Herold | **S. 74** © fotolia, lightpoet | **S. 77** © picture-alliance, APA/picture-desk.com (RM) | **S. 78** A: © Cornelsen Verlag, H. Herold; B: © colourbox; C: © fotolia, sida; D: © Cornelsen Verlag, L. Rohrmann; E: © shutterstock, G. Epperson | **S. 80** © iStockphoto, K. Grigoryan | **S. 82** A: © fotolia, PeJo; B: © shutterstock, Ipatov; C: © iStockphoto, D. Bennett; D: © iStockphoto, technotr; E: © shutterstock, D. Shironosiv; F: © fotolia, Edler von Rabenstein | **S. 83** oben: © fotolia, G. Green; Mitte: © fotolia, S. Kaulitzki; unten: © shutterstock, M. Pieraccini; Hintergrund: © iStockphoto, Focus_on_Nature | **S. 84** © fotolia, Woodapple | **S. 85** oben: © fotolia, Z. Camernik; 2. von oben: © iStockphoto, xyno; 2. von unten: © iStockphoto, A. Reitter; unten: © fotolia, A. Lindert-Rottke; Hintergrund: © pixelio, M. Gerber | **S. 86** oben: © fotolia, P. Baer; unten: © shutterstock, stefanel | **S. 87** oben: Wikimedia, gemeinfrei; unten: © fotolia, peppi18 | **S. 88** © shutterstock, si_arts; © iStockphoto, C. Singleton; © iStockphoto, S. Perry; © Panthermedia, L. Vanovitch | **S. 89** im Dreieck: © pixelio, D. Schütz; © pixelio, W. Reich; © iStockphoto, AVTG unten: © fotolia, S. Goetze | **S. 91** © shutterstock, Maugli | **S. 93** oben: © fotolia, RRF; unten: © Cornelsen Verlag, H. Herold | **S. 96** © Wikipedia, gemeinfrei; © Wikipedia, gemeinfrei; © akg-images/NordicPhotos © shutterstock, vipflash; © shutterstock; © Wikipedia, gemeinfrei; © Wikmedia, gemeinfrei; © iStockphoto, GYI NSEA; © Wikipedia, gemeinfrei; © Wikipedia, gemeinfrei; © Wikipedia, gemeinfrei; © shutterstock, K2 images; © Wikipedia, gemeinfrei © Wikimedia commons, gemeinfrei; © Wikipedia, gemeinfrei; © shutterstock, E. Esteb; © Bundesarchiv, J. Kolbe (RM); © shutterstock, H. Esteb; © shutterstock, Hung Chung Chih; © Wikipedia, gemeinfrei; © Wikipedia, gemeinfrei; © Wikipedia, gemeinfrei; © shutterstock, cinemafestival; © Bundesarchiv, E. Reineke (RM); © shutterstock, cinemafestival © shutterstock, A. Snahovskyy; © Wikipedia, gemeinfrei; © Wikipedia, gemeinfrei | **S. 100** oben links: © shutterstock, R. Olechowski; oben, Mitte © fotolia; oben rechts: © fotolia, U. Kroener; unten links: © fotolia; bloomua; unten Mitte © fotolia, Dron; unten rechts: © shutterstock, S. Murzin | **S. 101** © iStockphoto, R. Cutler; © fotolia, M. Šmeljov; © adpic, M. Baumann; © fotolia, dresden; © Cornelsen Verlag, K. Kaup | **S. 102** links: © fotolia, dinostock; rechts: © pixelio, Ernst-Rose | **S. 103** © statista 2012, Quelle: MPFS | **S. 104** links: unten: © shutterstock, oleandra; rechts: © picture-alliance, dpa-infografik | **S. 105** links oben: © pixelio, stoffel; links unten: © Bundesarchiv (RM); rechts: © pixelio, L. Karlsson | **S. 106** links: © pixelio, C. Schrodt; rechts: Wikimedia commons, gemeinfrei | **S. 107** © www.model-un.de | **S. 109** © shutterstock, A. Samara | **S. 110** © Cornelsen Verlag, L. Rohrmann | **S. 115** © Cornelsen Verlag, H. Herold | **S. 116** A: © colourbox; B: © shutterstock, Lisa S.; C: fotolia, P. Tilly | **S. 118** A: © mauritius images / Alamy (RM); B: © fotolia, I. Schiller | **S. 119** C: © fotolia, J. Ottoson; D: © fotolia, J. Klingebiel; E: © iStockphoto, R. Goundry | **S. 121** 1: © pixelio, Ulrike P.; 2: © iStockphoto, TommL; 3: adpic, P. Lange; 4: © iStockphoto, E. Locci; 5: © pixelio, brit berlin; 6: © shutterstock, C.M. Madsen; 7: © pixelio, christian; 8: © pixelio; 9: © pixelio, F. Betz; 10: © pixelio, H. Ewert | **S. 122** oben links: © fotolia; oben, Mitte: © shutterstock, goldenangel; oben rechts: © pixelio, G. Schoenemann; unten links: © fotolia, Photo_Ma; unten rechts: © shutterstock, Kurhan | **S. 125** oben, 2. von links: © iStockphoto; chrisfarrugia; oben, 3. von links: © iStockphoto, D. Baylay; oben. 3. von rechts: © iStockphoto, Š. Babilas; oben, 2. von rechts: © iStockphoto, code6d; oben, rechts: © iStockphoto, M.W. Nielsen; 2. von oben, links: © iStockphoto, A. Petrovic; unten, 2. von links: © iStockphoto, AM-C; unten, 3. von links: © iStockphoto, L.A. Thompson; unten, 3. von rechts: © iStockphoto, ollo; unten, 2. von rechts: © iStockphoto, ilbusca; © iStockphoto, D. Baylay | **S. 126** oben links: © Bundesarchiv, H.J. Wolf (RM); oben Mitte: © mauritius images, W. Otto; oben rechts: © Cornelsen Verlag, L. Rohrmann; unten, obere Bildhälfte: © fotolia, Buesi; Bildmitte: © shutterstock, C. | **S. 130** © shutterstock, V. Chukhlyebova | **S. 131** oben: © Wikimedia, gemeinfrei; unten: © 123RF, rcaucino | **S. 132** © fotolia, AustralianDream | **S. 134** © picture-alliance, dpa-infografik | **S. 135** © shutterstock, Andresr | **S. 136** © picture-alliance, dpa-infografik

Mit freundlicher Genehmigung von S. 32/33, S. 34 A, D, E, G: © Stadthaushotel Hamburg, T. Ulrich | **S. 35** © Kai Wiese | **S. 42** D © flickr, N. Wheatly (tanasha) | **S. 46** C: © Swatch Ltd. | **S. 52** Mitte: © Max-Planck-Gesellschaft | **S. 60** © A. Schneider | **S. 64** B: © Caritas Frankfurt, C. Hecker; C: © kommhelp e.V., J. Deutsch | **S. 66** © Stiftung Humor hilft heilen; © Caritas Frankfurt; © ROCK YOUR LIFE!; © kommhelp e.V. | **S. 81** © Heimschule St. Landolin Ettenheim | **S. 104** links: © Städtisches Gymnasium Gütersloh, A. Wehmeier | **S. 107** European Youth Parliament / Schwarzkopf-Stiftung | **S. 108** oben: BSW – Bundesverband Solarwirtschaft e. V. | **S. 112** © www.theaterfoto.ch, Bernhard Fuchs | **S. 122** unten, Mitte: © mymuesli GmbH | **S. 123** © mymuesli GmbH, Jan-Ulrich Schulze | **S. 124** © Miele & Cie. KG

Textquellen S. 19 © taz, Julia Walker, 14.06.2008 | **S. 23** © Edition Wortgewandt, Hanseatic Musikverlag GmbH & Co. KG, Hamburg | **S. 34** © Deutsche Welle, Ralf Gödde | **S. 49** aus: © Hohler, F., Der Riese und die Erbeerkonfitüre, 2000 erschienen bei dtv in der Reihe Hanser © Carl Hanser Verlag München | **S. 52** © Deutsche Welle | **S. 59** aus: © Peter Bichsel, Kindergeschichten. 1997, Suhrkamp Verlag , Frankfurt am Main | **S. 65** © SOS-Kinderdorf e.V. | **S. 76** aus: © Kehlmann, D. Ruhm, 2009, Rowohlt Verlag, Reinbek bei Hamburg | **S. 78** © Großwörterbuch Deutsch als Fremdsprache, 2008, Langenscheidt KG, Berlin und München | **S. 94** © Erhardt, H. Das Reh aus: © Das große Heinz Erhardt Buch, 2009, Lappan Verlag, Oldenburg; © Erhardt, H. Der Fels aus: Das große Heinz Erhardt Buch, Goldmann © 1970 Fackelträger-Verlag GmBH, Hannover; © Roth, E. Das Schnitzel aus: © Ein Mensch. Heitere Verse. 2006, Sanssouci im Carl Hanser Verlag, München; © Jandl, E. fünfter sein aus: mal franz mal anna. Gedichte. © 1997 Luchterhand Literaturverlag, München in der Verlagsgruppe Random House GmbH, in: © 2012 Phillip Reclam jun. GmbH & Co.KG, Stuttgart, München; © Ausländer, R. Gemeinsam aus: Rose Ausländer, Gesammelte Werke © 1984–1990 S. Fischer Verlag, GmbH, Frankfurt am Main, in: Regenwörter. Gedichte. © 1994 Philipp Reclam jun. GmbH & Co., Stuttgart | **S. 97** © Der Bund, Regina Partyngl, 10.10.2009 | **S. 102** © dpa. Medien: Zukunft der Zeitung: Print versus Online, FOCUS Online, 07. 10.2010 | **S. 106/107** © DIE ZEIT, Petra Pinzler, 13.08.2010 | **S. 108** © ZDF S. 112/113 © Roland Schimmelpfennig, Die Frau von früher. © 2004 Fischer Taschenbuch Verlag in der S. Fischer Verlag GmbH, Frankfurt am Main | © www.germany.travel/de/ | © Delius, F.C. Der Spaziergang von Rostock nach Syrakus © 1995 Rowohlt Verlag GmbH | **S. 135** © AJA – Arbeitskreis gemeinnütziger Jugendaustausch

Karten S. 48, S. 85 © Cornelsen Verlag, Dr. V. Binder